THE EVOLUTION OF INDUSTRIAL ORGA

NEW TRENDS

IN THE FUTURE DEVELOPMENT OF INT
CULTURAL INDUSTRY

U0505589

产业组织演进与未来国际文化产业发展的

新趋势

张华荣
方忠 著

中国财经出版传媒集团

经济科学出版社
Economic Science Press

图书在版编目（CIP）数据

产业组织演进与未来国际文化产业发展的新趋势/
张华荣，方忠著．—北京：经济科学出版社，2021.7
ISBN 978 - 7 - 5218 - 2747 - 7

Ⅰ．①产…　Ⅱ．①张…②方…　Ⅲ．①产业组织 - 研
究②文化产业 - 产业发展 - 研究 - 世界　Ⅳ．①F062.9
②G114

中国版本图书馆 CIP 数据核字（2021）第 150614 号

责任编辑：孙丽丽　胡蔚婷
责任校对：刘　娅
责任印制：范　艳　张佳裕

产业组织演进与未来国际文化产业发展的新趋势
张华荣　方　忠　著
经济科学出版社出版、发行　新华书店经销
社址：北京市海淀区阜成路甲 28 号　邮编：100142
总编部电话：010 - 88191217　发行部电话：010 - 88191522
网址：www. esp. com. cn
电子邮箱：esp@ esp. com. cn
天猫网店：经济科学出版社旗舰店
网址：http：// jjkxcbs. tmall. com
北京季蜂印刷有限公司印装
710 × 1000　16 开　19.5 印张　350000 字
2021 年 8 月第 1 版　2021 年 8 月第 1 次印刷
ISBN 978 - 7 - 5218 - 2747 - 7　定价：78.00 元
（图书出现印装问题，本社负责调换。电话：010 - 88191510）
（版权所有　侵权必究　打击盗版　举报热线：010 - 88191661
QQ：2242791300　营销中心电话：010 - 88191537
电子邮箱：dbts@ esp. com. cn）

本书由以下相关课题资助出版

1. 福建省哲学社会科学领军人才项目：产业组织演进与国际文化产业发展的新趋势研究；

2. 福建省关于加快培育文化消费市场的若干意见 FJ2015TWZ003

3. 打造海上丝绸之路福建文化品牌财政政策支持研究 CH－1626

4. 广发证券社会公益基金会《国家金融学》《中观经济学》教学科研基金

前　言

当今世界正在经历百年未有之大变局，孤立主义、民粹主义、贸易保护主义等思潮不断抬头，世界政治格局呈现多极化趋势，不同国家、民族、宗教间文化冲突与碰撞日益加剧。面对世界经济的复杂形势和全球性问题，习近平总书记提出了构建人类命运共同体的重大倡议，寻求人类共同利益和共同价值。文化交流互鉴是构建人类命运共同体的必由之路，而文化产业的国际化发展更为人类命运共同体的构建提供现实支撑。党的十九届五中全会通过的《中共中央关于制定国民经济和社会发展第十四个五年规划和二〇三五年远景目标的建议》，强调在"十四五"时期推进社会主义文化强国建设，并于 2035 年实现文化强国的远景目标。美国的文化产业在国际化发展道路上处于领先地位，学习借鉴发达国家的先进文化建设路径，取他人之长，补自身之短，不断提升中国参与国际竞争的软实力，为弘扬以中华文化为核心的文化产业走向世界提供内生动力和发展活力。

本书运用产业组织演进的相关理论，从演进的动态视角对文化产业的组织形态及产业结构特点进行分析，指出现代文化产业体系是动态发展的体系，产业体系随文化产业的发展变化动态变化调整。科技发展使产业间界限越来越模糊，促进了产业融合，催生了许多新的文化产业业态。同时各国由于经济发展水平、科技水平、文化背景等的不同，对文化产业有不同的理解，并且现实经济发展中各国文化及相关产品和相关行业的形式与业态均有所区别，因此各国的文化产业体系具体分类标准也存在一定差异，产业体系分类呈现多样化的特点。在此基础上着重分析了美国版权产业、英国创意产业、韩国文化产业、日本动漫产业及新加坡文化产业的发展演变规律，指出当前世界文化产业发展呈现出一些新的发展态势：

（1）文化创意产业贸易深化和结构优化，其中在创意产品与服务的分类中，设计产品的份额占到40%以上，且保持相对稳定。此外，工艺品、新媒体、出版印刷以及创意服务所涵盖的四项服务类型的份额在2010年也占到5%以上，而增长速度最快的依次为新媒体、广告、市场调研和民意调查服务，建筑、工程和其他技术服务，研发服务等；（2）文化创意产业高科技化，尤其是20世纪90年代以来出现了以数字技术、信息通信技术、互联网技术等为主要特征的科技浪潮，对世界创意产业的发展产生了深刻的影响。通过将前沿科技运用于创意经济领域，促进了创意经济新的形态和业态的产生。以数字技术为例，传统创意产业与现代数字技术的互动融合发展，不仅对创意的生成以及创意产品的生产、销售、流通、消费等环节产生了积极的作用，而且催生了数字出版产业、数字视听产业、数字动漫产业、网络游戏产业、移动内容产业等一系列新兴的创意产业形态；（3）文化创意产业集团化，世界各国创意产业发展壁垒不断被打破，具备实力的创意企业在跨行业、跨国界兼并重组并实现资金、人才、技术、组织形式、经营方式等方面整合集中的基础上，形成了传媒业、娱乐业、出版业、互联网行业、电信业、旅游业等相互融合、相互渗透的新格局，创意产业的市场结构也呈现出寡头垄断的趋势，出现了一批大型和超大型的强势文化创意产业集团；（4）文化创意产业集群化，表现出空间（区域）发展集群化（集聚化）趋势。文化产业包含了内容创意、生产制造、营销推广、传播渠道、创意消费等价值链环节，同时文化产业具有较强的产业融合性，这就决定了文化产业在发展过程中需要整合各种资源，集群化发展趋势比较明显。一方面，产业集聚区内的文化企业可以通过要素共享、资源互补获得规模经济和外部经济效益；另一方面，文化企业在产业集聚区内形成一种既分工又协作、既相互竞争又共同发展的互动格局，有利于企业的持续创新发展；（5）文化创意产业国际竞争非均衡化，在创意经济的国际竞争中，西方发达国家的文化产业和大众文化处于主导性的优势地位甚至是强势地位。发达国家凭借强大的经济实力和物质技术基础、突出的品牌效应和人才集聚效应等，掌握着世界创意产业的话语权和规则制定权，占据着世界创意市场的垄断地位，世界范围内创意产业非均衡竞争格局在短期内不会改变；（6）文化创意产业组织政策规范化，世界各国尤其是发达国家和地区都已深刻认识到创意经济在未来社会中的重要地位和发展前景，纷纷制定了一系列有利于创意经济发展的产业组织政策和发展战略规划，以全球化视野和国际化眼光推进创意产品开发和品牌保护，提升创意经济国际竞争力水平。最后，结合当前国际先进国家文化产业发展经验，本书提出相应的政策建议：（1）继续深化文化市场体制改革，着力提升文化创意产业效率，引入文化创意产业的市场竞争机制，转变一直以来政府主导文化创意产业发展的思维，充分引入社会资本、外资资本进入文化创意产业中，并且加大对创意企业改制的财政支持，从而促进文化创意产业发展乃至效率的提升。（2）加大技术创新，实现文化创意产业价值链的延伸。一方面，就要有赖于先进的技术水平，加大科技投入，在消化吸收的基础上自主创新形成自身的核心竞争力；另一方面，要加强文化创意产业人才和经营管理人才的培养，培育社会所需要的复合型人才，进而提升文化创意产业园区的管理和服务水平，从而真正实现文化创意产业园区的示范效应和集聚效应。（3）加快文化创意产业复合型人才队伍建设，提高行业整体劳动力素质。一方面，应加强高校文化创意产业相关专业教育，培养高级专门人才，也可委托高校进行文化创意产业从业人员资格培训工作；另一方面，在条件成熟的地区，可由政府或委托高校成立专门的文化技术研究院。

总体而言，在当前国家规划的"一带一路"倡议的背景下，将世界文化产业发达国家的发展经验，融合到我国文化产业发展进程中，深入探讨文化产业生态系统的演化及控制问题，有助于作为管理、监督、服务者的政府，以产业组织演变的约束条件为调控环境，明确调控手段与调控目的之间的互动机制。同样伴随着近年来文化产业实践的不断深入，学术界也掀起了对文化产业的研究热潮，研究视野也呈现出多样化状态，也有部分学者开始关注文化产业的经济影响机制研究。应该说现有的研究成果为本书提供了有益的参考，但文化产业毕竟发展历程还较为短暂，对其所涉及的理论研究也是近几十年才兴起的研究热点，可以说理论研究尚不成熟，尚存在一些不足和局限性。现有对于文化产业的经济影响机制问题的研究，虽然在内容上已逐渐形成自身的框架，但研究思路还处在理论导向性阶段，缺乏对实践的指导价值，对于文化产业的研究还缺乏系统性的规划，因此本成果还是具有一定的理论价值，有助于把我国文化产业理论研究进一步引向深化。

目　录

第一章　绪论 ……………………………………………………… 1

第一节　研究的背景与意义 ……………………………… 4

第二节　研究方法 ………………………………………… 5

第三节　国内外研究动态综述 …………………………… 6

第四节　本书有待深入研究的问题 ……………………… 25

第二章　文化产业组织演进及其结构的一般特点 ……… 27

第一节　产业组织理论概述 ……………………………… 27

第二节　文化产业组织理论分析及演进特点 …………… 31

第三章　文化产业发展演变的新趋势 …………………… 51

第一节　文化产业及其产业组织演进的一般机理 ……… 51

第二节　当前国际文化产业发展在经济社会中的地位与作用 …… 54

第三节　国际文化产业发展的一般特点与趋势 ………… 57

第四章　融合与创新：美国版权产业发展的新趋势 ……… 64

第一节　美国版权产业的发展概述 ……………………… 64

第二节　美国版权产业发展的历史与现状 ……………… 67

第三节　美国版权产业发展的特点和规律 ……………… 74

第四节　美国版权产业发展的经验与趋势 …………………… 79

第五节　中美文化产业国际化政策对比 ……………………… 87

第五章　传承与变革：英国创意产业的演进与发展 ………… 94

第一节　英国创意产业发展的缘起 …………………………… 95

第二节　英国创意产业发展的基本特征 ……………………… 102

第三节　英国创意产业发展的经验及其趋势 ………………… 107

第六章　革故鼎新：日本动漫游戏产业发展的新趋向 ……… 113

第一节　日本动漫产业发展的历史与现状 …………………… 113

第二节　日本动漫产业发展的特点与规律 …………………… 125

第三节　日本动漫产业发展的经验 …………………………… 133

第七章　异军突起：韩国影视产业发展的新态势 …………… 139

第一节　韩国文化产业的发展历程 …………………………… 139

第二节　韩国文化产业的发展现状 …………………………… 147

第三节　韩国文化产业的发展经验借鉴 ……………………… 155

第八章　创新与实践：新加坡文化产业发展的新路径 ……… 163

第一节　新加坡文化创意产业发展历程 ……………………… 163

第二节　新加坡文化创意产业发展现状 ……………………… 167

第三节　新加坡文化创意产业的经验借鉴 …………………… 172

第九章　长盛不衰——德国"会展王国"的演进发展趋势 …… 180

第一节　国内外有关会展经济的研究概况 …………………… 181

第二节　德国会展业的演进历程 ……………………………… 185

第三节　德国会展业的发展优势 ……………………………… 189

第四节　中国和德国的会展产业的生态化比较 ……………… 195

第五节　德国会展产业的经验借鉴 …………………………… 205

第十章　探索与改革：文化产业发展的中国道路 ················ 213

第一节　我国文化产业发展的背景及其意义 ·············· 213

第二节　我国文化产业的发展现状分析 ················ 217

第三节　发达国家或地区发展文化产业的经验借鉴 ·············· 229

第四节　我国发达地区的文化产业发展经验借鉴 ·············· 232

第五节　促进我国文化产业开放发展的对策建议 ·············· 271

结论 ················ 278

参考文献 ················ 282

后记 ················ 298

第一章

绪　论

当前，世界多极化、经济全球化、社会信息化、文化多样化深入发展，世界各国和地区之间的联系更为紧密，但同时也面临诸多共同挑战。粮食安全、资源短缺、气候变化、网络攻击、人口爆炸、环境污染、文化碰撞与冲突等全球非传统安全问题层出不穷，对国际秩序和人类生存都构成了严峻挑战。国际社会迫切呼唤新的全球治理理念，构建新的更加公正合理的国际体系和秩序，开辟人类更加美好的发展前景。习近平在2019年5月15日的亚洲文明对话大会开幕式上提出，"文明因多样而交流，因交流而互鉴，因互鉴而发展。我们要加强世界上不同国家、不同民族、不同文化的交流互鉴，夯实共建亚洲命运共同体、人类命运共同体的人文基础"。构建人类命运共同体，要以文化的力量支撑和传播人类命运共同体的理念，以心灵的相通深化共同发展的基础。我们要促进和而不同、兼收并蓄的文明交流，以文明交流超越文明隔阂、文明互鉴超越文明冲突、文明共存超越文明优越。在人类命运共同体理念的传播和践行过程中，如何摒弃文化偏见、突破文化差异的壁垒，建立各国相互理解和信任的基础，以应对全球范围内不同文化、不同文明之间的冲突与碰撞，具有重要的现实意义。

随着经济全球化的发展和信息技术日益普及，世界经济结构也不断调整变化。20世纪的七八十年代，世界经济以制造业为中心，到了90年代开始以服务业为基础，而进入21世纪，世界经济开始步入以知识产权为基础的文化产业经济时代。正是在这种背景下，文化产业概念应运而生，随即成为各国积极规划、重点扶持的产业。可以说，随着经济发展和社会变革，产业融合和消费结构转型从供给和需求两个角度为文化产业的发展提供了动力。大力发展文化产业，已成为各国政府优化产业结构和升级居民消费层次，实现国家竞争优势的重要支撑。可以说，创意已成为21世纪区域经济发展与繁荣的基本动力，有创意的地方必定有技术的创新和经济的增长，知识和理念推动着财富的创造和社会的现代化。创意已成为这个时代的生产力。文化产业的最终表现形式——文化产品将通过政府的政策指导与市场调节优化，减少文化在传播过程中出现的"交流逆差"和"文化折扣"。当前随着民众生活水平的提升，对文化产品的消费需求欲望也在不断提升，对消费品的诉求有着不同的欲望，而要满足这种独特诉求的产品往往难以按照传统的产业化模式进行量化。文化产业本身所特有的产业魅力决定着消费产品的特点，通过相应的技术手段和集中化的经济管理方式，使得众多消费品能以某种目的进行改造化生产，甚至置身于一个无差别的生产系统，从而形成规模化生产，产生规模经济效应。可以说，文化产业的规模化运作，使得文化产品的固有的审美特性过渡为商品特性，通过文化产品的工业化运作，即生产、物流、分配、消费乃至二元消费，使得文化产品的特性实现规模化转变。

文化产业的发展意义已远远超越其作为新兴产业的层面，在于其对传统经济发展模式的颠覆、对经济运行系统的创新、对产业结构的优化和对区域综合竞争力的提升。这主要在于文化产业本身素有融合发展效应的特点，一方面文化产业本身发展是依托所在区域的文化资源、资本特点、人力资本及科技实力，最大限度地融合区域定位及形象各要素的融合；另一方面，文化产业也会充分发挥其"城市面包器"作用，通过融合所在区域的其他产业，形成良好的互动，实现有序的产业布局。新中国成立以来，我国各项文化事业经历了曲折式发展，而随着我国完成了从"文化事业"向"文化产业"的转变，文化产业已然成为我国经济发展的新引擎，尤其是改革开放为文化发展带来了新的契机。而党的十八以来，随着各项文化体制改革的不断深入，公共文化专项资金投入的不断增大，公共文化服务设施的不断完善，提升了各级文化产业从业者的积极性，极大地解放与发展了文化生产力。随着我国经济实力的日益增强和文化产业的快速发展，我国文化产业投资和消费水平也明显提高。根据国家统计局发布相关数据整理显示，我国文化产业的固定资产投资额从 2003 年开始就以年均 19.6% 的速率增长，远远高于同期全社会固定资产投资额年均增速 8.3 个百分点。到 2017 年，投资额高达 3.8 万亿元，为 2005 年的 13.7 倍。而这使得我国文化产业在短短二三十年时间里呈现出突飞猛进地增长。从 2003 年开始，我国文化产业增加值就一直呈上升趋势，至 2018 年我国文化产业实现增加值达 38 737 亿元，比 2004 年增长了 10.3 倍。从年均增长率来看，文化产业也远远高于同期 GDP 增长率，如 2005~2018 年，我国文化产业的年均增长率为 18.9%，远远高于同期 GDP 的 6.9%。在文化消费层面，近年来我国民众的文化消费也呈井喷式的增长。截至 2018 年，我国居民的文化娱乐人均消费支出为 827 元，占全部消费支出比重为 4.2%，比 2013 年增长了 43.4%。但我们也应注意到，因为文化产业不同于以客体资源配置为主的传统产业形态，其是一种以主体资源配置为主的新经济形态，其发展模式也有别于传统产业。发展文化产业除了要关注其经济效益之外，更应关注其社会效益。习近平于 2020 年 9 月在湖南考察时就一直强调要实现文化产业的高质量发展，要提供更多满足人民群众需要的精神文化产品，要注重其价值导向。

但面对竞争日益激烈的世界文化市场，中国文化产业无疑将面临巨大的机遇与挑战。与国际发达国家城市的文化产业体系相比，目前我国文化产业还未发展成为成熟的极具竞争力的经济实体，对于文化产业演化的理论和实证研究仍有待于进一步深入探索，有些方面还略显不足，发达国家文化产业发展水平普遍高于发展中国家，其产业在兴起、发展过程中，不断融入国际浪潮，调整国际化发展政策，促进了产业繁荣兴盛。这就有必要借鉴一些文化产业发达国家的成功经验，与我国进行国际化发展政策比较，提出相关的政策建议，以提升国内文化产业国际化发展水平，为中华文化走向世界提供内生动力。

第一节　研究的背景与意义

文化产业的迅速崛起和发展，是经济全球化和科技进步条件下文化发展的一个重要趋势。大力发展文化产业，已成为我国调整和优化产业结构，实现经济发展方式转变的重要支撑。《关于深化文化体制改革，推动社会主义文化大发展大繁荣若干重大问题的决定》是党的十七届六中全会作出的重要决定，该决定明确了我国文化产业未来发展的方向，提出要加快我国文化产业的发展，并将其发展成为支柱性产业。党的十九大报告提出：要健全现代文化产业体系和市场体系，培育新型文化业态。党的十九届五中全会明确提出在"十四五"时期推进社会主义文化强国建设，并于2035年实现文化强国的远景目标。在这样的背景下，立足于产业组织演进，对国际文化产业的最新发展趋势进行深入分析研究，以促进我国文化产业的可持续发展，成为理论界和政府部门关注的重大课题。近20多年来，学者们对文化产业理论的不懈探索，使得文化产业与其他产业的融合发展引起社会各界极大的关注。此外，2020年新冠肺炎疫情也促使了文化产业发展有了较大转变，引发文化产业业态产生较大变化，凸显出三大趋向：数字文化消费潜力巨大、文化中"社会效益"价值认可度显著提升、"中国工业制造"在文化产业中的作用更加显著等。因此，全面、系统地梳理文化产业的相关理论和实践，形成科学合理的理论框架，并指导和运用于中国文化产业的实践，全面提升中国国家竞争力，这是理论升华与实践发展的双重要求，也是本研究的出发点和归宿点。

随着我国"十三五"时期经济发展方式的逐步转变，文化产业的发展和研究方兴未艾，同时也为其理论和实践创新提供了丰沃的土壤。目前我国经济历经40年的高速发展，正处在产业转型升级的关键时期，经济结构失衡、生态遭受破坏，环境承载能力受限，内生增长动力不足等问题未来必将制约我国经济的可持续发展。针对这一系列问题，党中央、国务院明确提出应认识和引领经济新常态，发出"一带一路"倡议，加快供给侧结构性改革，强调"过去靠出口拉动和投资驱动发展经济的方式告一段落，下一阶段更需要我们靠科技创新"的时代新要求。面对新时代，以及新的问题和新机遇，我国应大力培育和发展新的经济增长点，为经济转型注入新的动力，而大力发展文化产业，无疑有助于破解上述难题。（1）该研究有助于丰富和发展文化产业理论。"他山之石，可以攻玉"。本书拟从产业组织演进的视角总体把握世界文化产业动态发展的趋势，综合吸收经济学、管理学、文化学等多学科理论的精华，形成有机整体的文化产业理论体系。（2）本书有助于全面完整地把握我国文化产业发展的现状与未来的发展趋势。学术界多年来关于文化产业理论研究的丰硕成果，为进一步深化文化产业研究奠定了思考分析的基础，提供了理论研究的切入点，但至今未能形成一个可对文化产业进行深层次、全方位研究的较为成熟的、可操作性的分析框架，这就迫切需要加强对该书的研究。（3）本书有助于构建具有中国特色的现代文化产业体系。我国自20世纪90年代后期开始关注文化产业问题研究，或简单参照西方经济学，或采用理论与现实"两张皮"的研究方式，未能切实构建科学系统的文化产业理论以及立足中国国情现实的现代文化产业体系。对西方文化产业相关理论成果进行深入研究，对其研究方法和理论结构进行合理借鉴，并结合中国现阶段的国情，才能创新文化产业理论，形成独具特色的分析框架。（4）本书有助于探索和发现文化产业发展的规律。推进社会主义文化大发展大繁荣，显著提升我国文化产业的国际竞争力。

第二节 研 究 方 法

（1）运用文献调查法，充分占有第一手文献资料，通过国内图书馆相关数据库，各学术论坛及网站，全面、系统地梳理西方经济学、马克思主义经济学、管理学等多学科经典作家的文本资料，了解文化产业最新的学术研究动向及前沿成果，在梳理和分析文化产业理论发展历史的基础上，研究文化产业理论的形成过程及其发展变化，而后再经过整理及筛选，形成自己的文献体系，以作为本书研究的逻辑起点，为系统全面地进行研究奠定基础。

（2）运用定性与定量分析相结合的方法，并借鉴数学工具对文化产业及其演化的评价方法进行深入研究；定量研究与定性研究，是当前科学研究的重要方法和研究步骤，也是社会科学研究领域中常用的基本研究范式。在定性研究中，本书通过比较研究来寻找各个国家或区域文化产业发展的共同和差异之处，从中了解各个国家文化产业在发展中所面临的问题、所处的产业发展阶段及相应所采取的政策，从中寻找出文化产业发展的一般规律。在定量研究中，本书重在结合各个国家的相关数据，来评价文化产业与相关产业的融合程度，从而梳理出文化产业组织的发展脉络。

（3）运用规范分析与实证分析相结合的方法，对当代中国文化产业竞争力等理论与现实问题进行实证研究。产业竞争力研究是近几年的研究热点话题，同样也有众多文献探讨了文化产业竞争力问题。本书通过梳理竞争力研究理论，探索出文化产业竞争力评价指标及思路，并对各个国家的文化产业竞争力进行实证和案例双重验证。

第三节　国内外研究动态综述

一、文化产业的界定

文化一词来源于古拉丁文。文化是一个相对宽泛的概念，古今中外许多哲学家、社会学家、人类学家、语言学家都曾从不同角度尝试对文化的概念进行界定，但至今仍未形成较为统一的定义。总的来说，文化是一种社会现象，也是一种历史现象，文化既包括物质文化也包括精神文化。文化是文化产业的核心内容，文化产业基于文化而产生，文化的经济价值来源于其文化内涵。"文化产业"一词来源于20世纪三、四十年代的法兰克福学派，在《启蒙辩证法》中西奥多·阿多诺（Theodor Adono）和马克斯·霍克海默（Max Horkhemier）从产业视角提出的"文化工业"，英文为

"cultural industry"。但当时法兰克福学派认为文化产业会导致文化价值庸俗化，对文化的工业化基本上是持批判态度的。直到 20 世纪 60 年代，部分学者和文化爱好者发现文化元素的商品化未必会破坏文化价值，相反产业化或者商品化的文化和服务反而让以往众多抽象的文化逐步走向大众生活中，获得众多消费者积极良好的反应，因此到了 20 世纪 80 年代，文化产业也由"cultural industry"变为"cultural industries"，变为复数形式，其内涵也不再有贬义，而是在学术和决策圈中被冠以积极正面的标签。因此，类似 UNESCO 等机构也开始积极推崇文化产业，并逐步扩大文化产业的涵盖范围，将音乐、艺术、创作、时尚和设计，媒体业（包括广播、出版、影视制作）等众多行业涵盖在文化产业范畴中，因此文化产业、创意产业、文化创意产业等词汇频繁出现于我们的视野中。

世界各国学者均对文化产业的内涵提出了自己的见解，如英国的尼古拉斯·加纳姆、贾斯汀·奥康纳、约翰·霍金斯、大卫·海斯莫汗，澳大利亚的斯图亚特·坎宁安、戴维·恩罗斯比，美国的艾伦·斯科特、理查德·凯夫等。贾斯汀·奥康纳认为文化产业经营的是具有文化价值的符号性商品。大卫·海斯莫汗认为文化产业是创作、生产和流通文本内容的产业，可分为核心和边缘两个层次。艾伦·斯科特从需求角度对文化产业进行定义，认为文化产业由产品与服务集合而成，主要目的是实现教育、娱乐或信息方面的需要，向社会进行展示，或以实现自我肯定、满足消费者喜好为目标。戴维·恩罗斯比认为文化产业主要从事文化产品与服务的生产与传播，这些产品与服务具有一定的象征性，具有创造性特征，具有知识产权。他认为创意产业是将抽象文化转化为高度经济价值的精致产业。理查德·凯夫认为创意产业所生产的产品与服务具有多种价值，这些价值既有文化方面的价值，也有娱乐方面或艺术方面的价值。[①] 约翰·霍金斯认为商标、专利、版权等产业都可视为创意产业的范畴，因为知识产权法对这些产业都进行了保护。

世界各国官方机构对文化产业的称谓与概念界定也都有所差别。20 世

---

① 资料来源于《中国统计年鉴 2020》，中国统计出版社。

纪80年代英国大伦敦市议会对文化产业的范围进行了界定，认为文化产业主要的运作方式是商业化运作，并未获得来自政府财政的持续性资金支持。90年代后期，英国开始使用创意产业的称谓，成立了专门的创意产业特别工作小组，隶属于文化部，界定创意产业是知识产权的创造活动，基于个体的才能与创意，有利于就业与财富创造。此种界定方式更加突出了个体的创造力，强调文化来源于创意，是知识产权创造活动，且能创造经济价值。法国将文化产业界定为一连串的经济活动，这些经济活动通过构建产业链以从事大规模的制造与销售，基于信息技术和物质资料，并将思想观念及创意融入其生产的产品功能之中。这种界定方法突出了文化产业链的各个环节，同时强调了文化产品的技术性、创造性和可复制性特征。美国从版权角度界定文化产业，认为文化产业是广义的版权产业，版权产业主要可以划分为四大类，分别是核心、部分、交叉和边缘版权。这一界定突出强调了文化产业所具有的知识产权特征。澳大利亚将创意产业界定为生产数字内容和信息应用产品的行业，其产品基于创意，采用数字格式，通过网络及非网络媒体进行传播。这一定义强调了文化产业的创意性和科技性，并突出了网络化的时代特征。韩国颁布了《文化产业基本法》，将文化产业界定为从事文化产品生产和服务活动的行业，涵盖研发设计、生产制作和流通消费等环节。这一定义涵盖了文化产业链的各环节，同时强调有形产品和无形服务两种产品形式。日本将文化产业称为内容产业，这与其国内文化产业发展情况密切相关。日本国内动漫和游戏产业发达，因此更加强调文化产业的科技成分及其内容。

中华人民共和国国家统计局分别于2012年和2018年颁布了《文化及相关产业分类（2012）》与《文化及相关产业分类（2018）》，对文化产业进行界定和分类，提出文化产业主要从事满足社会公众需要的文化及其相关产品的生产。这一定义尤其突出了文化产业的社会功能。党的十九届五中全会通过的"十四五规划的建议"，着重从大力发展文化事业与文化产业的有机结合中，提出我国文化建设的远景目标是在2035年建成社会主义文化强国。

香港地区将创意产业界定为经济群体所从事的文化产品与服务的生产

及其分配活动，这种活动以对技术和创意的使用以及知识产权的开发为基础，其产品既具有文化意义也具有社会意义，并有利于创造就业和增加财富。这一定义强调了文化产业属于知识产权创造活动，并能产生经济价值和社会效益。台湾地区制定了《创意产业发展计划》，将文化产业界定为对知识产权进行开发创造和利用的产业，以文化和创意为来源和基础，有利于创造就业、增加财富和改善生活。这一定义突出了创意对于文化产业的重要性，体现了文化产业的实质内容是知识产权。

联合国教科文组织采用的文化产业界定是："生产和销售文化商品或服务的产业。"这一定义强调了文化产品的无形性与有形性，即文化商品和文化服务两种形式。世界知识产权组织采用了版权产业的称谓，并界定为："直接或间接地与创造、生产、分配有版权产品的产业。"这种定义方式基于文化产品的知识产权特征，且定义的范围更加宽泛。

从以上分析可以看出，无论采用何种称谓，无论是文化产业、创意产业还是文化创意产业等，本质上都属于文化产业，但侧重点有所区别。文化产业是一个相对传统和较为宽泛的概念，创意产业则更加强调人作为文化创作主体的智慧与创造力，突出文化源于个人或团队的创造力，强调文化产业的个体特性及创意特性。学术界普遍认为，文化创意产业应视为文化产业的高端形式。文化创意产业的表述，兼顾了文化产业的文化内涵和创意特征，也蕴含着知识产权保护意识。从文化产业到文化创意产业的表述转变，更好地强调了创意或创造对文化发展的核心作用，体现了文化的创意元素和个体的文化创造，体现了文化创造过程是知识产权的开发过程，也强调了对创意者知识产权的重视与保护。当前，基于创造力或创意的文化产业的范围不断扩大，外延持续拓展，文化创意产业既是文化产业的主导，也是发展的方向与趋势。在文化产业内涵界定方面，各国的界定方式有所区别，有的从主体角度进行界定，有的从行为角度进行界定。但总的来说，各国对文化产业内涵的理解有共同之处。即文化产业是一种从事创造性活动的、具有创意特征的产业，文化产业创造的产品具有文化内涵，同时又具有商业价值，能带来经济效益，其经济价值来源于其文化价值。文化产业与知识、技术密切相关，属于知识、技术密集型产业。文化产品有有形文化产品和无形文化服务两种形式。此外，各国官方机构对文化产业的不同称谓和不同内涵界定，与其国内经济、科技发展现状密切相关，也体现了各国在文化产业发展上不同的战略导向和侧重领域。

二、现代文化产业体系的构成

文化产业体系明确了文化产业内部各行业的构成情况及其分类。现代文化产业体系具有鲜明的时代特征，以现代经济技术为基础对文化产业的内部体系进行分类和构建。为进行文化产业统计，各国普遍建立了较为详尽的文化产业分类标准体系，明确统计的范围，根据不同的内容和功能，把文化产业细分为不同的类别和层次，并设置具体的行业类别名称。由于文化产业分类统计体系总是基于本国文化产业发展的现实情况，并根据本国文化产业的发展变化不断进行修订和完善，因此一国的文化产业分类统计标准恰恰反映了该国的文化产业体系构成情况。英国文化媒体体育部将文化创意产业分为十三个大类，除包括音乐、影视、表演、广播电视、出版、广告、工艺、服装设计、工业设计、建筑、艺术与古董市场外，还包括软件与电脑服务业和互动式休闲软件业。美国对版权产业的划分分为核心、部分、非专用和非共生版权四个层次。其中，杂志、图书、报纸、音乐录制、音乐出版、电影、广播与电视、娱乐性软件属于核心层次。部分版权产业包含游戏、玩具、珠宝、家具、纺织品几类。电信传输、批发和零售以及知识产权品运输属于非专用版权业。从事激光唱盘、录音带、录像机、电视机及电脑的生产制造与批发零售则属于非共生版权。澳大利亚对文化产业的划分包括视觉和表演艺术、在线广播及广播服务、电影制作及后期制作、游戏的发行、图书、报纸、杂志的出版、声音产品的出品，此外还包括广告、电子商务、在线服务、地址信息、新媒体通信、有偿电视服务、建筑与设计服务、健康与教育服务等许多行业。韩国对文化产业的划分包括演出、唱片、广播、电影、出版、游戏和其他类型的文化产业，其中其他类型文化产业主要有广告、摄影、图书馆、博物馆、工艺品及民族服装、创意性设计、新闻、艺术文化教育等。

中华人民共和国国家统计局制定的《文化及相关产业分类（2012）》

立足于《文化及相关产业分类（2004）》对分类进行修订和完善，重新对文化产业及相关产业进行了分类，分为文化产品的生产和相关文化产品的生产两个部分，10 个大类，50 个中类，120 个小类，并对延伸层进行了说明。十大类包含文化艺术、文化创意和设计、文化信息传输、文化休闲娱乐、广播电视电影、新闻出版发行几个服务行业以及文化用品、文化专用设备、工艺美术品生产、文化产品生产辅助生产。2018 年 4 月底，国家统计局重新修改和调整了产业分类。《文化及相关产业分类（2018）》的产业分类分为两个部分，三个层次，9 个大类，43 个中类，146 个小类。其中，文化核心产品生产分为 6 个大类，25 个中类，81 个小类。文化相关产品生产分为 3 个大类，18 个中类，65 个小类。九个大类分别是：新闻信息服务、内容创作生产、创意设计服务、文化传播渠道、文化投资运营、文化辅助生产与中介服务、文化装备生产、文化娱乐休闲服务、文化消费终端生产。2018 版分类标准根据 2017 年新颁布的《国民经济行业分类》中新的行业分类体系对文化产业体系的分类标准进行相应调整，同时使用联合国教科文组织针对文化产业的统计标准为参考，与《文化统计框架－2009》相衔接。根据中国网络经济高速发展的现状，将新出现的业态如可穿戴智能文化设备制造、互联网文化娱乐平台等也列入分类表中，小类从 2012 版的120 个增加到 2018 版的 146 个。

香港地区对创意产业的分类除了包括广告、设计、音乐、表演、电视、电影、影像、电台之外，还包括艺术品、手工艺品、古董、建筑、出版、软件、数字娱乐等。台湾地区对文化创意产业的分类除了音乐、表演、电影、广播、电视、艺术、设计外，也涵盖广告、工艺、出版，同时还将文化内容、创意生活、数字内容、文化资产应用、展演设施等产业列入其中。联合国教科文组织将文化产业划分为核心与扩展两个层次，类似同心圆模式。博物馆、图书馆、画廊、庆典活动、表演艺术、视觉艺术和工艺品属于核心层，设计以及出版、电视、广播、电影、录像、摄影、互动媒体也均属于核心层。广告、软件、建筑以及印刷设备、乐器制造、音响器材制作等相关制造业则属于扩展层。欧盟《构建创意欧洲项目（2014 ~2020）》将文化产业分为建筑、档案馆、图书馆、博物馆、手工艺品、视听产品、文化遗产、节日庆典、音乐、设计、文学、表演艺术、出版、广播和视觉艺术等。

从以上分析可以看出，首先，多样化与差异化是现代文化产业体系的显著特征，世界各国的文化产业体系既存在共同点也存在一定差异。这主要与世界各国的文化背景、科技发展水平、经济发展阶段等方面的差异有关，使得各国对文化产业的认识与理解相应存在差异，并且现实经济发展中各国文化及相关产品和相关行业的形式与业态均有所区别，因此各国的文化产业体系具体分类标准也存在一定差异，产业体系分类呈现多样化的特点。例如，从文化产业概念的外延及分类研究来看，基本上各个国家或地区都将广告、建筑、电影、电视广播、出版、表演艺术与音乐作为文化产业的核心部分，但英国和联合国教科文组织也将设计和时尚作为核心部分，而美国则特别重视版权产业。其次，从各国产业体系分类来看，总体趋势是趋于层次化和详细化。产业分类的层级及每个层级的类别均越来越细化。最后，现代文化产业体系具有动态发展特征，随着产业、经济、科技的发展进步而动态变化调整。科技发展使产业间界限越来越模糊，促进了产业融合，催生了许多新的文化产业业态。现代文化产业体系不断升级、延伸、融合，反映在文化产业分类统计体系上是统计体系随新业态出现而不断进行增补和完善，根据产业发展实际将新业态列入统计细分类目。

三、版权业与会展业的发展

从世界各国情况看，版权业和会展业均是各国鼓励和支持的重点领域。版权业是对知识产权进行创造和利用的行业，知识经济时代，版权的经济价值愈发得以体现。会展业提供会议展览服务，既属于文化相关产业的范畴，也属于现代服务业的范畴。版权服务与会展服务均属于文化相关产业，与文化产业相关，并对文化产业的发展起支持和推动作用。版权服务主要包括版权的代理、咨询、登记、交易等服务，完善的版权服务对于文化产业的发展至关重要。会展服务主要从事会议或展览的策划、组织等，文化会展为文化产业提供国内和国际交流和展示平台，促进文化的传播，文化产品的交易与消费。国内外学者对版权业和会展业进行了大量的研究。

版权业方面。首先，版权产业的性质与特征。来小鹏（2009）认为版权产业的发展依赖于版权，版权产业属于经济活动，是典型的知识经济，且具有社会公共和行政管理职能的性质。康建辉、郭雅明、宋柏慧（2012）对新兴版权产业进行研究，认为新兴版权产业依赖于版权，具有高新技术特征，作品载体数字化，传输渠道多元化，产业范围具有不确定性。康建辉、郭雅明（2012）认为版权产业以版权作品为基础，版权法是其保护依据，版权及其保护是其生存基础，具有共享性与私权性。探讨了版权产业与文化产业的联系与区别。版权产业是文化产业的核心，二者客体相同或相似，都受版权法保护，但其内容及所强调的价值不同。

其次，版权产业的经济效用与贡献度。曾绚琦、汪曙华（2012）分析了版权制度的经济效用，认为版权制度有助于使知识成果转化为私有财产，降低知识产权交易成本。[①] 西蒙妮·曼弗雷迪、法比奥·纳波、费德里卡·里奇（Simone Manfredil、Fabio Nappol、Federica Ricci，2016）基于意大利的情况，研究版权业对经济的贡献度，研究结果显示版权业对于经济增长、劳动力市场和国家发展有重要影响。中国版权产业经济贡献调研组（2014）从行业增加值、就业人数、出口额分析我国版权产业的经济贡献度，认为我国版权产业经济贡献率稳定增长，但出口仍存在较严重的不平衡现象。

最后，国别版权产业发展模式与发展状况。朱喆琳（2017）分析了英国版权产业发展的模式，由政府制定发展战略，评估发展情况并选择发展方向。中介组织帮助优化运营模式，加强风险管理和促进版权保护国际合作。张昌兵（2010）对美国版权产业进行研究，美国积极推动国际版权立法，融入国际版权体系，积极参与双边或区域自由贸易谈判，签订双边版权保护协议，积极利用政治、经济、外交等手段保护海外版权，并通过出口贸易、离岸外包、海外销售、对外投资、海外研发中心等形式实现海外

---

① 张华荣. 关于海峡西岸经济区创意产业竞争力的理论与现实思考 ［J］. 综合竞争力，2011（1）.

扩张。田小军、张钦坤（2017）分析了我国网络版权业的发展和变化过程，提出文化出海、跨界开发等建议。王晓红（2008）分别对美国、英国和日本版权产业的发展历程和发展情况进行了分析。李相和、郑恒信（Sang - Ho Lee、Jeong - Hun Shin，2017）使用时间序列数据和经济变量来预测韩国未来版权产业的规模。

会展业方面。首先，会展产业的关联与带动效应。吴开军（2011）认为会展产业链具有群体性、沟通性和效益性，具有空间集聚性，以会展运营商为核心组织，以活动为联结纽带，具有前向推动、后向拉动、旁向溢出三大效应。[①] 李智玲（2011）从城市产业层次角度，认为会展业的关联效应和带动效应与城市第三产业发展具有较高依存度且呈现正相关，具有关联倍增效应和乘数效应。并对日本、中国香港、北京和上海会展业的带动效应进行实证分析。毛润泽（2010）分析了会展业与城市功能的关联机理，在理念层面是适配关系，在互动层面是互动关系，在具体层面是耦合关系。赵驹、胡亚涛（2012）基于产业关联理论分析了会展业的关联路径和关联体系，并采用灰色关联分析对重庆会展业的关联效应进行实证分析。王轶、李凯琳、李晓辉（2011）分析了北京会展业与区域经济的互动，认为会展业带动北京地区生产总值提高，对旅游业和零售业的发展有带动作用，并对就业有驱动效应。而区域经济发展为会展业创造了需求，提供了物质基础，对其发展水平和速度均产生影响。李铁成、刘力基于区域间投入产出模型分析我国会展业影响力，认为我国会展业具有比较优势，对国民经济有较强拉动作用。同时具有显著差异，有一定上升发展空间。

其次，会展产业竞争力影响因素。刘敏（2010）基于比较优势，从经济贡献度、显性比较优势指数等维度分析北京会展业的竞争优势，并基于波特的钻石模型分析其竞争优势的来源。王晓（2011）、张乐（2012）以钻石模型为切入点，基于竞争力六要素分别对义乌和廊坊的会展业的竞争力进行分析。刘婷、符纯洁、韩雷（2011）基于波特钻石模型，选取五个

---

① 张华荣. 关于海峡西岸经济区创意产业竞争力的理论与现实思考 [J]. 综合竞争力，2011 (1).

代表性因素建立计量模型，发现对外贸易发展水平、人力资源丰裕程度、市场竞争程度是会展业发展水平的主要影响因素。肖轶楠、张希华、李玺（2012）在总结会展业吸引力影响因素基础上构建会展业吸引力模型，据此探讨会展业区域合作的模式。张俐俐、肖小玉（2009）基于LQ系数通过就业水平和产值专业化水平两个指标对聚集程度进行测量，得出广州会展产业集群规模大和基础好的结论。认为基础设施发达、广交会品牌效应及产业集群在成本、资源、技术方面的效应是其优势来源。徐维东（2011）从地域、设施和人员三方面分析了会展业的发展条件，设施包括基础设施和会展设施，地域条件涵盖政治、经济、社会文化、旅游资源四个方面。政策支持、区位优势、资源丰富、结构优化是其竞争力来源。

再次，会展产业的发展路径。汪波、薛杨（2011）基于协调理论，认为会展业是一个涉及经济、社会、科技、人力等多要素的系统，通过自组织和组织间合作实现高效协调发展。李铁成（2012）基于广州会展业，分析其类型和结构优化的条件，认为其类型结构的优化方向是形成新兴会展结构类型体系，使之与现代产业体系适应，形成大会展类型结构体系，使之与会展、旅游、文化相互融合的趋势相适应。刘蕾（2012）从博弈论的视角，用囚徒困境模型、说谎博弈模型和重复动态博弈模型分析城市会展业发展中存在的问题，提出展馆合作和集团化是其发展路径。纳塔莉亚·雷舍特尼科娃（Natalia Reshetnikova, 2017）分析了国际化与会展业未来发展的联系，提出通过PPP模式增强企业与政府间互信，阐述了国外私人企业与政府在会展业发展方面的合作。

最后，会展旅游业发展的动因与机理。吴开军（2011）从战略联盟的视角用大样本数据进行实证分析，研究会展业和旅游业合作的动因。会展业参与战略联盟的主要动因是规避风险和降低成本，旅游业的动因是学习、降低成本和提高组织能力，而整合资源实现协同效应是双方共同的动因。张玲、邬永强（2013）分析了广州会展旅游产业集聚的形成过程和发展阶段，并从需求、经济因素、城市规划、政府行为四个方面对会展旅游产业集聚的机理进行研究。张玲、邬永强（2013）基于复杂系统适应理论分析会展旅游产业集群的自适应演化发展阶段和动力形成机制，如适应性机制、竞争合作机制等。

从以上分析可以看出，首先，从研究内容来看，当前对于版权产业的研究主要集中于关于版权产业的性质与特征、版权产业的经济效用与贡献度、国别版权产业发展模式与发展状况等方面。主要研究结论是：版权产业属于高技术产业，是文化产业的核心。版权产业发展利于经济增长，具有较高的经济贡献度。发达国家版权产业在战略制定、运营模式、风险管理、国际合作、立法等方面的经验值得借鉴。对会展产业的研究主要集中于会展产业的关联与带动效应、会展产业竞争力影响因素、会展产业的发展路径、会展旅游业发展的动因与机理等方面。主要研究结论是：会展产业具有较强的产业关联性，对城市经济增长具有较强的拉动作用。波特的竞争模型可用于分析会展产业竞争力，要素、需求、相关产业等均是其竞争力影响因素。产业融合与合作是会展业发展的重要路径。基于产业融合思想的会展旅游发展很快，并出现了产业集聚的趋势。其次，从研究方法看，对于版权产业的研究除定性分析外，在其经济效用与贡献度的研究方面主要采用了定量分析，用数据直接体现研究结果。对会展产业的关联及带动效应的分析采用投入产出法、灰色关联度分析，在竞争力方面基于波特模型，选取指标进行计量分析，基于 LQ 系数分析聚集程度，博弈论也被引入到分析中，实证研究较为普遍，研究的视角多维、方法多样化。基于产业融合思想，对会展旅游业方面的研究也较多。总体来说，目前对会展业的研究从内容到方法上都较为成熟和完善，但对国外会展业发达的国家的会展业发展模式及其发展经验的深度研究仍存在欠缺。对于版权产业研究也较多，但在研究视角和研究方法上的创新相对匮乏。

四、产业融合视角下的文化产业

产业融合产生新的产业形式，产业内融合通过产业内部的相互渗透实现融合，产业间融合通过产业之间的相互交叉实现融合。技术进步使文化产业与其他产业、文化产业内部不同行业间的边界变得模糊，出现了产业融合的趋势，催生了许多新的业态，使产业业态得以创新。文化农业源于文化产业与第一产业的融合创新，文化制造业源于文化产业与第二产业的融合创新，文化产业与第三产业结合，形成文化服务业。文化产业内部行业间的界限也逐渐淡化，传统媒体与新媒体不断融合。通过产业融合将文化元素融入相关产业，既提升了产业文化内涵，也提升了产业附加值，带来新的市场并创造新的利润空间。产业融合优化了资源配置，带来效率的提升，也有利于技术创新，带动产业竞争力的提升和推进产业结构的升级。学者们对文化产业与其他产业的融合发展问题进行了广泛的研究。

首先，文化产业与其他产业的融合的形式与动力。花建（2006）认为基于产业、服务、功能或技术，可实现产业间融合。产业融合形成新兴业态，技术融合打造全方位服务平台，功能融合降低成本并提高收益，服务融合提高服务深度和广度并提高产业附加值。曹宇（2012）结合波特钻石模型的竞争力六要素，通过分析产业融合前后文化产业竞争力要素变化，说明产业融合对文化产业发展的影响及其动力。高红岩（2014）分析了产业融合对电影业的影响。产业融合为电影产业提供了更多与其他产业合作的机会，但同时也使电影产业面临结构重组。

其次，文化产业与旅游业的融合研究。文化产业的低碳性和高附加性使得众多政府将其作为经济转型的首选，已然成为21世纪各个国家经济发展的潮流。同样，作为第三产业中的"朝阳产业"，旅游产业也具有较强产业带动功效，其本身也涵盖着众多产业，集多种产业功能于一体，具有强大的经济拉动效应。一方面，随之近些年我国经济结构由粗放型的增长方式转型为精细型的增长方式，文化产业也成为我国各级政府的主推产业，并提出力争使得文化产业成为我国国民经济发展的支柱性产业。另一方面，旅游产业也具有强大的产业联动效应，素有"城市面包器"之称，也涵盖着众多产业，集多种产业功能于一体。因此，随着我国产业结构的调整，旅游产业也成为各级政府的重点扶持对象。从产业属性来分析，旅游产业与文化产业两者之间存在着较强的关联性。文化是旅游的内涵，是旅游价值得以提升的决定性因素，正所谓"山不在高，有仙则名；水不在深，有龙则灵"。而旅游则是文化的载体，是文化价值得以实现的重要中介。离开了旅游的产业化支撑，文化价值也无法得到规模化效果。伴随着我国进入大众消费时代，文化旅游产业面临着更大空间的发展契机。因此，如何在旅游产业中融合文化元素，实现价值提升和利益的最大化，已然成为当前学术界的研究热点话题之一。桑彬彬（2012）从产业边界的视角，分别分析了旅游产业和文化产业的边界，认为旅游产业和传统产业的边界具有开放性和延伸空间，可以在技术上、产品上、市场上、企业间实现融合。王琳（2014）在分析产业边界的基础上，研究文化创意产业和旅游业融合的机制和融合过程，并通过协整分析对我国文化创意产业和旅游业的融合关系与融合程度进行实证分析。张琰飞、朱海英（2013）基于信息化的视角分析了文化产业与旅游产业融合发展的机理与途径。桑彬彬（2018）基于价值链，探讨了文化产业与旅游产业的融合。张佳笛（2017）探讨了文化产业与旅游产业融合的动力、路径与模式。程晓丽、祝亚雯（2012），徐仁立（2012），朱江瑞（2011），吴倩（2012），兰苑、陈艳珍（2014）也分别对文化产业与旅游产业的融合进行了研究。

此外，部分学者也通过生态学角度联系探讨文化与旅游产业的融合问题。如王振如（2009）就着重从生态农业的角度探讨旅游与文化产业之间的融合模式和结构优势。张海燕（2011）则围绕民族文化品牌的打造视角来研究民俗文化与旅游的融合问题，鲍洪杰（2010）通过定性分析文化产业与旅游产业的耦合关系来构建指标体系，形成模型评价标准，来验证两者之间的关系。张建（2009）则结合产业链理论来分析创意产业与旅游产业的链条关系，指出两者之间存在众多的相似性，这也形成两者耦合的基础。张洁（2011）指出文化是旅游业的发展根基和资源元素，突出乡村特色文化产业与购物休闲旅游产业存在着天然的耦合性，进而提出推进文化产业和旅游产业深度互动发展的对策。随着研究领域的不断扩大，也有部分学者开始从统计分析的角度来分析研究文化产业与旅游产业的融合度问题。比如张琰飞（2012）就引入耦合量化分析法，以 31 个省级单位的面板数据为基础来构建模型，进而来实证分析我国文化产业与旅游产业耦合关系的区域差异。刘定惠，杨永春（2011）则结合耦合协调度模型来验证经济与旅游生态环境的耦合协调关系。周叶（2014）则通过灰色系统分析理论来验证江西文化产业与旅游产业之间的耦合关系。近些年，一些学者开始从文化生态系统的角度出发探讨非遗文化的传承问题。如周万详

（2020）从生态经济的视野下来探讨红色文化传承创新问题。王绍林（2015）则指出发展文化产业，应注重可持续发展，强调循环式效能观，构建和谐科学的文化生态链。何爽（2020）则着重研究如何依托新时代的技术载体，构建非遗文化传承生态系统，从而推动传统与现实的有效融合。总体而言，近些年对文化产业的研究领域不断扩大，热度也在不断提升，对文化产业与旅游产业内在关联研究的成果也不断出现，但更多是停留在理论检验阶段，对于两者之间关联的实证检验研究仍比较缺乏，虽有部分学者尝试着结合数据和模型来验证两者关系，但尚未形成系统化的研究成果。

再次，文化产业与其他产业的融合。蔡旺春、李光明（2011）认为文化产业和制造业之间实现的产业融合可通过延伸、交叉或关联得以实现。文化产业可通过延伸融合，实现对制造业的品牌或营销环节或研发设计环节渗透。交叉融合即文化与技术结合，产生了新的高技术与高文化交叉的制造业态。关联融合通过文化产品生产使文化产业与关联制造业融合，从而带动关联制造业的提升发展。花建（2014）研究了文化创意产业与工业、建筑业、农业等的融合，并提出具体的发展思路。王振如、钱静（2009）分析了文化产业与农业的融合。张金桥、王健（2012）分析了文化产业与体育产业的融合。胡志平（2013）、白婧、王大鹏、刘澄（2011）分析了文化产业与金融业的融合。王鹏（2010）分析了文化创意产业与澳门博彩业的融合。赵玲、胡春（2012）分析了传媒业、电信业和互联网业三网的融合，认为三网融合使产业分离的前提发生改变或消失，出现了在技术上、业务上和企业间的融合现象，并提出产业融合将向各大范围扩展，形成大文化产业群。随着数字经济的兴起，众多学者开始探讨数字经济给予文化产业发展带来的机遇。黄永林（2020）认为数字文化产业化是数字经济的重要组成部分，不仅体现在文化产业生产角度的数字化和先进化，也体现在数字技术对文化创意内容的优化及数字化阐述，从而实现平台价值的高度融合，促进文化产业的高质量发展。向勇等学者（2020）在数字经济时代下，文化产业的发展应重点关注文化产业的新供给、新消费和新监管机制等问题。可见，随着文化产业研究内容不断扩大，对于文化产业融合问题研究已然突破了传统的"科技文化＋科技治理模式"的优化研究问题，更多是关注数字技术与文化内容之间共生共融问题。

最后，区域间的文化产业融合。范宇鹏（2014）分析了粤港澳三地文化产业发展的路径及三地间文化创意产业融合的优势。杨絮飞（2020）则从全域旅游的视野下，分析东北地区文旅产业融合发展的制约因素，包括东北区域文化资源挖掘深度不够、各区域文化产业协调性弱等，指出应强化生态旅游产品设计，推进集聚协调，文旅集约化发展模式。袁冬青（2020）则围绕山东半岛城市群体特点，结合经济地理学理论，从区域产业结构演进和产业生命周期理论出发，构建基于"层次模型"的城市区域文化产业融合指标体系，分析出区域间城市文化产业时空演变的机理特征。周至杰（2019）则在新时代背景下，紧紧围绕闽台之间深厚的历史文化渊源，从产业链的角度，即从"文化创意研发—产品生产推广—销售维护"三个产业链条出发，提出深入整合闽台文化资源，从而加深两岸民众的文化认同感。

从以上分析可以看出，首先，从研究内容看，基于产业融合对文化产业进行的研究主要集中于融合形式、融合动力、文化产业与旅游业融合发展、文化产业与其他产业融合发展、区域间的文化产业融合等方面。主要研究结论是：基于产业、服务、功能和技术实现的融合是四种主要形式。竞争力提升和寻求合作机会是其开展产业融合的主要动机。文化旅游业的快速发展印证了文化产业与相关产业的融合趋势。其次，文化产业常常与农业、工业、建筑业、体育产业、金融业、电信业、互联网业等融合，形成新的业态。不同区域间的产业融合也有助于实现资源整合和优势互补，实现区域间文化产业的互动发展。从研究视角和研究方法看，基于竞争力视角进行的研究较多，也有一些学者从产业边界和价值链的视角研究文化产业与其他产业的融合现象及其互动机理。总体来说，目前立足产业融合进行的文化产业研究十分广泛，尤其是对其与旅游业融合的研究最为丰富，且多基于特定地区进行探讨，对其融合的动力与路径的研究较为完善和全面。文化产业与现代服务业融合方面的研究仍有待深入，对区域间文化产业融合的探讨也有待进一步展开。

五、科技创新视角下的文化产业

文化产品是知识与技术的凝结，文化产业属于知识技术密集型产业，文化产业的发展需要以技术为支撑，科技创新是文化产业竞争优势的重要来源。现代信息技术、数字技术、网络技术的发展，使文化产业的生产方式、消费方式、商业模式都发生了巨大的改变。科技创新既有来源于企业或产业内部的自主技术创新，也包括来自企业或产业外部的技术合作创新。科技创新不仅有利于新产品的开发，新工艺的实现，新流程的应用，也带来了文化产业从生产、传播到消费等环节效率的提升。基于科技的产业间和文化产业内合作不断出现，通过企业外部技术合作，增强整体技术创新的实力，使企业和产业在技术上保持持续进步。技术变革是文化产业持续创新的重要动力，也使得新的文化产品形式、新的文化产业业态不断出现，加强了产业间融合的趋势。

首先，技术变革驱动文化产业创新。伊恩·迈尔斯、劳伦斯·格林（Ian Miles，Lawrence Green，2008）在研究创意产业的创新中指出技术变革是推动创新中主要的、关键的因素，技术变革一直是创新的主要推动力。技术是视频游戏开发、产品设计、广告和独立广播制作行业创新的重要驱动力。皮埃尔·让·本霍齐（Pierre – Jean Benghozi，2016）认为新技术浪潮极大地改变了文化作品的创作、分销及消费，对文化的生产、出版和差异化产生影响，数字平台的出现引起了商业模式创新。联合国开发计划署和联合国教科文组织在《创意经济报告（2013）》中指出创造附加值是一个将文化和设计与创新和技术结合起来的综合过程。

其次，技术创新推动产业融合与业态创新。李明伟（2017）认为技术使不同文化产业间边界模糊，提升文化产品服务质量，加深互联网与文化的融合，应打造多网多端的文化市场，打通产业链，进行模式创新。陆淑敏、饶元、金莉（2013）针对文化创意产业研究科技创新的影响时提出：科技创新不仅有助于提升产业内涵，同时对产业主体提出更高的要求，需要建立市场信任体系，增加对高端人才的需求。解学芳（2007）认为科技创新推动传统文化产业发展演化并催生现代文化产业形态，科技创新主导的文化产业演化呈现出三大规律，即演化周期短期化规律、互动协同循环规律及正负双重效应规律。张宝英（2016）分析了科技创新对文化产业发展的作用机制，认为科技创新助推传统文化产业改造，催生带动新兴文化业态，优化升级文化产业组织结构，强化核心资源价值。在动力机制方面，科技创新催生文化产业新业态形成，助推文化产业新业态发展。

最后，技术创新对文化产业的其他影响路径。路平（2014）认为科技创新与文化产业是相互促进和协同发展的关系。科技创新对文化产业发展的影响在微观上表现为科技创新全面渗透融入文化内容创作、生产、管理、传播、消费等各个环节，覆盖整个供应链，中观层面看，科技创新影响产业内部构成，引领产业发展方向。从内在机理上看，科技创新有助于驱动文化产业业态创新、文化产业管理制度创新和文化产业链重塑。张洁（2013）对技术创新对于文化产业的促进机理进行分析，认为技术创新促使文化产业提升核心资源价值，引发文化产业组织转变，促使文化产业形态变迁，促使文化市场需求增加。在技术创新对文化产业的影响路径上，认为技术进步与文化产业之间形成了一个正反馈，技术创新对文化产业的生产和发展都具有推动作用，技术创新的动态发展与文化产业市场均衡形成互动平衡。常莉（2010）认为技术创新具有加速和推动文化产业发展的作用，并从技术创新整合文化资源、技术创新转变经营模式、技术创新创造市场需求、技术创新缩短演化周期四个方面进行效应分析。解学芳、盖小飞（2017）认为技术创新为文化产业提供技术支撑和竞争力保障，有助于优化文化产业结构。王春贺（2017）分析了制造、展示、传播等相关技术创新对于文化产业的影响及其互动发展，认为文化产业对于制造业有内涵提升作用，并通过衍生品向制造业延伸。

从以上分析可以看出，基于科技创新视角对文化产业的研究，主要是对科技创新对文化产业作用机理的研究，具体包括技术变革驱动文化产业创新，技术创新推动产业融合与业态创新以及技术创新对文化产业的其他影响路径这三个方面。主要研究结论是：技术改变了文化产业的生产和消费方式。技术变革是文化产业持续变革与创新的关键驱动力量，既为产业发展提供技术支撑，也是其竞争优势的主要来源。产业的边界在技术创新的作用下愈加模糊，推动了产业融合的深化发展。技术创新对于原有的传统产业具有提升和改造的积极作用，促进新业态形式的出现。科技创新促进了文化资源的价值提升，对于产业链、产业结构、产业组织的重构及优化升级具有积极的作用。科技创新与文化产业二者在相互影响中互动发展。总体来说，对科技创新对文化产业作用机理的研究已经较为完善，基于产业边界视角、产业链视角、产业结构视角、产业组织视角等多种视角进行研究，目前的研究以定性研究居多，采用数据构建指标测算科技创新对文化产业发展的贡献度的定量分析相对较少。

六、价值链视角下的文化产业

价值链理论最早由迈克尔·波特提出，他认为企业的活动可用价值链表示，企业的基本活动和辅助活动构成了创造产生价值的整个过程，也就是价值链。价值链上的环节之间具有互动关联关系，价值链上的每个环节都会影响整个价值链的价值创造。文化产业价值链包括文化资源开发、文化产品生产、市场销售推广、最终消费等环节，在一系列相互关联的活动中实现价值创造和价值增值。文化产业价值链涉及资本、技术、创意等多个要素，包含从资源开发到最终消费等多个环节。发展文化产业就需要准确把握价值增值的各个环节，有针对性地采取相应的价值链策略，使价值创造和价值增值最大化。

首先，文化产业价值链的构成与实现过程。安迪·普拉特（Andy C. Pratt，2008）认为有必要对商品链和价值链进行区分。商品链用最终商品来定义，而价值链则侧重突出利润最大化的环节。郭新茹、顾江（2009）认为文化产业价值链发展是不断创新的过程，包括从策划设计到推广服务等诸多环节。文化价值链的实现是系统集成的过程，文化消费链有路径依赖性和自我强化功能，文化产品的链式效应和关联效应较强，文化生产中具有较强的规模经济效应和范围经济效应。朱欣悦、李士梅、张倩（2013）认为文化产业价值链以创意为先导，并能产生链式反应，文化产业价值链由创意生成、文化产品开发与制作、品牌打造与知识产权保护、市场推广与消费者消费等诸多环节所构成。文化产业链既实现了价值的创造，同时也实现了价值的传递及价值的增值。价值链上各个环节间的关联互动使文化创意的产业化得以实现，规模化得以提升。可通过产业融合、纵向延伸和横向拓展实现文化产业价值链的拓展。顾江（2009）立足全球视角考察文化产业价值链，提出全球文化产业价值链是具有全球性特征的、跨企业的网络组织，它把生产和销售等多个环节衔接起来，形成物流、资金流、信息流，使文化产品和服务的价值得以实现。并从劳动生产率、技术、内容、资金、人才几个方面对中国、美国、日本、韩国的文化产业价值链进行了比较分析。桂韬（2013）基于文化产业价值链，分别对创意阶段、生产阶段、流通阶段以及衍生品开发阶段的价值创造过程进行分析。张文宇（2014）基于文化产业价值链的内容、资金、人才、平台四大要素，采用聚类分析方法对文化内容产业及其对应的分销产业和相关的支持产业进行研究，并据此提出提升优化文化产业价值链的策略建议。埃米利娅·马杜多瓦（Emilia Madudova, 2016）分析了创意产业的价值链逻辑，认为价值是获得竞争优势的关键因素，可通过与主要主体建立联系，从彼此价值链中获益。谭必勇、邹燕琴、吴赟（2018）基于影视、档案与出版业，在分析其互动共享机制的基础上，探讨了从档案资源开发到影视档案文化产品生产、传播与消费的价值链模式。

其次，技术变革对文化产业价值链的影响。田蕾（2013）对科技创新环境下文化创意产业价值链形态的变化进行研究，认为文化产业价值链涵盖产品的创意与制造、推广与分销、交换与消费等多个方面。技术创新使行业趋于融合，使文化产业价值链边界放松，形态出现演变。新媒体技术使文化产业价值链得以延伸和提升，对文化产业价值链的结构、层次和关联均产生不同程度的影响。科技创新对文化产业价值链各环节均产生重要影响。王克明（2017）探讨了"互联网＋"对文化产业价值链的作用，提出"互联网＋"作用于文化产业的价值主张及其创造机制，对机制传递与价值实现均有重要影响，并使其价值链进化为价值网。张鸿飞和童莊装（2014）以阿里巴巴的娱乐宝为例，探讨了用互联网思维重构文化价值链的可能性，认为娱乐宝的创新价值在于其对文化传统价值链的颠覆。在文化产业融资渠道方面，娱乐宝通过互联网开创了更为高效便捷的民间资本融资渠道，用互联网思维制作电影，是对文化产业运营模式的创新。娱乐宝颠覆了电影的传统制作流程，使未来观众参与产品设计环节，创造了多赢和配置的价值链。

从以上分析可以看出，基于价值链对文化产业的研究主要集中于文化产业价值链的内容构成、价值链如何进行价值创造、技术变革如何对价值链起作用等方面。主要的研究结论是：文化产业价值链由内容创意、产品制造、市场推广、交换消费等环节构成，是通过各个环节实现价值的创造、传递和增值的过程。应重视内容创意，创意是关键环节，能产生链式反应。文化产业价值链策略主要是纵向延伸产业链、横向拓展产业链及通过产业融合实现价值链拓展。技术创新对文化产业价值链具有重要影响。技术创新影响价值链各环节，引起价值链层次结构和关联度的改变，价值链边界淡化，各行业趋于融合，利于价值链的延伸和拓展。在分析方法上，定性分析为主，同时也有基于要素指标进行的计量分析。有对不同国家文化价值链的对比分析，也有基于特定案例的分析。总体来说，在文化产业价值链构成方面的研究已经较为全面，但基于价值创造和价值增值实现过程的价值链提升策略方面的研究仍有待进一步深入。

综合以上研究述评，本书将积极借鉴和吸收国内外现有的立足技术创新、价值链、产业融合等角度对文化产业进行研究取得的成果，将产业融合、技术创新和价值链提升观念贯穿于对国际文化产业发展新趋势的研究中。

第四节　本书有待深入研究的问题

由于本书的研究内容时代感强，涉及面广，同时由于文化产业的发展日新月异，本书作者的研究视野还是存在一定的局限性，不足之处有以下几个方面：（1）由于统计口径的差异，部分发达国家的数据难以搜集全面和完整。因此，本书的研究只针对已公开的数据进行搜集和分析，概括出若干基本特点，尚未能得出这些国家未来文化产业的发展规律。（2）提升中国文化产业的竞争力是一个全面和动态的过程，既要着眼于世界各国文化产业发展竞争的态势，又要充分考虑我国文化产业发展政策和区域间的协调。由于本书研究的宏观视角有限，主要是从文化产业组织演进的现状与未来国际文化产业发展的新趋势视角，对中国文化产业发展提出建议和对策，并没有对中国文化产业诸业态或新业态之间的差异性进行深入比较，这也是本书今后有待进一步深入研究的课题之一。

此外，本书还可以在以下方面开展深入研究：一是可以进一步探讨和揭示产业组织演进与未来国际文化产业新趋势之间的内在联系。尤其是目前国际文化产业出现的新兴业态及其对我国文化产业发展产生的影响，以及中国文化产业发展与发达国际文化产业发展的竞争与合作，值得进一步深入研究；二是可以结合我国文化产业发展实际，以及国际文化产业发展的新趋势，运用实证分析，进行拓展和深化，把更多的沿线国家纳入研究范围内，如我国倡导的"一带一路"倡议，文化产业发展沿着"一带一路"传递，必然对沿线国家的文化产业发展产生影响，使得全球范围内文化产业的发展格局发生变化。同时可以再进一步搜集数据，将研究的时间跨度延伸，以进一步把握国际文化产业发展的动态变化规律；三是可以对我国文化产业发展的理论与实际意义进行深入研究。党的十九大报告提出的重要战略目标，即健全现代文化产业体系，健全文化产业市场体系，创新文化产业生产经营机制，完善文化经济政策，培育新型文化业态，为我国文化产业未来的发展明确了方向，是站在新时代的全局高度对文化产业发展的深刻认识，其中所蕴含的理论价值和实践意义值得进一步探索研究。

第二章

文化产业组织演进及其结构的一般特点

　　文化产业是以文化为内涵并以创意为核心的产业，属于技术与文化相结合的知识技术密集型产业类型，经济附加值高是文化产业的一大特征。产业内部的企业之间的组织形态及其所涉及的交易、行为、利益及资源占用等方面的市场关系构成了产业组织，产业组织反映了产业内部的垄断和竞争关系。产业结构是基于技术经济联系的产业间及产业内构成。文化产业组织指文化产业内部文化企业间的组织形态及市场关系。文化产业结构指文化产业内部各行业的构成，是基于技术经济联系考察产业内各行业间的联系方式。本章将运用产业组织演进的相关理论，从演进的动态视角对文化产业组织及其结构的一般特点加以分析。

第一节　产业组织理论概述

　　产业组织出现在 20 世纪初的现代制造业企业兴起后，马歇尔首先提出了产业组织概念。最初，学者们并未把"产业"与"制造业"区分开来，认为产业实际上就是许多企业的集合，这些企业从事相同或相似的产品的生产。因此，产业组织通常所反映的是企业间的组织形式及其市场关系。产业组织理论以产业组织作为研究的对象，立足于不完全竞争市场，分析企业行为及其市场选择，以及企业和市场之间的相互关系。产业组织理论基于供给视角，立足单个产业，研究其市场结构、市场行为及市场绩效。其核心内容是通过比较现实的市场状况与严格竞争的市场之间的差距分析产业内部企业与企业之间的竞争与垄断行为，以及由此产生的各类经济问题。理性人假设是产业组织理论坚持的基本假设。理性的特征主要体现在稳定性偏好、约束以及自利性最大化行为几个方面。厂商的理性人假设尤其受到主流产业组织理论的重视。因而，传统产业组织理论对厂商经济行为的研究以该假定为研究基础。利润最大化假设是厂商理性最为重要的线索，与厂商一样，企业同样具备完全理性偏好，这是长期以来产业组织理论争议的焦点。事实上，并不能单纯地将企业视为厂商，因为企业内部的权威机制、企业的组织结构、企业进行决策行为时的有限理性，并不能使最大化行为假定得到满足。新的产业组织理论则坚持单个人理性的假设，并以此为基础扩展到产业组织及其行为。

产业组织理论最早在英国提出，之后美国经济学家进行了大量的研究，形成了系统化的产业组织理论。20 世纪 30 年代，哈佛大学学者梅森教授等创立了产业组织分析理论。在新古典学派价格理论基础之上，哈佛学派通过实证手段，构建了 SCP 产业组织分析框架，即市场结构 – 市场行为 – 市场绩效（Structure – Conduct – Performance）。20 世纪 60 年代，出现了结构主义学派和芝加哥学派。这两个学派的共同点是都基于新古典理论，主要区别在于理论逻辑和分析方法上。两大流派之间的分歧与争论使对产业组织的认识与理解得以深化，为新产业组织理论的发展创造了理论基础与条件。①

一、结构主义学派的产业组织理论

经济绩效的准确衡量、结构和绩效二者的相互关系，这两个经验性研究是结构主义的基石。贝恩立足美国制造业，通过市场集中度这一指标对市场结构进行衡量，通过回报率这一指标对市场绩效进行测度，该研究结果显示市场集中度与市场绩效呈现正相关。此外，贝恩还通过进入壁垒这一指标对市场结构进行衡量，试图发现进入壁垒与企业利润之间的相互关系，该研究结果显示市场集中度与利润呈现正相关，同时相对于较低的进

① 百度百科：产业组织理论 https：//baike.baidu.com/item/产业组织理论/59337? fr = aladdin。

— 28 —

入壁垒，在较高进入壁垒情况下的平均回报率较高。贝恩基于这些经验性研究及其得出的结论提出：市场结构决定市场行为与市场绩效。市场结构体现市场特征，这些市场特征是市场竞争的重要影响因素。市场结构涉及进入壁垒、厂商规模和分布情况、产品差异化程度、政府管制程度等。市场行为包括产品的定价行为和非价格行为两个方面。贝恩认为市场结构从直接与间接两个角度对单个厂商行为产生影响。厂商内部的组织结构情况，比如工作的条件、雇佣工人的策略等都属于直接影响，而厂商所采取的定价策略、竞争手段、资源配置方式等都属于间接影响。市场绩效实质上是对市场行为效果的评价。该理论采用主流微观理论推论，认为市场结构决定了买方行为和卖方行为，买方行为和卖方行为决定了市场绩效。同时，技术状况和市场需求状况等因素影响和决定市场结构。该理论认为厂商市场行为和市场绩效的差异主要源自市场结构。进入壁垒是市场结构的关键影响因素，而进入壁垒则源自绝对成本优势、产品的差异化以及规模经济等。结构主义重视经验性分析，以经验分析为基础得出相关结论，因此分析时对于变量的设定、条件以及时间等因素对其进行理论分析和解释具有至关重要的影响。结构主义认为相对于市场行为，反托拉斯政策更应重视市场结构。反托拉斯政策往往将目光聚焦于合谋或者排他性市场行为，而这种情况通常不是出现在高集中度的产业中，而是出现在非集中的产业中。结构主义认为反托拉斯政策试图对市场行为加以控制，但这并不能取得预期的效果，原因在于市场行为往往取决于市场结构，市场结构调整的情况下市场行为才可能发生改变。结构主义的"结构—行为—绩效"的分析方法确定了产业组织研究的内容范围和分析框架，对产业组织研究的深入发展具有重要贡献。同时，这种分析方法也具有一定的局限性和缺陷，如逻辑分析过于简单化、过分重视经验分析、理论阐释不够全面深入等。

二、芝加哥学派的产业组织理论

麦杰、波斯那、德姆塞茨、斯蒂格勒等人均是芝加哥学派的代表人物。相对于结构主义学派，芝加哥学派较为强调对结构—行为—绩效进行理论解释。芝加哥学派的观点是应重视竞争效率，且基于价格理论基本假设。芝加哥学派以竞争均衡模型为理论范式，关注长期均衡条件下的技术与配置效率。价格与长期边际成本相等是配置效率的实现条件，而价格与长期平均成本线的最低点相等则是技术效率的实现条件，无论资本处于过剩还是处于不足状态，产出均位于最优的规模边界之下。竞争均衡模型对于技术效率与配置效率的探讨以两个重要的结构性条件为基础，一个是自由进入，另一个是买卖数目。芝加哥学派基于长期竞争效率，其观点是从长期看市场能获得效率，反对政府干预，对高集中度必将导致垄断租金的观点持否定态度。基于产业成长，斯蒂格勒分析了厂商规模、市场集中度和产业周期、经济效率之间的关系。他认为产业发展初期往往市场范围较为狭窄，产业内各个环节之间的专业化分工难以实现，主要依赖于全能型厂商。产业发展阶段市场范围逐步拓展，市场分工逐步取代原本的厂商内部分工。产业成熟阶段及产业衰退阶段市场范围逐步萎缩，厂商内部分工重新取代市场分工。产业周期及市场范围都对产业集中度具有重要影响，高集中度必然产生高利润率的观点是脱离长期均衡进行考察得出的结论。基于规模经济，斯蒂格勒在确定厂商最佳规模时采用生存技术作为衡量标准，认为最佳规模就是在长期竞争环境中适合厂商生存的规模水平。对于不同厂商而言，适合其生存的最佳规模并不相同，而对于大厂商而言，其规模经济也源自生存技术。德姆塞茨提出不应将高集中度带来高利润率视为资源配置效率低下的指标，这实际上源自生产效率。斯蒂格勒基于价格行为，对高集中度产业大厂商采取的市场竞争行为进行研究。高集中度产业大厂商由于面临竞争压力，定价将保持在符合效率标准的可维持水平。在政策方面，理论认为反竞争或垄断是由于政府管制市场产生了进入壁垒，因而反对市场干预，主张采用市场机制进行调节。芝加哥学派重视长期竞争效率，并对贝恩的结构—行为—绩效分析进行了拓展。芝加哥学派基于价格理论基本假设，认为结构、行为和绩效三者具有复杂关系。但提出的是必要条件而非充分必要条件，此外也未进行经验性检验与分析。

第二节 文化产业组织理论分析及演进特点

文化产业组织是现代产业组织的特殊形态。各个国家和地区结合各自发展水平和发展需要，对文化产业冠之以不同的称谓，或者称创意产业，也有以文化休闲产业冠名。还有的国家以内容产业加以命名，还有的命名版权产业。但不管哪一种称谓，其本质和内涵是基本相似的。文化产业生产制造和销售文化产品和服务，其产品与服务由于具备文化属性因而常常属于版权法保护的范围。当然，文化产业组织的分析也可以运用现代产业组织理论的分析方法和范式。而"市场结构—市场行为—市场绩效"的SCP 分析框架就是一种重要的文化产业组织理论分析框架。

一、文化产业市场结构

产业组织理论中的市场结构指的是在特定的市场中，企业与企业之间在数量、规模上的关系以及由此决定的竞争关系。文化市场属于一般市场的特殊形态，广义的文化市场指的是文化运行环境和文化发展状况，或者可以说是相关文化主体形成的各种经济关系的总和；狭义的概念是指按照价值规律进行文化产品和服务生产、交换和提供有偿文化服务活动的场所。相应地，文化产业市场结构也是一种特殊的市场结构，是指在文化市场中，文化企业与文化企业之间在数量和规模上的关系以及由此决定的竞争关系。在全球经济结构面临深度调整的大背景下，以文化创意、知识产权和高科技为核心内容的文化创意产业发展迅速，文化创意产品和服务贸易也异军突起。据联合国贸发会议（UNCTAD）和联合国开发计划署（UNDP）的统计数据显示，2008 年文化创意产品与服务的世界出口额已经高达 5 920 亿美元，占当年全球贸易总额的 3.75%，2011 年世界文化创意产品和服务贸易总额更是达到创纪录的 6 240 亿美元。2003～2015 年世界文化创意产品出口的平均增长率达到 7.34%，文化创意产品进口的平均增长率达到 5.10%。因此，文化创意产品贸易已成为国际贸易中增长最快的领域之一。① 分析全球文化市场的区域分布情况，韩国文化内容振兴院的测算数据显示，2013 年全球文化市场总营业额为 2.337 万亿美元。在区域所占比重方面，北美为 35.2%，比重最高，欧洲、中东和非洲合计所占比重为 30.9%，亚太所占比重为 27.4%，中南美洲所占比重为 6.5%。根据世界知识产权组织的统计数据，从文化产业增加值占 GDP 比重来看，2013 年全球平均为 5.26%，75% 的经济体的数据在 4.0% ~ 6.5% 之间的水平。美国该数据为 11.3%，居于全球首位。高于 6% 的国家有中国、韩国、新加坡、俄罗斯、澳大利亚和巴西。此外，加拿大为 5.4%，英国为 5.2%，中国香港为 4.9%，南非为 4.1%，中国台湾为 2.9%。② 而由《国际文化市场报告 2018》③ 所发布的数据可知，2013 年后国际文化市场上涨趋势更为明显，类似游戏产业、音乐制品包括影视产业大都以年均 4% 左右的比例增长，其中全球电视市场收入在 2018 年更是达到 5 244 亿美元，居全球文化市场之首。游戏产业年度增长比例则是超过 10%，成为全球文化市场中增长最快的行业，2018 年全球游戏产业总收入达到 1 379 亿美元。

（一）文化产业市场结构的类型

与一般产业的市场结构类型相似，完全竞争、完全垄断、垄断竞争、寡头垄断为文化产业市场结构的四种主要类型。

（1）完全竞争市场。文化市场主体在完全竞争市场上完全依照市场经济规律进行生产和交换，不受其他外界因素的阻碍和干扰。完全竞争市场要满足许多条件：一是市场上要有众多的市场主体，也就是说要有大量的文化产品和服务的生产者和消费者。由于市场主体数量众多，不管是生产者还是消费者，在市场上占有的份额都比较小，单个市场主体无法影响到文化产品和服务的市场价格。二是市场上提供的文化产品和服务是同质的，不存在差别。这一条件就使得文化市场中的文化产品和服务没有品牌

---

① 陈伟雄、徐淑云．中日韩创意产品贸易竞争力比较分析与发展策略 [J]．亚太经济，2017 (1)．

② "世界主要经济体文化产业发展现状研究"书组．世界主要经济体文化产业发展状况及特点 [J]．调研世界，2014 (10)．

③ 《国际文化市场报告（2018）》是由文化和旅游部发展司委托中国传媒大学课题组的专项课题报告。

差异和消费偏好，不同生产者之间可以完全实现平等竞争。三是文化市场上的各种资源都可以完全自由流动而不受任何限制。每个市场主体都可以根据自己的意愿自由进出市场。四是交易双方的信息是完全对称的，即文化产品和服务的生产者充分了解各种要素的价格、产品和服务以及生产技术状况；文化产品和服务的消费者充分了解文化市场的价格、文化产品和服务的功能特征及供给状况。完全对称的市场信息保证了文化产品和服务的价格是唯一的。从这些条件来看，完全竞争市场是一种理想的市场竞争状态，尽管这种市场结构是有效率的，它可以确保文化生产者得到正常利润，同时有利于消费者以尽可能低的价格购买到文化产品和服务，但现实当中几乎不存在绝对完全竞争的文化市场，只有接近完全竞争的文化市场，如网络文化产业。

（2）完全垄断市场。完全垄断市场是与完全竞争市场相反的结构类型。在完全垄断市场中并不存在竞争因素。完全垄断一般情况下指的是卖方垄断，即只有一家企业独家控制某种文化产品和服务的生产和销售，垄断厂商是价格的制定者而非接受者。因此，完全垄断市场需满足以下条件：一是市场上只有唯一的一个企业生产或销售文化产品和服务。二是企业生产的文化产品和服务没有任何相似的替代品。三是其他企业想要进入该行业存在极大限制，也就是说进入壁垒很高，例如，版权保护、技术专利、市场准入等壁垒限制，这就使得垄断厂商可以控制和操纵市场价格。完全垄断市场的配置效率相比完全竞争市场是下降的，会使社会福利受损。形成完全垄断的文化市场包含多方面的原因。比如有些文化产业存在明显的规模经济效益特点，由于固定成本远远高于可变成本，其供给的数量必须足够大才具备经济效益，这就要求市场需求必须充分扩大，例如数字电视行业。还有的是因为制度安排的结果，如在某个特定时期对新闻、电影等行业，出于国家文化及产业安全等方面因素的考虑，赋予这些行业以垄断地位。

（3）垄断竞争市场。垄断竞争文化市场结构介于完全垄断市场和完全竞争市场之间，指的是一个市场中有大量企业生产和销售有差别的同类产品和服务。这是比较接近于现实文化产业发展情况的市场结构。垄断竞争文化市场结构有以下特征：一是文化市场上有较多的文化产品和服务的生产者和消费者，每个文化企业的产量在文化产业总量中的比例较低，没有明显优势，对文化市场产生的影响有限，无法控制文化产品和服务的价格。二是文化产品和服务是存在差别的。在文化市场中，不同文化企业生产或提供的文化产品和服务存在不同形式的差别，比如在质量、包装、设计、功能、技术支持、售后服务、广告宣传等方面都会有差异，产品相似但不相同，即使生产或提供相同的文化产品，也只能是部分替代，无法全部替代。三是文化企业进入或退出文化市场的障碍较小，即市场进退壁垒较低。这是因为垄断竞争市场内的文化企业规模都不大，企业所需要的资本投入比较低，即使供过于求导致效益低甚至亏损，企业也可以全身而退。四是文化市场的信息是比较充分的。每个文化企业和消费者都比较清楚市场中所有文化产品和服务的价格、信誉等信息，信息搜寻成本较低。垄断竞争市场中文化产品和服务的差异化特点有利于企业树立自身形象，推动企业改进产品质量，改善企业服务水平，打造企业文化品牌，形成各自的竞争优势。而这也能满足不同消费者的不同诉求，适应消费者个性化、多元化、品牌化的文化市场需求。

（4）寡头垄断市场。寡头垄断市场是指在文化市场中由少数几家大型文化企业生产和提供该行业的全部或大部分文化产品和服务，每个文化企业的产品占据了市场总量相当大的份额。由于整个行业只有少数几家企业参与竞争，他们对文化产品产量与文化产品价格具备较大的影响力。寡头垄断市场具有以下几个主要特征：一是市场上只有少数几家占支配地位的文化企业，市场集中度高，对市场价格能产生重大影响，同时生成的市场价格较稳定。二是文化产品和服务是同质或有差别的。文化产品和服务没有差别，彼此依存程度很高的为纯粹寡头；文化产品和服务有差别，彼此依存程度较低的，称为差别寡头。三是存在较高的进退壁垒。在寡头垄断市场中，市场中的现有企业在企业规模、资金实力、品牌影响力、商业信誉、专利技术等方面占有绝对竞争优势，对于市场和原料具有很强的控制力，此外现有企业间联系紧密并相互依赖，使得现有企业以外的其他企业难以进入该市场，而要退出该市场也较为困难。在多元的文化市场形态中，最典型的寡头垄断市场结构多出现在传媒业、广播电视网络业、艺术品拍卖业、网络游戏业等领域，如全球艺术品拍卖市场基本上被佳士得和苏富比两家公司垄断。寡头垄断市场有利于整合市场上的文化资源，使文化企业规模得以提升，有利于文化企业的技术变革与创新，实现经济效益更大化。

（二）文化产业市场结构的主要影响因素

（1）文化产业市场集中度。市场集中度是指市场上少数几个企业在产量、销售量、资产总额等方面对某一行业的支配程度。文化产业市场集中度就是指文化产业某一行业的生产经营集中程度，一般用行业中排名靠前的主要几个企业所拥有的资产或产量等占整个行业的比重来表示。文化产业市场集中度反映了文化市场中垄断或竞争程度的高低，市场集中度高就表明少数大型文化企业具备了一定程度的垄断能力。市场集中度是决定市场结构的基本因素。

一般来说，某一文化产业市场集中度较高，意味着少数文化企业的市场占有率较高，大规模的文化企业数量较少，这些企业就可以凭借较高的市场占有率影响市场价格，从而垄断市场，形成卖方垄断市场结构。文化产业中各个行业的文化企业分布特点不一样，因此各自的市场集中度也是有差异的。例如，传媒市场与书画市场相比，前者市场集中度较高，后者则相对较低。在文化产业发展过程中，市场集中度是随着产业的生命周期呈现规律性的变化。在文化产业发展初期，大量文化企业进入市场，市场集中度较低；当文化产业发展成熟并进入繁荣期后，市场集中度会逐渐提高并趋于相对的动态均衡；而在衰退阶段，市场集中度将伴随文化企业的逐步退出而重新得以提高。一般来说，对于文化产业而言，市场集中度往往会伴随产业生命周期变化呈现出由低到高、先上升、后稳定、再上升的变动趋势。

衡量市场集中度的方法主要有两种：一是绝对法，即绝对集中度；二是相对法，即相对集中度。其中，绝对集中度是直接计算市场排名靠前的几大企业所占有的份额，常用指标有行业集中度（CR_n）、赫芬达尔—赫希曼指数（HHI）等。相对集中度是通过比例关系衡量市场规模分布的差异，以此来判断文化产业市场结构。常用的方法有洛伦茨曲线、基尼系数等。

①行业集中度（CR_n）可用于测算本行业中前 n 位规模企业的资产、产值、产量、销售量等数值的合计值相对于整个行业的比值，也就是占有的份额。行业集中度的计算公式为：

$$CR_n = \sum_{i=1}^{n} X_i \Big/ \sum_{i=1}^{N} X_i$$

在该公式中，X_i 代表排位为 i 的企业的相关数值，N 为企业总数，n 为排名前 n 位企业，其取值依赖于研究需要，通常情况下取 4 或 8。一般而言，行业集中度越高，意味着前 n 家企业所占的市场份额越大，则这少数几家企业的市场势力越强，市场垄断程度就相应越高。

②赫芬达尔 – 赫希曼指数是一种综合指数，用于产业集中度的测度。该指数反映市场份额变动状况，是行业内竞争的主体占据整个行业总资产或者总收入的百分比取平方和。其计算公式为：

$$HHI = \sum_{i=1}^{N} (X_i/X)^2 = \sum_{i=1}^{N} S_i^2$$

其中，X 为市场的总规模，X_i 为第 i 位企业的规模，N 为市场中企业的总数量，S_i 为第 i 个企业的市场占有率。如果市场上有很多企业，且企业的规模都相差不大，即 n 趋向于无穷大，那么用赫芬达尔 – 赫希曼指数来测度市场集中度时，HHI 的值就无限接近于 0，市场集中度就很低，市场垄断程度也就相应较低；反之则相反。因此，当一个市场处于完全垄断时，HHI 的值就等于 1。

③洛伦茨曲线是一个相对指标，表示市场占有率与市场中由小到大企业的累计百分比之间的关系。如图 2 – 1 所示，横轴表示文化市场上文化企业数量的百分比，纵轴表示文化企业市场份额的百分比，45 度线为文化企业规模分布的绝对平均线。当市场结构处于完全均等分布时，洛伦茨曲线为一条 45 度的对角线；右下角的 90 度线为文化企业规模分布的绝对非平均线，表明市场在这种情况下是处于完全垄断状态的。处于 45 度和 90 度线之间的洛伦茨曲线代表了文化企业规模分布的差异，是一条向下弯曲的曲线。

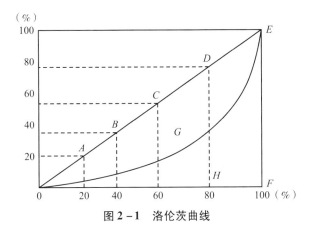

图 2 - 1 　洛伦茨曲线

④基尼系数是由洛伦茨曲线反映出来的特定市场中企业规模的差异值。根据图 2 - 1 的洛伦茨曲线，基尼系数被定义为洛伦茨曲线与绝对平均线所包含的面积（A）比上绝对平均线与绝对非平均线所包含的面积（$A+B$），这一比值即为基尼系数 $G = A/(A + B)$。基尼系数越大，企业规模的差异越大，则垄断程度越高；反之则企业规模差异小，垄断程度低。其取值范围为 $0 \leqslant G \leqslant 1$。

（2）文化产业的规模经济。规模经济反映的是由于规模扩大导致单一产品单一经营单位的单位生产成本或单位经销成本下降。也就是说，随着文化企业生产能力的扩大和产品数量的增加，企业平均成本呈现递减趋势，带来经济效益的提升。规模经济包含内部规模经济和外部规模经济。内部规模经济是指单位产品成本取决于单个企业的规模，随着单个企业生产规模的扩大，单位产品的生产成本逐渐下降；外部规模经济反映的是单位产品成本受行业规模的影响，即单位产品成本随行业规模上升而下降。文化产业的规模经济性产生于下面几个渠道：一是文化产业内部的行业协作与分工带来的经济性。随着社会分工的深化和市场经济的繁荣，新的行业和部门独立化、专业化成为一种趋势，文化产业也大规模发展起来。文化企业规模的扩大加速了企业的内部分工与协作。而分工与协作也大幅度提高了劳动生产率，使文化产业不同行业部门在专业化、市场化过程中更加重视行业协作与产业融合，从而为文化企业获得规模经济提供条件。二是技术进步带来的规模效应。文化产业是知识密集型、技术密集型产业，文化产品具有投入成本高、复制成本低的特点，因此高新技术的推广运用大大增强了文化产业的生产效率和产业的可持续发展，实现了文化企业的规模经济效益。三是简单、标准化的生产方式带来的经济性。产业内规模较大的企业往往使用规模化和批量化的生产模式，这种生产模式往往采用简单化和标准化的操作方法，有助于提高生产数量，提升产品质量，降低单位成本。四是规模化经营管理的经济性。文化企业的规模扩大和规模化经营管理方式使得文化产业在管理上也能提升效率，并转化为经济效益。全球文化产业和创意经济的发展，促使越来越多的文化企业从不同方面积极探索，以期充分发挥规模经济的优势，提高企业的市场竞争力，并带来更高的经济效益。

（3）文化产品差异化。文化产品的差异化是指文化企业通过在产品质量、产品包装、产品技术、售后服务或产品偏好等方面的差异化，将自己的产品与服务与竞争对手相区别，并导致文化产品和服务之间不可完全替代的状况。文化产业差异化程度越高，市场竞争的可能性就越小。一般来说，文化产品差异化的类型主要有垂直差异、水平差异，同时还有信息差异、服务差异、策略性差异等多种类型。相对于其他产品，文化产品特别是文化服务的差异化尤为突出，主要表现在其经验特征显著。产品差异化战略可以使企业在行业中具有自己的特色，并有意识利用这样的特色建立起差别竞争优势，以形成对"潜在竞争者"的行业壁垒，用差异化战略带来的较高边际利润补偿因追求差异化而增加的成本。因此，通过产品差异化可以影响市场集中度，从而影响文化产业的垄断和竞争程度，对文化企业行为也将产生重要影响。

（4）文化产业的进入壁垒及退出壁垒。进出壁垒反映了产业内的竞争程度。指的是企业在进入或退出某一市场时所遭遇的阻碍程度。只有当一个产业可以自由进出市场时，其才是可竞争的产业。进入与退出壁垒越高，市场垄断程度也就越高。进入壁垒是新进企业必须承担、原有企业无需承担的成本，对于潜在的新进企业而言，进入壁垒属于不利因素。从竞争条件角度看，潜在新进企业与行业内现有企业存在较大差异，进而影响市场竞争状况。进入壁垒有以下几大构成类型：一是结构性进入壁垒。包括绝对成本优势壁垒、规模经济壁垒、产品差异化壁垒、必要资本需要量与融资成本壁垒等。例如，在文化旅游产业中，文化企业掌握着重要且唯一的文化资源，新进企业无法获得，像北京的长城、福建的武夷山、陕西的兵马俑等，这就是已有文化企业的绝对成本优势。此外，文化企业所拥有的专有技术、专利、特殊人才、品牌等也能够形成绝对成本优势。如铁臂阿童木、芭比娃娃等卡通玩具在全世界都申请了专利，新进企业要付出高昂的专利费用才能加盟。二是策略性进入壁垒。这是区别于客观存在的结构性壁垒的一种有意识、主观设置的市场进入障碍。主要是现有企业通过相互协作，实施控制产业利润率和销售网络、形成过度供给、针对新进文化企业的歧视性价格、采取广告策略加大宣传等手段实现。三是制度性进入壁垒。包括政府制定相关法规和政策措施对新进文化企业进入产业形成障碍，如国家为实现特定产业目标，从政策、法律等角度对特定文化产业进行有针对性的保护。同时政府也通过经济手段和行政手段（高税收、高利率、严格审批手续）抑制某些产业的发展，提高进入成本，减少市场竞争。

退出壁垒指的是欲退出文化市场时，企业面临的障碍。文化企业在进行市场进入决策时，会将退出壁垒列入考虑因素，决定是否进入市场，若面临较高的退出壁垒，将削弱其进入文化市场的意愿与动力，因而退出壁垒对市场结构也具有影响。退出壁垒具体可划分为经济性和制度性两种类型。经济性退出壁垒可具体分为资产专用性和沉没成本两个方面。资产专用性是指资产只能在某个行业使用，退出这一行业。资产难以变现或变现价值很低，由此形成企业退出市场的障碍。文化产业的资产专用性特点也是比较明显的。例如，报纸行业的专业印刷设备就具有资产专用性特点，如果某一报社无法经营下去，这些设备的变现价值就比较低。沉没成本是企业已经形成资产而无法回收的投资费用。沉没成本越大，文化企业退出市场所面临的损失也会越大，因此退出壁垒就越高。沉没成本与资产专用性特点是相关联的。制度性退出壁垒主要来自国家政策法律的限制。为了确保经济持续发展和民生福祉，政府通常会制定政策和法规来限制文化企业从一些具有外部性或与人民群众生活关系重大的公益性文化行业中退出。例如对于电视产业，国家、省、市、县四级办台，部分电视台存在亏损现象，但为了满足不同地区、不同民族、不同群众的收视需求，国家对电视台的退出一般有严格的规定，不得轻易退出市场。

二、文化企业市场行为

市场行为是产业组织理论的重要组成部分。文化企业市场行为是指文化企业在市场经济条件下开展的有目的有计划的生产经营活动，是文化企业采取的战略性行为，以适应市场并实现利润最大化和获取更多的市场份额。市场结构与市场行为之间是双向的互相作用的关系，文化市场结构影响企业的市场行为，市场行为又对市场结构产生反作用。对于文化企业而言，其市场行为包括多个方面，产品战略、定价、广告、并购等都属于市场行为。

（一）文化企业的定价行为

定价行为指的是市场中的文化企业通过控制和影响文化产品价格，达到获取更多利润和更高市场占有率的目标。文化企业定价行为是在数据收集、战略分析、制定价格战略等一系列决策过程的基础上完成的。成本加成定价、差别定价、目标利润定价、认知价值定价是企业较常采用的定价方法。文化产品具有特殊性，其定价方法除了依据"市场价格"（即在物化的过程中由社会必要劳动时间形成的价格）之外，还有一种是依据在原创过程中由个别劳动时间形成并被认可的"产权价格"。文化产品和服务在定价上的特殊性还表现在一次性价格和多次性价格同时并存。这是因为文化产品和服务存在着所有权和使用权分离、使用权可以多次以不同价格出售的情况，例如，某一电视节目的播映权，对拥有产权的所有者来说，其可以将播映权多次出售，且价格可以不一样，呈现多次性特征。此外，由于具有专利和知识产权，某些文化产品的价格具有明显的垄断性特征。这些都是文化企业定价行为与一般商品存在的区别。

（二）文化企业的并购行为

企业并购包括兼并和收购两个方面，是实现资本集中的形式。兼并是企业通过产权交易而获得其他企业的产权以及控制权的经济行为。收购则是企业以取得资产所有权或企业控制权为目的的对其他企业资产或股票的购买。文化企业兼并和收购是有效整合资源的方式。按照并购双方的产业特征可分为横向并购、纵向并购和混合并购三种。文化企业横向并购是指进行并购的文化企业同处一个行业或生产同一类产品，即竞争者之间的并购，也称水平并购，是文化企业扩张的一种基本形式。文化企业纵向并购是指生产过程或经营环节存在垂直联系的文化企业之间的并购行为，有前向并购和后向并购之分。文化企业混合并购是指文化企业与其他产业的企业之间进行的并购行为。就我国文化企业而言，自文化体制改革以来，几乎所有的相关文件均提及要推动国内文化企业跨区域、跨所有制兼并重组。当今世界各国文化企业的集团化发展趋势已成为一个重要的特征。

（三）文化企业的产品战略

文化企业产品战略是指文化企业对其所生产与经营的产品或服务进行的全局性谋划，是文化产品或服务差别化的竞争策略系统。其中，研发是文化产业的核心与关键环节。对于文化企业而言，要想长期保持稳定的消费群体和市场占有率，必须不断创新产品和服务形式，创造出具有市场竞争力的产品和服务，因此，重视新文化产品或服务的研发极其重要。具体来说，文化企业产品或服务开发战略主要有以下几种类型：一是领先型战略。为在行业中保持领先地位，企业必须不断提高技术水平，持续进行技术创新，在技术上保持优势地位。这种策略对企业要求较高，企业应拥有强大的研发能力和雄厚的资源优势。文化企业应将科技创新与自身发展结合起来，充分利用科技来巩固和加强文化产业的创新性特征、创意性特点以及知识密集性的优势。二是追随型战略。这种战略并不要求文化企业在产品与技术方面进行抢先开发或创新，而是追随市场竞争对手，对其新产品加以模仿或进行改进以获取市场份额。这种战略需要企业能迅速获取和跟踪市场信息，并具备进行吸收模仿和产品改进所需的人才与能力。此外，专利威胁也是采取这种战略的企业必须考虑的问题。三是替代型战略。对于资源较为有限和自主研发能力较弱的文化企业而言，可以以付费的形式有偿地使用其他企业研发的成果。四是混合型战略。这种战略是以上几种产品开发策略的结合使用，文化企业可结合自身实力与市场目标采用混合型战略。

三、文化产业市场绩效

市场绩效用以衡量市场运行的效率，市场绩效基于一定的市场结构与市场行为考量产业的经济成果，包括价格、利润、质量、产量、技术等多个方面。资源配置效率、规模结构效率、技术进步水平等几个指标常常用于市场绩效的衡量。

（一）文化产业的资源配置效率

衡量文化产业市场绩效的重要指标之一就是文化产业的资源配置效率。根据微观经济学理论，资源配置效率最大化是能够实现社会总效用或社会总剩余最大化。而实现资源配置效率最大化需要完全竞争的市场机制。如果市场处于垄断状态，则价格和产量是受控制的，那么厂商将获得垄断利润，资源配置效率得不到保障。因此，如果市场上的文化企业大部分是较为分散的中小企业时，文化产业的资源配置效率应该来说就相对较高；反之则相反。衡量文化产业资源配置效率的指标主要有利润率指标、勒纳指数、贝恩指数等。

（二）文化产业的规模结构效率

产业规模结构效率也被称为技术效率，用以衡量一个产业的经济规模以及规模效应的实现情况。产业内部单个企业的规模经济水平、不同企业间的分工效率和协作程度等均会影响规模结构。一般来说，可以从三个角度对规模结构效率加以衡量：第一，产业经济规模实现程度，可以采用文化产业内已经达到经济规模或者近似达到经济规模的企业的产量与产业总产量之比进行衡量。第二，产业经济规模纵向市场程度，可以采用垂直一体化已经实现的产业产量与流程的各个阶段的产量之比进行衡量。第三，产业内部规模能力利用程度，则可用产业内企业是否存在过剩产能来进行衡量。

（三）文化产业的技术进步水平

科技创新促进文化产业快速发展，文化产业的发展与技术进步紧密关联。技术进步不仅使文化需求和文化消费模式更加多样化，也使文化产业的形式更加丰富，市场空间更加开阔。而全球文化产业的加速发展也使得科技更广泛地运用于文化产业。人类历史上的三次科技革命，对于文化产业的发展产生了巨大的影响，是科技应用于文化产业的最好印证。

18 世纪 60 年代的第一次科技革命，以蒸汽机的发明为显著标志，蒸汽机的使用改变了传统的劳动工具，提高了生产技术，使人类生产力获得巨大发展。科技革命带动了造纸技术和印刷技术的变革和进步。由于使用机械造纸造纸成本显著降低。18 世纪的中后期，伴随科技进步又出现了新的印刷设备，卷筒纸轮转铅印机和自动铸排机的使用使得印刷速度显著提升。印刷技术的进步以及排版技术的完善大大提高了印刷的质量。伴随出版技术的不断提升，诞生了大量大规模的现代化出版企业，这些企业不仅采用先进的技术，而且实现了专业化的分工。同时，报刊业和图书出版业也随之加速发展起来。19 世纪 30 年代，报刊业出现了许多价格低廉的面向普通大众的报刊，如英国的《每日电讯报》，法国的《新闻报》，美国的《太阳报》等。18～19 世纪初，出版业迅速发展。在图书出版方面，出现了德国的施普林格公司和美国的约翰·威利父子公司等。在科教出版方面，出现了美国的哈珀兄弟出版公司和英国的朗曼公司等。在词典出版方面，则出现了英国的柯林斯出版公司、德国的布罗克豪斯出版公司以及法国的拉鲁斯出版社等。出版行业的快速发展不仅使教育得以普及，文化知识得以提升，也进一步刺激了对印刷媒介行业的需求，从而带来报刊业与出版业的新一轮发展。同时，新闻业和广告业等从事文化内容生产与传播流通的行业也迅速发展起来。而蒸汽机技术在运输业的应用，也使得书籍和报纸等的运输与传播更加快速与便捷，对文化产业的发展产生了积极的作用。科技的发展与运用与文化产品和服务的生产和消费协调发展，相互促进。

19 世纪 70 年代的第二次科技革命，以内燃发动机的发明、电的发现以及电话、电报、广播等的应用为显著标志。基于知识与技术的服务业伴随科技革命迅速发展，教育、体育、艺术、娱乐等文化服务业有大量资本流入，并带来许多就业机会。出现了广播、电视、电影等新的媒体形式，文化产业形态逐步由分散走向集中。爱迪生发明留声机后，诞生了唱片业。卢米埃尔兄弟发明黑白默片电影后，诞生了电影业。自美国 KDKA 广播电台开播后，广播业在全世界迅速发展并在 20 世纪 30 年代进入黄金时代。尼普科夫发明了机械扫描盘装置，贝尔德据此发明了电视和发射机，英国广播公司则利用发射机实现了无线电视传播。此外，保森和弗里奥莫分别发明了钢丝录音机和磁带录音机，有声电影和彩色电影业也在这一时期出现。科技革命带来许多与文化产业相关的发明创造，使得广播、电视、电影等文化媒体得以迅速发展，文化内容符号不再局限于语言和文字，而是扩展到声音和影像，文化传播的渠道和途径也更加丰富与多样化。

第三次科技革命分为 20 世纪 40~50 年代和 20 世纪 70 年代后两个阶段，第一个阶段以计算机、原子能、空间技术为显著标志，涉及的领域包括生物、新材料、新能源等高科技技术。第二个阶段以信息高速公路为显著标志，其实质是在计算机与通信两种技术结合的基础上形成。此时，科技进步和创新驱动成为经济发展的关键驱动因素和决定性力量，知识创新与技术创新日益得到重视。新技术呈现技术群形态，融合了新技术的文化产业则包含了各种不同类型的技术群因子，推动了文化产业信息化的实现，同时也催生了许多新的文化产品类型和新的文化产业业态。盒式录音机和彩色电视机的出现，立体声和宽银幕电影的发明，磁带录像技术的广泛应用，使音像和影视行业深入发展。美国发射电视卫星更是使文化的国际交流与传播成为可能。计算机、手机、数码唱片等的发明使得文化内容的介质与载体也日益丰富与多样化。伴随计算机与网络的深入发展，数字、信息、网络传输等技术迅速扩散，引发文化产业的巨大变革。传统文化产业借助新技术的应用实现改造与升级，逐步转变和形成新兴文化产业。以远程教育为例，教育者与学生之间的双向交流与互动正是通过网络传输和数字压缩技术，以网页、邮件、即时通信等形式得以实现。数字技术改造着文化产业。传统的纸质图书出版行业出现了数字图书，实现了数字化出版。传统的采用模拟信号传输的电视行业，出现了数字电视，实现了节目的数字化传送。传统的采用胶片拍摄的电影行业，出现了数字电影。通过卫星传输技术，车载电视和移动电视都成为现实。网络与信息技术使新兴文化产业迅速崛起，手游、网游、动漫等产业快速发展，文化产业形态发生巨大改变。当前，文化产业的发展越来越依赖信息技术和互联网络。文化企业经营主体进行技术革新的主要动力来源于对利润的追求。因此，文化产业的进步将体现并进一步影响文化产品和服务生产的技术水平和知识含量，影响文化市场供给与需求状况以及文化市场竞争格局，从而对文化市场绩效产生作用。

四、世界文化产业组织演进特点

知识经济时代，非物质经济开始逐渐取代物质经济成为时代的主流，世界各国也逐步转变发展战略，倡导和致力于发展文化产业。发展文化创意经济成为世界各国普遍的战略选择，文化产业成为参与国际竞争的重要产业形态，世界文化产业进入加速发展阶段。在当前时代背景下，全球文化产业及创意经济的发展表现出新的特点与趋势，主要体现在下述几个方面：

（一）文化创意产业贸易深化和结构优化①

全球文化创意产业的国际贸易发展势头较好且贸易结构呈现逐步优化的趋势。联合国贸易和发展会议相关数据显示，从出口看，2002 年世界文化创意产业出口总额 2 606 亿美元，创意产品出口占比 76.1%，创意服务出口占比 23.9%。2010 年世界文化创意产业出口总额 5 595 亿美元，创意产品出口占比 68.5%，创意服务出口占比 31.5%。2002～2010 年的九年间，世界文化创意产业无论是产品还是服务，出口额年均增长率均超过10%，远高于其他产业的出口增长。从贸易结构看，2002～2010 年的九年间，创意服务所占比重从 23.9% 提高至 31.5%，提高了 7.6 个百分点，从出口年均增长率看，创意产品为 8.85%，服务为 13.9%，创意服务出口增速超过产品出口增速，说明出口结构不断优化。其中，设计产品占比超过40%，并且占比一直维持在较为稳定的水平。2010 年的数据显示，新媒体、工艺品、出版印刷及创意服务涵盖的四类服务占比超过 5%。2002～2010 年的 9 年间，新媒体年均增长率为 16.12%，广告、市场调研及民意

---

① 陈伟雄. 世界创意产业发展态势 [J]. 中国社会科学报，2013.

调查服务为 15.9%，建筑、工程及其他技术服务为 15.7%，研发服务为 14.7%，增速均较快。① 而进入 2010 年后，伴随着市场需求的持续快速增长和提升，同时国际合作交流日趋频繁，文化产品贸易也不断深入，涵盖面更加广。联合国教科文组织（UNESCO）在《2009 年联合国教科文组织文化统计框架》中将文化贸易商品划分为文化和自然遗产、表演和庆祝活动、视觉艺术和手工艺、书籍和报刊、音像和交互媒体、设计和创意服务六大类。2010 年以来，全球文化市场贸易规模不断扩大，总体呈上涨趋势。据《国际文化市场报告 2018》的相关数据显示，2010 年至 2018 年，全球电视市场年均增长 6.2%，2018 年全球电视收入达到 5 244 亿美元，居全球文化市场各行业之首；视听和互动媒体进出口年均增长率58%，图书和出版物的进出口贸易增长幅度虽然较慢，但也增长了约 15%。游戏产业是国际文化市场中增长最快的行业，到 2018 年全球游戏产业的总收入达到 1 379 亿美元。由此可见，未来世界文化创意产业将继续保持较高增速，贸易结构也将持续优化和改善。②

（二）文化创意产业高科技化

科技与文化创意产业的加速融合，诞生了许多文创产业的新的业态形式。文创产业的快速发展与科技创新密不可分。文化创意产业是文化、创意与科技高度融合的产物，在知识经济时代，文创产业已发展为具有标志性的产业。数字、互联网、信息通信等前沿技术在文化创意产业的广泛应用，使世界文化创意产业持续发展并不断变革，新的业态形式不断出现。数字技术的应用使新的文化创意产业形态不断出现，如数字出版、数字视听、数字动漫等。数字技术广泛应用于文化产品的生产、流通、消费等各个环节。在生产环节，数字技术的推广与应用改进了传统的创意生产方式，使文化创意产品及服务的内容更加丰富，形式更加多样，创意形成时间和过程缩短，在投入成本大幅下降的基础上实现了生产效率的提升和创意质量的提高。在流通销售环节，数字技术的广泛应用使文化创意产业产

---

① 资料来自联合国贸易和发展会议发布的数据。
② 资料来自由文化和旅游部发展司委托中国传媒大学书组的专项书《国际文化市场报告（2018）》。

品与服务的流通速度更快、流通成本更低、流通方式更便捷，其销售的模式和渠道与传统模式和渠道相比具有革命性的发展和变化。在消费环节，数字技术为电视、计算机、手机、平板等多种终端提供支持，支持网络流媒体、视频软件等，使得文化创意产品的消费更加便捷，使体验式消费成为可能，不仅使消费内容更加丰富，也使消费体验不断改善，对消费者的消费心理产生重要影响，使其消费习惯与消费方式发生巨大变化。数字技术带动数字创意产业的高速增长，相关资料显示，2000 年以来世界数字创意产业增速基本超过 40%。除此之外，信息技术带动了新媒体产业的高速发展，网络技术则带动了互联网创意产业的快速发展，出现了博客、微博、虚拟社区等新的网络文化形式。

当前，世界文化创意产业正处于信息化和数字化的巨大变革之中，世界文化创意产业将发生根本性的变革，传统的文化创意产业形态及其存在方式将在变革中转型升级。在当前时代背景下，文化创意产业具备极强的发展潜力和独特的竞争能力，其发展程度与国际竞争力是衡量一国文化软实力的重要指标。

（三）文化创意产业集团化

自 20 世纪 90 年代起，世界文化创意产业的发展壁垒伴随经济全球化日益被破除。实力较强的文化创意企业纷纷进行并购重组，跨国并购、跨行业并购不断涌现。跨国与跨行业并购重组一方面有利于整合人才、资金、技术、管理等方面的优势资源，另一方面也加深了产业间的融合与渗透，互联网、出版、娱乐、传媒等行业间的并购重组尤为突出。并购重组的结果是出现了许多大型或超大型文化创意集团，影响了国际文化创意市场格局，逐渐向寡头垄断的市场结构发展。相关数据显示，在娱乐和出版方面，95% 的市场掌握在少数 50 家大型媒体娱乐集团手中。在新闻制作领域，90% 控制在美国与西方发达国家手中，而跨国集团更是掌握了 70% 的份额。分析美国电影市场发现，80% 的行业利润源自哥伦比亚与时代华纳。《财富》全球 500 强的榜单中，更是不乏大型跨国文化创意集团，如索尼、贝塔斯曼、时代华纳、华特迪士尼等，这些大型跨国文化创意集团主导着世界文化创意市场，并拥有绝对优势的市场份额。跨国文化创意集团是文化创意产业全球化的重要载体，促进了不同国家、不同区域、不同行业间的分工与协作。它们具有强大的资金实力和持续的技术研发与创新实力，通过跨国和跨行业的并购重组在世界范围内实现资本的集中和经营的多元化，在整合集中全球优势创意资源的基础上，通过产品出口、品牌授权等方式进行全球布局与扩张，主导和占领世界文化创意市场。德国贝塔斯曼采用兼并收购使自己成为世界规模最大的英文商用图书出版商，美国迪士尼则采用品牌授权使4 000多家被授权企业在世界范围内使用其品牌开展经营。跨国文化创意集团是当前世界文化创意产业格局变动的主要影响力量，也在国际文化秩序重建方面发挥着至关重要的作用。

（四）文化创意产业集群化

当前，全球产业发展的一大亮点与趋势是产业集群化，文化创意产业的发展也呈现空间聚集趋势，文化创意产业趋于集群化。文化创意产业的价值链涵盖了创意、生产、推广、传播、消费等诸多环节，且在产业融合方面具备较强融合性，因此其发展要求对多类资源进行有效整合，这便促进了其集群化的发展。文化创意产业集群的形成使得集群内部企业在资源和要素方面实现共享与互补，有助于实现规模经济，取得外部经济效益。集群内部企业之间一方面存在分工协作，另一方面也存在相互竞争，形成了互动协调发展的格局，为集群内企业持续进行创新创造了动力与条件。同时，形成文化创意产业集群还有助于减少和规避各种不确定因素与风险，如投资风险、技术风险、创意价值风险等。东京、巴黎、纽约、洛杉矶、米兰、伦敦等国际城市已经形成了较为典型和成功的文化创意产业集群。东京形成了动漫产业集群，好莱坞形成了影视产业集群，伦敦舰队街成为新闻业的代称，此外纽约的百老汇大道以及曼哈顿苏荷艺术聚集区等都有较为典型的文化创意集群。曼哈顿苏荷艺术聚集区聚集了大量的创意人才，是最早出现的聚集大量艺术家的地区，首创"艺术家＋旧厂房"的模式，是世界文化创意产业发展初期的特殊范式。美国七成以上的出版业聚集于纽约，如《财富》《福布斯》《商业周刊》《新闻周刊》《时代周刊》等。此外，百老汇作为戏剧文化的汇集地也为世界所熟知。英国七成的唱片公司和三成的演艺公司聚集于伦敦，八成以上的设计师，尤其是服装设计师都集中于伦敦，还汇集了大量的广告业人才，伦敦广播业和电影业收入占英国的七成以上。法国巴黎作为设计之都，汇集了国内半数的设计公司和近八成的创意设计就业机会，巴黎的创意产业从业人员数量在欧洲居于首位。

（五）文化创意产业国际竞争非均衡化

发达国家具有雄厚的经济实力和强大的技术研发能力，同时在品牌影响力和人才吸引力方面极具优势，因此从世界范围看，发达国家在文化创意产业的国际竞争中占据主导优势，在国际文化创意市场处于主导地位或垄断地位，在产业规则制定方面拥有很强的话语权。美国的电影业、美国的传媒业、日本的动漫产业、英国的音乐产业等都在世界居于主导地位。世界知识产权组织统计数据显示，从文化创意产业对于 GDP 增长的贡献率来看，发达国家文化创意产业对于 GDP 增长的贡献率远超过发展中国家。2011 年世界平均水平为 5.4%，其中属于发达国家的美国、澳大利亚、韩国这一数据分别接近 11%、10% 和 9%，而在发展中国家中，秘鲁低于3%，文莱低于 2%。在全球经济结构调整背景下，发达国家正不断巩固和加强其在文化创意领域的优势地位。发达国家不仅主导着世界创意经济的发展，而且掠夺了发展中国家的文化资源，试图凭借其经济技术方面的优势，对发展中国家的文化资源进行开发并加以改造，破坏了发展中国家的文化生态，使其文化主权面临威胁。以美国动画电影《功夫熊猫》及其续集为例，熊猫与功夫都是典型的中国元素，电影自始至终都贯穿着中国的传统民族文化元素，如书法、鞭炮、针灸、庙会、灯笼、花轿、皮影、剪纸、水墨等。面对发达国家的文化入侵，发展中国家也开始将发展本国文化创意产业列为国家重要的发展战略，使发展中国家的文化创意产业迅速发展起来，但从短期看，发达国家与发展中国家在文化创意领域国际竞争的非均衡格局难以改变。

（六）文化创意产业组织政策规范化

文化创意产业的发展需要良好完善的产业组织政策支持。世界各国对于创意经济的前景和地位已经普遍认同，各国据此进行相关的战略规划并相应进行产业组织政策调整，鼓励文化创意产品的生产开发，对其知识产权和品牌加强保护，以在文化创意国际竞争中占有一席之地。在文化创意的知识产权保护方面，发达国家起步较早，已经形成了相对系统和完善的保护体系，如设立专门的保护机构、完善立法保护、构建国际保护体系并致力于推动知识产权保护的国际合作等。以美国为例，在版权的国际保护方面，美国是《伯尔尼公约》的成员国。从国内立法看，美国先后颁布了《版权法》《电子盗版禁止法》《家庭娱乐与版权法案》《跨世纪数字版权法》《表演权法案》《录音制品数字表演权法》等，其版权保护的相关立法系统详尽，并适应时代变化持续进行修订与完善，这为美国文化创意产业的发展创造了良好的法律环境条件。英国为发展本国文化创意产业，设立了专门的机构，即创意产业特别工作小组，该小组负责对本国创意产业的发展进行总体的规划和具体的协调，并以创意人才培养机制建设、强化知识产权保护、组织管理等作为工作重点。完善和规范的产业组织政策为文化创意产业的稳定发展和良性竞争提供了良好的条件和保障。

第三章

文化产业发展演变的新趋势

20世纪90年代开始，国际文化产业呈现出迅猛的发展态势，国际文化市场规模持续增长，文化产业对于一国经济与就业的贡献度持续上升，文化产业已经发展为部分国家的支柱产业之一。深入了解国际上文化产业发展的现实情况，分析其发展的趋势，对国际上文化产业发展的成功经验进行借鉴，有助于我国文化产业实现科学发展和跨越发展，具有重要的参考价值。

第一节　文化产业及其产业组织演进的一般机理

文化产业是以文化为内涵并以创意为核心的产业，属于技术与文化相结合的知识技术密集型产业，文化产业的经济附加价值较高。当前，根据自身的发展阶段、发展特点及发展需要，世界各国对文化产业的内涵进行了不同的界定。英国、奥地利、新加坡、泰国、印度等国将文化产业称为创意产业，美国称其为版权产业，韩国称为内容产业，西班牙则称之为文化休闲产业。除赋予文化产业不同称谓外，世界各国也赋予文化产业不同的内涵与外延。

文化的概念相对较为宽泛，由于各国具有不同的国情，要对文化产业进行准确定义较为困难，因此目前各个经济体对文化产业的定义并不统一，还没有被普遍采纳的定义。联合国教科文组织和世界贸易组织对文化产业采用了共同的定义，该定义具有一定的代表性，因此对该定义的引用相对比较普遍。联合国教科文组织和世界贸易组织将文化产业定义为创造、生产并分销文化产品和文化服务的产业。文化属性是文化产品与文化服务的本质属性，文化价值是其经济价值的根本来源。文化产业是对知识产权进行生产和利用的产业，其产品和服务往往属于版权保护的范围。文化产业的发展有助于创造就业岗位和增加社会财富。

产业组织是产业内企业间的组织形态或市场关系，涵盖交易关系、行为关系、资源占用关系和利益关系等方面，体现了产业内企业间的垄断和竞争关系。产业结构是基于技术经济联系的产业间及产业内部的结构形态。文化产业组织指文化产业内部文化企业间的组织形态及市场关系。文化产业结构指文化产业内部各行业的构成，是基于技术经济联系考察产业内各行业间的联系方式。本书将运用产业组织演进的相关理论，从演进的动态视角对文化产业的组织形态、结构特点和发展趋势进行分析。

产业组织演进理论是基于演化经济学的视角分析产业组织，是动态的产业组织理论。演进是演化的一种形式，强调由低级向高级的发展。产业组织演进是产业组织从无序向有序，向更高级形式发展的转化升级过程，是渐进的动态过程。产业组织的演进通常从三个角度进行考察，即多样性来源、选择环境和传播机制。在多样性来源方面，基因变异导致系统演化，变异就是创新。创新是产业组织演进的动力，创新确保了多样化选择的可能，而多样性来源于自组织，产业内企业的自组织过程是产业组织演进的多样性来源。良好的选择环境能促进企业成长和创新，使产业组织向高效率演进。选择环境包括内部选择环境和外部选择环境。产业组织演进的内部选择环境是产业组织内部企业间的竞争与合作，制度与市场是产业组织演进的外部选择环境。在传播机制方面，通过企业的扩张和模仿行为实现创新的扩散与有效传播，从而推动产业组织演进。

产业组织演进往往是自组织与他组织机制同时作用的过程。自组织是系统内部自发性行为引起的组织演进，产业组织演进的自组织机制指组织力源于系统内部。他组织是系统外部干预引起的组织演进，他组织机制指组织力源于系统外部。自组织是自发性行为，是系统演化的内在机制。自组织过程没有外界的特定干预，通过内部过程自行组织和演化，使系统结构从无序向有序发展。产业组织演进是产业系统内部企业的自组织过程，是产业内企业自组织行为的结果。新的有序结构通过自组织实现，自组织推动产业组织从无序向有序演进。外部力量通过引入序参量对系统发挥间接作用，导致系统处于非平衡状态，通过涨落机制，使个体的随机过程表现为宏观有序的结构。企业面临的外部选择环境是市场和制度。市场和制度都是动态的，创新的形成与扩散改变市场环境与制度规则，外部环境始终处于持续动态变化中。市场变迁带来新的产品、新的技术、新的交易规则，企业面临新的市场环境，企业在适应环境的过程中得以生存或被淘汰。制度变迁产生新的规则与环境，同样要求产业组织作出适应性调整。产业组织是一个不断演进的系统，产业组织演进的过程是其对周围环境不断适应，并不断寻找新的竞争优势的过程。

因此，可以从市场结构、市场行为和市场绩效的交互关系考察自组织机制引起的产业组织形态演进。从技术创新和制度变迁两个外部环境变量考察他组织机制引起的产业组织形态及产业结构演进。

产业组织的 SCP 研究范式，从市场结构、市场行为和市场绩效三个角度考察产业组织。值得注意的是，SCP 之间的逻辑关系并非单向，而是双向互动的因果关系。市场结构影响市场行为，市场行为影响市场绩效，市场行为和市场绩效又反向影响市场结构，三者之间相互作用、相互影响，不断循环作用，共同推进产业组织演进，也使对产业组织的静态研究发展为动态研究。

首先，市场结构反映市场的垄断与竞争状况，对市场内企业竞争行为产生决定性影响。市场集中度、产品差别化程度和进入壁垒的高低是市场结构的主要影响因素。合理有效的市场结构能通过作用于市场行为提升市场绩效。

其次，市场行为是企业在竞争环境下为实现利润最大化和更大市场份额而进行的决策行为。市场行为与市场结构是双向作用关系，市场行为是对市场结构的反应，又反过来对市场结构产生影响，而市场行为也是市场绩效的重要影响因素。

最后，市场绩效实质上是对市场运行经济效果的评价。可从资源配置效率、规模结构效率、技术进步程度等多方面进行评价。利润率可作为资源配置效率的衡量指标。市场结构和产业内企业规模结构均会影响产业规模结构效率，产业的规模经济性可能存在低效率、过度集中和理想三种状态。企业规模和市场结构影响技术进步，技术进步包括发明、创新和模仿三个阶段。

第二节　当前国际文化产业发展在经济社会中的地位与作用

国际文化产业的发展，为各国经济社会发展注入了生机与活力，其所处地位与主要作用体现在：

一、文化产业市场规模持续增长

由于世界各国对于文化产业的内涵界定和产业分类并未形成统一，因此不存在世界各国普遍认可的对全球文化产业市场规模进行统计的数据。目前存在的全球文化产业市场规模数据主要是相关国际组织或一些国家的相关统计机构根据其所掌握的现有资料和数据所进行的估算。

韩国文化产业振兴院对全球文化产业市场规模进行了估算，估算的数值是 2015 年全球文化产业市场总的营业额为 2. 337 万亿美元。韩国文化内容振兴院还对各个区域的市场份额进行测算，北美所占比重最大，为 35. 2%，其次是欧洲、非洲、中东三个区域，合计占比 30. 9%，亚太和中南美洲分别占比 27. 4% 和 6. 5%。世界著名的会计师事务所普华永道也对全球相关文化产业市场规模进行了测算。从娱乐业和传媒业市场来看，2011 年市场规模处于前十位的国家分别为：美国、日本、中国、德国、英国、法国、意大利、加拿大、巴西、韩国，其营业额分别为：3 630 亿美元、1 730 亿美元、890 亿美元、720 亿美元、690 亿美元、610 亿美元、590 亿美元、370 亿美元、350 亿美元、350 亿美元。美国市场规模居于世界首位，为第二位日本的两倍多。根据普华永道的估算，美、日、中、德、英五国 2016 年将继续占据全球娱乐业和传媒业市场前五位，估算的营业额分别为 4 900 亿美元、2 030 亿美元、1 680 亿美元、840 亿美元、830 亿美元。相较 2011 年，美国营业额为其 1.3 倍，日本为 1.2 倍，中国为 1.9 倍，德国为 1.2 倍，英国为 1.2 倍。①

二、文化产业助力经济增长并创造就业岗位

根据世界知识产权组织的相关统计，从文化产业增加值在 GDP 的占比看，2013 年全球平均占比为 5.26%，该占比为 4.0% ~ 6.5% 的经济体占全球近 3/4。美国文化产业增加值占 GDP 的比重最大，为 11.3%。占比超过 6% 的国家有韩国、新加坡、中国、澳大利亚、俄罗斯、巴西。此外，加拿大占比为 5.4%，英国为 5.2%、中国香港为 4.9%、南非为 4.1%，中国台湾为 2.9%。②

根据联合国贸发会议于 2019 年发布的数据，全球文化产业占 GDP 的比重，每年将以 1.3% ~ 2.6% 的速度增长，2020 年该占比将提高至约 9%。从文化产业从业人员数在社会总从业人员数的占比来看，2013 年占比为 5.49%，该占比为 4.0% ~ 7.0% 经济体占全球近 3/4。占比超过 7% 的国家有美国、澳大利亚、俄罗斯、墨西哥、菲律宾、马来西亚。而到了 2019 年，全球文化产业从业人数在社会总就业人数占比提升到 11%。此外，从 2018 年的数据看，韩国占比为 12.3%，新加坡同为 10.9%，英国为 7.9%，加拿大为 6.3%，中国香港地区为 9.6%。③

三、文化产品与服务贸易快速增长

根据联合国贸易和发展会议相关统计，全球文化产品贸易额 2012 年为 9 055 亿美元，相较 2003 年，该数值为其 1.9 倍，实现了 7.4% 的年均增速。2012 年全球文化产品出口总额为 4 738 亿美元，为 2003 年出口总额的 2.1 倍，出口年均增长率为 8.7%。2012 年全球文化产品进口总额为 4 317 亿美元，为 2003 年进口总额的 1.8 倍，进口年均增长率为 6.6%。④

---

① 根据韩国文化产业振兴院发布的数据整理所得。
②③④ 根据联合国贸易和发展会议发布的数据整理所得。

从文化服务贸易来看,全球文化服务贸易额 2008 年为 3 538 亿美元,相较 2002 年,该数值为其 2.6 倍,实现了 17.5% 的年均增速。2008 年全球文化服务出口总额为 1 851 亿美元,为 2002 年出口总额的 3.0 倍,出口年均增长率为 19.9%。2008 年全球文化服务进口总额为 1 687 亿美元,为 2002 年进口总额的 2.3 倍,进口年均增长率为 15.2%。其中,俄罗斯的增长速度位居第一,在六年间实现了 25.0% 的年均增长率。2013 年以后,国际文化服务贸易发展更为迅速,市场规模也呈不断扩大趋势,在发展格局上大致呈现出以下几个特征:(1)从文化服务贸易市场规模的空间格局来看,欧美国家的传统优势地位仍然十分明显,但增长速度已然呈放缓趋势,其在国际文化市场结构中所占比例呈现出逐渐缩小趋势。相比之下,以金砖国家为代表的新兴市场文化服务贸易增长强劲,在国际文化市场中占比呈逐年上涨趋势,尤其是我国文化产品在国际文化市场中占比快速增长,增长幅度位居世界前列。(2)文化产业数字智能化发展趋势显著。随着网络科技、人工智能等新科技技术不断渗透到社会生活各个领域中,文化产业数字化已然成为文化产业转型变革的一大趋势,即借助数字技术对文化创意内容进行创新、生产及传播。与传统的文化产业相比,数字文化产业显然更绿色环保、互动融合特点更显著。目前发达国家的数字文化产业发展较为成熟,水平也较高。我国的数字文化产业发展空间也较为庞大,涵盖动漫游戏、网络文学及网络视频、音乐等数字文化产品都具有庞大的用户基础。据统计,截至 2018 年,我国网络用户规模已然达到 8.02 亿人,其中网络视频有 6.09 亿个,网络游戏、网络直播的用户规模都超过 4 亿人。[①](3)更加注重文化产业的高质量发展,尤其是随着知识产权保护力度的增强,文化产业的优质性更加凸显出来,包括视频、电视或数字音乐等各项用户付费行业都呈现出快速增长的姿态,而这催生了大批高质量文化产业的持续生产,推动文化产业高质量发展。

---

① 资料来源于文化和旅游部发展司委托中国传媒大学书组的专项书《国际文化市场报告(2018)》。

第三节　国际文化产业发展的一般特点与趋势

一、国际文化产业发展的一般特点

当前，国际文化产业的发展具有以下明显特征：

（1）发展速度较快且动力极为强劲。从世界主要经济体的发展数据来看，文化产业的发展速度较快，且普遍要高于 GDP 增速。美国的文化产业在 2009～2012 年的 3 年间实现了 5.0% 的年均增长率，这一数值较同期 GDP 的年均增长率高出了 2.9%；英国的文化产业在 2008～2012 年的 4 年间实现了 3.9% 的年均增长率，这一数值较同期 GDP 的年均增长率高出了 2.5%；新加坡的文化产业从 1986 年至 2010 年的 25 年间实现了 8.9% 的年均增长率，这一数值较同期 GDP 的年均增长率高出了 1.3%；我国香港地区的文化产业从 1995～2012 年的 18 年间，实现了 9.4% 的年均增长率，这一数值较同期 GDP 的年均增长率高出了 4.0%。[1]

当前，世界文化产业具备极强的发展动力。联合国贸发会议曾经特别提出，2008 年由于出现了金融危机，全球市场需求迅速下降，导致全球贸易大幅萎缩，下降幅度达到 12%。但在全球贸易大幅萎缩的背景下，全球文化贸易却逆势增长。从出口数据看，2008 年全球文化产品与服务的出口额为 5 920 亿美元，该数值超过 2002 年出口额 2 倍，实现了高达 14% 的年均增长率，并且与同期的全球货物和服务贸易额增速相比，该数值高出了 6.6%。[2]

（2）发展中国家具备极大发展潜力。相对发达国家而言，发展中国家的文化产业实力较弱，文化产业在 GDP 中的占比不高，在少数发展中国家，文化产业甚至处于边缘发展地位，这主要与经济发展、居民收入、技术、政策等因素的制约有关。从全球市场份额来看，2012 年，美、加、墨

---

[1]　资料根据各国产业年鉴发布数据整理所得。

[2]　资料根据联合国贸易和发展会议发布的数据整理所得。

三国形成的北美自贸区文化产品出口占全球文化产品总出口的 13.72%，东盟出口占比 4.56%，南方共同市场的巴西、阿根廷、乌拉圭、巴拉圭四国合计出口占比 1.87%，非洲联盟出口占比 0.65%。中国文化产品出口占比 31.9%，印度文化产品出口占比 5.5%。作为发展中国家的中国和印度文化产业发展迅速，也在全球市场占据了一定的份额，但核心竞争力与发达国家相比仍有很大差距，可以称为文化产业大国，但还不是文化产业强国。①

世界上许多发展中国家都具有丰富的历史资源和多样的传统文化，在发展文化产业方面具有极大的、有待发掘的发展潜力。以我国为例，我国不仅拥有丰富的文化历史资源，而且国内文化市场规模较大且持续扩张，此外政府正在鼓励由市场主导文化产业的发展，这些都为我国文化产业的发展创造了优势条件；同为发展中国家的印度，也拥有较大的国内文化产业市场规模，拥有较多的文化产业人才，印度的电影产业具有悠久的发展历史并且已经在国际上具备一定的影响力和竞争力；拉美地区文化产业的发展也具有相当长的历史，其文化传统、语言等和欧美地区有一定的相似性，具有很大的市场空间，其文化产业也具有相当大的潜力可供进一步发掘。

（3）具备较强带动作用与辐射效应。相对于其他产业，文化产业具有很强的带动作用，且能产生辐射效应。例如，文化产业能带动旅游业、餐饮业、时装业等行业的发展。文化历史感较强的历史博物馆、文化遗址、名胜古迹等，往往对游客极具吸引力，文化旅游随之迅速发展起来。依托极具特色的文化景点和考古现场，以及充满历史感的殖民城市建筑，文化旅游已经成为拉美地区、加勒比地区重要的经济增长点，成为当地居民重要的收入来源。2011 年，文化旅游收入在阿根廷的国家收入来源中位列第三。2012 年，文化旅游对墨西哥的 GDP 贡献率接近 8%。文化旅游在跨境旅游中占据了绝大部分的比例。从入境人数来看，2012 年西班牙以文化旅游为目的的入境人数为 15.9 万人次，在入境游总人数中的占比超过一半。

根据美国旅游协会公布的数据，2013 年美国有 1.464 亿的成年人选择

---

① 根据联合国贸易和发展会议发布的数据整理所得。

到离家 50 英里以上的地区旅游，其中文化旅游占比八成以上。该协会还总结了进行文化旅游游客的消费行为特征。第一，消费金额更高。其他旅游人均消费 457 美元，文化旅游人均消费 623 美元。第二，使用汽车旅馆或者包含早餐的旅馆的比例更高。其他旅游的使用率为 55%，文化旅游的使用率为 62%。第三，人均消费超过 1 000 美元的比例更高。其他旅游占比为 12%，文化旅游占比为 19%。第四，旅行的持续时间更长。其他旅游平均时长为 3.4 晚，文化旅游平均时长为 5.2 晚。

根据新加坡国家统计局的研究数据显示，如表 3-1 所示，从文化产业对国民经济产出的乘数效应看，2016 年新加坡这一乘数数值为 1.43，而对增加值的乘数数值则为 0.58。这意味着，增加 1 单位文化支出可带来 1.43 单位国民经济产出，同时带来 0.58 单位增加值。英国 2011 年文化产业对国民经济产出的乘数为 1.80，对增加值的乘数为 0.86，两个乘数数值都比新加坡高，这主要是因为英国文化产业发展较早，文化产业价值链更加完善，因此文化产业对国民经济的带动作用和乘数效应更加明显。

表 3-1   2016 年新加坡与英国文化产业的乘数效应

项目	新加坡		英国	
	产出	增加值	产出	增加值
1. 出版	1.33	0.72	1.70	0.72
2. 信息技术	1.27	0.61	1.54	0.88
3. 广播媒体和表演艺术	1.68	0.62	1.82	0.88
4. 电影	1.78	0.55	1.80	0.88
5. 建筑设计	1.66	0.70	1.60	0.95
6. 广告	1.63	0.48	1.70	0.94
制造业平均	1.41	0.49	1.90	0.83
服务业平均	1.49	0.75	1.70	0.91
文化产业平均	1.43	0.58	1.80	0.86

资料来源：新加坡国家统计局（2017）。

（4）企业利润率较高。从全球主要经济体的情况看，多数文化企业规模不大。以法国为例，2015 年法国员工数为 19 人以下的文化企业占比 30.8%，员工数为 250 人以上的文化企业占比 36.7%，而专业设计行业则没有规模达到 250 人以上的企业。西班牙广告行业中，2017 年员工数为 10 人以上的企业有 3 029 家，仅占广告行业企业总数的 6.8%，而无雇员企业则有 30 896 家，占比达 61.9%。①

文化产业属于朝阳产业，因此虽然多数文化企业的规模不大，但企业利润率却普遍较高。根据加拿大统计局的相关统计显示，2016 年加拿大全国企业平均利润率为 6.8%，而属于文化产业的报纸出版行业企业的利润率达 16.2%，娱乐休闲行业企业利润率则达到 18.7%。2016 全国企业平均利润率为 7.8%，而电影和视频行业的企业利润率则为 20.7%。2016 年法国文化企业实现了 19% 的平均利润率，利润率居于前四位的分别是电影发行企业、电子游戏发行企业、电视节目生产企业、大众电视节目发行企业，其中电子游戏发行企业的利润率为 62%，电影发行企业为 69%，电视节目生产企业为 52%，大众电视节目发行企业为 49%。

（5）保护民族文化和抵御文化入侵。文化产业具有经济和文化双重属性。一方面文化企业作为经济主体以追求经济效益为目的；另一方面文化产业不同于其他一般产业，文化产业具有独特的文化属性。这就决定了文化产业具有双重功能，一是经济发展功能，服务于本国经济增长，促进本国就业增加。二是文化传播功能，即传播本国的文化价值观。

欧盟国家在反对文化霸权、抵御文化入侵和保护本国民族文化方面取得了巨大的成功。为捍卫本国民族文化，抵御来自美国等国的文化入侵威胁，法国等欧盟国家主张"文化例外"原则，认为在市场开放方面，文化贸易应和非文化贸易相区别，而不是将国内市场不加区别地全面放开。出于保护本国文化的目的，许多国家对文化节目中本土制作的比例作出规定，要求本土节目高于某一比例。美国节目中播放的音乐多为本国制作。加拿大对本国音乐的年增长率作出规定，要求年增长率为 12% 以上。日本

---

① 根据各国统计年鉴发布数据整理所得。

播放的音乐本国制作达 75%，拉美地区播放的音乐本土制作达 70%，非洲地区播放的音乐本土制作达 65%，土耳其和中东地区播放的音乐本国或阿拉伯国家制作约为 60%。此外，英国、德国、法国、西班牙、意大利等国也致力于保护和促进本土音乐的发展。

二、国际文化产业发展的新趋势

随着经济全球化进程的加速发展，科技发展日新月异，文化产业的发展令人瞩目，未来发展彰显以下趋势。

（1）消费升级是文化产业发展的强劲助推力。发达国家普遍在其发展过程中呈现出相同的发展规律，即随着经济的不断发展，居民消费结构持续升级，居民文化消费持续增长。以美国为例，随着美国经济的发展，居民收入持续增加，恩格尔系数持续下降。食品、交通、住房等的消费支出占总支出的比重持续下降，而娱乐等文化消费支出占总支出的比重则快速上升。从 1970～1993 年的数据看，美国人均消费支出 1970 年为 3 100 美元，1993 年增至 16 429 美元，增长幅度达 4.3 倍。人均娱乐消费支出 1970 年为 115 美元，1993 年增至 887 美元，增长幅度达 6.7 倍。娱乐消费支出占总消费支出的比重 1970 年为 3.7%，1993 年增至 5.4%，上升了 1.7 个百分点，2012 年该占比已经超过 5.5%，位列美国居民消费支出第四位，仅次于食品、住房和交通。[①]

再看日本的情况，1965 年日本每户平均娱乐消费支出 1 742 日元，1993 年增至 17 275 日元，增长幅度接近 9 倍，而进入 20 世纪后，这一数据更是增长了近 20 倍左右。1965 年每户平均娱乐消费支出在家庭消费总支出中的占比为 3.5%，1993 年该占比增至 4.9%，上升了 1.4%，到了 2017 年，这一比例达到 36%。[②]

（2）政府推动是文化产业发展的关键驱动力。从全球主要经济体文化产业发展的实际情况看，政府支出、广告、私人和企业资助与捐款是公益性质的文化产业的主要资本来源。根据欧洲理事会和欧洲比较文化研究所

---

①② 　根据日本经济发展厅所发布的数据整理所得。

的估算数据显示，政府支出是欧盟各国的公益性质文化产业的主要资本来源，2011 年占其实收资本的比例达到 70%~80%。具体来看，瑞典政府支出 26.3 亿欧元，占其公益性质文化产业实收资本的 83.1%。奥地利政府支出 23.0 亿欧元，占其实收资本的 79.5%。丹麦政府支出 22.4 亿欧元，占其实收资本的 79.0%。波兰政府支出 19.6 亿欧元，占其实收资本的 72.6%。①

考察文化产业中政府出资的具体构成情况，地方政府对文化产业的支出往往比中央政府更高。从 2011 年的数据看，波兰地方政府支出 16.1 亿欧元，占文化产业资本中政府总支出的 82.4%，较中央政府支出占比高 64.8%。奥地利地方政府支出 15.2 亿欧元，占文化产业资本中政府总支出的 66.0%，较中央政府支出占比高 31.9%。瑞典地方政府支出 14.6 亿欧元，占文化产业资本中政府总支出的 55.5%，较中央政府支出占比高 10.9%。乌克兰地方政府支出 4.8 亿欧元，占文化产业资本中政府总支出的 62.7%，较中央政府支出占比高 25.3%。根据加拿大统计局的统计数据，2009 年加拿大公益性文化产业资本中，政府支出总额 101.4 亿加元，从具体构成来看，地方政府支出为 59.7 亿加元，占公益性文化产业资本中政府出资的 58.9%，而联邦政府支出为 41.6 亿加元，占政府出资的 41.1%。②

另外，私人与企业赞助和捐款也是欧盟各国的公益性文化产业资本的重要来源，占比达到 10%~12%。这些赞助和捐款主要资助的是传统公益性文化产业的发展。相关研究显示，由于欧盟各国鼓励赞助或捐助公益性文化产业，对提供赞助或捐助的企业和个人给予税收减免，因此预测赞助或捐助金额的年增长率将维持在 10% 左右的水平。

（3）社会资本广泛参与文化产业发展。众所周知，文化产业的发展，只靠政府推动是远远不够的，必须有社会资本的广泛参与与介入。在文化产业发展中，50% 以上的文化企业为小微企业。因此，无论是发达国家，还是发展中国家，文化产业的发展，除了政府的主导作用外，社会资本广

---

① 根据日本经济发展厅所发布的数据整理所得。
② 根据欧洲理事会和欧洲比较文化研究所发布的数据整理所得。

泛深入地参与到文化产业建设中来，才能有效促进文化产业的发展。

（4）产业融合成为文化产业发展的新趋势。产业融合是当前世界经济发展的一大趋势，文化产业的融合性较强，与文化产业实现融合是融合发展的重要途径。文化产业与旅游业的关系非常密切，以茶和咖啡产业的发展为例，其生产属于第一产业，而其加工和包装等属于第二产业，销售和服务则属于第三产业。

（5）因地制宜发展本国或本民族的文化产业，必将成为未来国际文化产业发展的新常态。纵观世界各国文化产业的发展，只有以特色求生存和发展，才能真正使文化产业大放异彩。美国以版权和电影产业独步天下，英国以创意设计产业傲视群雄，日本以影视和动漫游戏产业令人惊羡。中国文化产业的发展，必须独辟蹊径，既有世界眼光，又具有鲜明的民族特色，才能与上述文化产业发达国家同台竞技。

第四章

融合与创新：美国版权产业发展的新趋势

自第三次科技革命以来，人类社会从工业社会发展到信息社会，全世界业已进入依靠智力成果来推动经济和社会发展的时代，尊重和保护包括版权在内的知识产权已经成为世界各国的共识，形成了对文化产业中版权确权和版权保护的现实要求。作为当今文化产业最发达的国家，美国主要采用"版权产业"这个概念从商业和法律的视角来表述文化产业，美国版权产业近年来呈现出明显的融合与创新并重的趋势。

第一节　美国版权产业的发展概述

美国是当今全球知识经济的引领者，对以知识产权为载体的文化经济一直相当重视，版权产业的提法源于美国。美国从 1937 年开始运行标准产业分类体系（SIC），1959 年发表"美国版权产业的规模"研究报告，开始关注版权产业的发展，到了 1977 年将版权产业纳入 SIC 分类体系，确立了版权产业在国民经济中的独立产业地位。1990 年，美国国际知识产权联盟（IIPA）开始调查与版权保护有关的产业对经济的影响和在贸易中的地位，首次发表了《美国经济中的版权产业》报告，美国 1992 年又推出了1977～1990 年的综合报告（Siwek & Furchgott - Roth，1992），此后平均每一两年发表美国版权产业系列报告。美国是开展此类调研最积极、最全面和深入的国家，美国的调研方法已经基本成熟。到 1990 年前，全球仅有部分国家——如瑞典（1978）、德国及澳大利亚（1986）等国——曾经试图对于本国的版权产业发展进行评估。而自 1990 年之后，美国对于版权产业高度重视，差不多每年都会发布一份本国版权产业的研究报告。版权产业通常是指生产经营哪些具有版权属性作品（产品）并依靠相关版权法及其他相关法律保护从而得以生存发展的产业。具体地说，版权产业是指与发行、复制、传播文学、艺术和科学作品相关的有关行业以及收集、储存、加工及提供信息的产业，即利用版权资源进行生产和经营的产业。美国的版权产业由核心版权产业（core industries）、部分版权产业（partial copyright industries）、交叉版权产业（interdependent industries）和版权相关产业（non-dedicated support industries，也称为：非专门支持版权的产业）四个部分组成，如表 4-1 所示。核心版权产业是指主要目的是为了创作、生产、传播和展览版权内容的产业，主要包括图书、报纸、期刊、电影、电视剧制作、音乐、广播和电视广播，和所有格式的软件，包括视频游戏；部分版权产业指在某些行业中只有某些方面或产品的一部分创造出适用于版权保护的内容，包括从服装、纺织品、珠宝到玩具和游戏等众多产业；交叉版权产业是指生产、制造和销售能够促进创造、生产或者使用受版权法律保护的作品的那些设备的产业，主要包括录像机、电视机、CD 播放器、个人电脑及使用相关产品的制造商、批发商以及零售商；版权相关产业的行业分布包括那些既销售有版权商品又销售无版权产品的行业，包括运输服务、电信和批发和零售贸易等产业，在过去的研究中，只有这些产业的总增值的部分被认为是版权产业的一部分。这四大细分产业的总和被称为"全部版权产业"（total copyright industries）。①

　　在很长的一段时间里，全球各国分别从自己的关注点和视角进行版权相关产业的统计，很难进行统一的各国版权产业经济贡献的科学统计和国际比较。因此，世界知识产权组织（WIPO）于 2003 年为统一各国对版权产业的内涵界定和便于开展全球统一的版权产业调查研究，组织编写《版权产业经济贡献的调查指南》（*Guide on Surveying the Economic Contribution of the Copyright Based Industries*），建立了统一的调查与分析方法，从而推动

---

　　① 世界知识产权组织. 版权产业的经济贡献调查指南［M］. 北京：法律出版社，2006：37.

了版权相关产业调研活动在全世界的广泛开展①。WIPO 在《版权产业的经济贡献调查指南》中明确规定：版权产业主要是指版权可以发挥显著作用的那些活动或产业，从分类来看包括了核心版权产业、部分版权产业、相互依存的版权产业与非专用支持产业四大类，并且明确给出其所涵盖的产业类别和统计方法。WIPO《版权产业的经济贡献调查指南》为各国版权产业研究，以至国际间的比较研究提供了一个极具指导价值的框架。

表 4 - 1　　　　　世界知识产权组织（WIPO）版权产业的分类

产业类型	产业定义	具体所包含的范畴
核心版权产业	完全从事创作、制作和制造、表演、广播、传播和展览或销售和发行作品及其他受保护客体的产业，这些产业是版权产业最重要、最核心的组成部分，因而被称为核心版权产业	新闻和文学作品；音乐、戏剧制作、曲艺、舞蹈和杂技；电影与录像；广播电视；摄影；软件与数据库；美术与建筑设计、图形和模型作品；广告服务；版权集体管理与服务九组产业
相互依存的版权产业	从事制作、制造和销售其功能完全或主要是为作品及其他受版权保护客体的创作、制作和使用提供便利的设备的产业，这些设备也被称为版权硬件	电视机、收音机、录像机、CD 播放机、DVD 播放机、播放机、电子游戏设备以及其他类似设备；计算机和有关设备；乐器；照相机和电影摄影器材；复印机；空白录音介质以及纸张七组产业
部分版权产业	部分活动与作品或其他受版权保护客体相关的产业。创作、制作和制造、表演、广播、传播以及展览或者发行和销售	服装、纺织品与鞋类；珠宝与钱币；其他工艺品；家具；家用物品、瓷器及玻璃；墙纸与地毯；玩具与游戏；建筑、工程、测量；室内设计；博物馆十组产业
非专用支持产业	部分活动与促进作品及其他版权保护客体的广播、传播、发行或销售相关且这些活动没有被纳入核心版权产业的产业	发行版权产品的一般批发与零售；一般运输产业；电话与互联网产业三组产业

资料来源：世界知识产权组织. 版权产业的经济贡献调查指南 [M]. 北京：法律出版社，2006：37。

---

① World Intellectual Property Organisation（2003），*Guide on Surveying the Economic Contribution of the Copyright Based Industries*，WIPO Publication No 893（E），Geneva.

第二节　美国版权产业发展的历史与现状

一、美国版权产业发展的历史

"版权产业"这一概念最早是由瑞典在 1978 年提出的。此后，德国和奥地利等国也在 20 世纪 80 年代展开对版权产业的评估和研究。1990 年，美国意识到版权产业的重要性，通过"国际知识产权联盟"开始系统地考察和研究版权产业在本国的发展状况。可以追溯更早的是，1996 年版权产业的文化产品就已成为美国对外出口份额最大的出口产品。以电影为例，美国电影业的产业规模约为全球产业规模的 8%，但其控制了近 80% 的全球市场。美国电影发行协会就曾表示："对于美国经济来说，版权产业已经超过了其他传统出口产业。"从 1977 年到 1996 年，美国总体经济的年平均增长率为 2.6%，而美国核心版权产业的年均增长率却高达 5.5%；在这 20 年期间，美国全社会的就业年均增长率约为 1.6%，而核心版权产业提供的就业年平均增长率高达 4.6%。而进入信息时代以来，随着科技和创新的深入发展，这种趋势越来越明显，例如在知识产权附加值较高的音乐录音业、影视业、软件业、书刊出版业等核心版权产业领域，美国至今都保持着对世界市场的控制，其市场份额及影响力全球领先。[①]

综合国内外多位学者的观点，美国版权产业发展的历史通常被划分为以下四个阶段：萌芽阶段（20 世纪 20 年代至第二次世界大战前）；初步发展阶段（第二次世界大战后至"冷战"结束）；快速发展阶段（"冷战"结束至 20 世纪 90 年代）、集群化发展阶段（21 世纪初至今）。[②]

（一）萌芽阶段（20 世纪 20 年代至第二次世界大战前）

学界通常将 20 世纪 20 年代作为研究美国文化产业的起点。主要原因在于，这一时期在无线电、放映机等新技术的推动下，一些文化传播载体

---

①② 吴德金. 美国文化产业发展研究［D］. 长春：吉林大学，2015.

如电台、电视等迅速融入人们的日常生活。大众文化意识的觉醒，是通信方式的变革以及文化的快速传播引起的一个重要变化。也就是在这一时期，广播业、电影业等开始萌芽，并迅速成长为美国文化产业的重要分支。例如，广播电台在20世纪三四十年代就在美国的新闻宣传、文化传播等方面发挥着主导作用。继美国第一家广播电台 KDKA 于 1920 年 11 月开始正式运营后，电台成为继报纸之后最为迅速、影响力最大的新闻传播媒介。作为一个新兴的赚钱行业，无线电广播迅速成长起来。据统计，美国国内电台数从 1922 年 1 月的 30 座增加到 1923 年 3 月的 556 座。收音机数目也从 1921 年的 5 万台猛增到 1922 年的 60 万台以上。

电视技术起源于欧洲工业发达国家，在显像管等技术进步的带动下，电视业开始萌芽并一步步发展起来。而电视从美国实验室中真正进入大众生活，则始于 1923 年电子管的发明。而现代电视系统的基本成型则是 10 年后完全电子化的电视摄像管和显像管的成功研制。到 1938 年，电视机已经可以在美国的百货公司买到。固定电视节目在美国的播出始于 1939 年，以此为标志的电视开始对美国大众的日常生活产生日益重要的深刻影响。1941 年 7 月，联邦通讯委员会批准 18 家电视台投入商业运营。

20 世纪 20 年代开始，美国电影院的数量出现了快速增长，尤其是1927 年出现了有声电影以后，美国的电影产业吸引了更多的消费者。即使是 1929 年发生经济大萧条，美国电影产业发展依旧如火如荼，更多的人到电影院寻找心灵的慰藉。20 世纪 30 年代初，美国迎来了电影业的黄金发展期，这一发展期在好莱坞持续 20 年。美国电影观众人数创下历史最高纪录是在 1930 年。这一年，在全国范围内每周有 9 000 万名消费者走进电影院。美国电影产业迎来了"黄金发展期"，好莱坞作为美国的文化中心开始令世界瞩目，以"好莱坞"各种类型影片为代表的电影作品进入大批量生产阶段。

在第一个阶段，虽然各个主要分支都已形成，但美国文化产业基本处于自发、独立的发展状态，发展规模、发展体系十分有限。就发展范围而言，也主要限于国内。为什么文化产业在美国发展如此迅速？国内外学者的共同观点是，经济发展、科技进步以及人们对文化强烈需求的共同推动。从经济发展看，美国经济的整体发展是促进文化产业进一步发展的重要推动力。就产业结构而言，美国从农业国向工业国的转变是 19 世纪后期的一个重要变化。这一变化，在劳动力、资金、技术以及消费能力等方面，为美国文化产业的初步发展奠定了坚实的基础。

（二）初步发展阶段（第二次世界大战后至"冷战"结束）

这一阶段美国文化产业在既有基础上进一步发展壮大。特别是 20 世纪 50 年代，由计算机的发明而引发的传播媒介"第三次革命"，是美国文化产业发展进程中的一个重要转折点。计算机、微电子、通信卫星、激光、光纤通信、数码等技术的快速发展，带来了信息革命，也带来了知识经济，它们成为推动美国文化产业飞速发展的巨大力量。美国电视业的蓬勃发展尤其引人瞩目，电视逐渐融入人们日常生活，成为不可缺少的重要事物。不仅如此，电视也成为美国政治进程中的重要力量，甚至可以说是主宰力量。这在 1952 年美国总统竞选中表现十分明显。这一年，政治集团不仅利用电视为竞选宣传造势，而且引导广大民众通过电视透析总统候选人。也就是在同一年，美国建立了四大电视网。到 20 世纪 50 年代末，美国 86% 以上的家庭拥有电视机。在当时，电视普及率位居世界第一。1962 年，第一颗电视通信卫星在美国成功发射。美国的电视节目开始扩大到全球范围，美国电视剧也开始源源不断地向北美、拉美及西欧等地输出。这个局面由此带动了版权产业在这一时期的快速发展。实事求是地讲，美国在 1959 年就最早提出版权产业概念。此后，版权逐渐成为美国文化产业的核心，从 20 世纪 70 年代以后，美国采取了一系列法律措施来加强对版权的保护，有效促进了文化产业的发展，强力推动了美国经济的发展。

这一阶段，两大重要因素促进了美国文化产业的快速发展。一是"冷战"的大背景。冷战时期，意识形态的烙印深深地刻在了美国文化发展的方方面面。在推动文化产品海外输出的过程中，美国十分注重宣传自己的价值观，国家也因此加大了对文化产业的干预力度。1953 年，成立的新闻署（USIA）进一步加强了意识形态宣传。美国之音电台就是其下辖的重要机构，到 1970 年，听众人数达 4 300 万人之多。不仅如此，美国还在世界70 多个国家开办新闻图书馆和阅览室，不断加大对美国价值观的宣传。二是新自由主义的勃兴。20 世纪 70 年代初，石油危机和经济危机的再次来袭，导致美国经济陷入滞涨状态。在这种状况下，凯恩斯主义束手无策，新自由主义由此勃兴。共和党人里根当选总统之后，全面推行新自由主义。对市场经济、自由贸易的强调、对政府干预的减少，在推动美国文化产业发展的同时，也加剧了美国文化企业的兼并和垄断，对今后美国文化产业的发展产生了深远影响。①

（三）快速发展阶段（"冷战"结束至 20 世纪 90 年代）

"冷战"结束后，美国以此为依托，继续向全世界输出其文化产品。从 20 世纪 90 年代开始，以生动性、交互性、瞬即性等优点而著称的网络化浪潮开始在美国掀起，很快进入各个工作领域，进入普通大众生活。进入 20 世纪 90 年代后，互联网技术更是迅猛发展，快速进入成熟阶段。特别是，飞速发展的数字化网络技术为文化的发展与传播提供了更便利、更迅捷的手段。美国在数字信息技术的"高地"地位，成为美国文化产业能够继续领跑世界的一个非常重要的原因。网络业的迅速崛起，对美国文化产业的传统格局造成了严重的冲击。一方面，一些传统文化产业不断下滑和萎缩。以报业为例，美国报纸销量不断下滑。1990 年，美国日报总销量为 6 232 万份，1994 年下滑到 5 931 万份，1998 年跌到 5 618 万份，到 2000 年美国日报总销量只有 5 577 万份。另一方面，使信息产业与文化产业融合加快，一些传统文化产业开始更新换代。这一阶段，网络文化产业在这几十年中异军突起，显示了巨大的市场潜力，并开始引领和主导美国文化产业的发展。②

报业大下滑之后其开始涉足互联网领域。那时，全国各个报社，无论大小，都纷纷建立自己的网站。内容收费、网上广告和投资的商务网站等，成为网上报纸盈利的主要模式。实践证明，这种做法很有成效。通过网络形成的良性约束机制，虽然是民间的、自发的，但却成为一个重要标准，读者和受众成为新闻思想和新闻人才脱颖而出的检验条件。在美国，数字出版得以最早推行。各类网络图书的流通，网上支付的交易手段，不

---

①② 陈广玉，上海情报服务平台. 美国经济中的版权产业：2016 年度报告 [EB/OL]. http://www.istis.sh.cn/list/list.asp? id = 10520.

但程序简单，而且节约成本，有力推动了传统出版业的改革。与此同时，传统出版业的经营模式也在数字图书馆、网上书店、搜索引擎网站等的推动下，加快了改革创新的步伐。先看看出版业，印刷型、微缩型、视听型和电子型是美国出版物经历的四个重要发展阶段。但不论是哪个阶段，美国出版物都自始至终引领着世界出版业的发展潮流。另外，网络时代也催生了很多新型文化产业，软件业就是一个典型。

（四）集群化发展阶段（21 世纪初至今）

进入 21 世纪以来，美国文化产业发展的集群化特点日益明显。这一趋势不仅源于科学技术的不断发展，而且与经济全球化进程的不断加快有着密切联系。这一时期，通过大规模的并购、重组，美国的大型文化产业集团开始成为全球文化产业的主导。在积累了大量的资本以后，美国的文化产业开始寻求跨产业和跨国界的运作。美国文化产业的集群化发展趋势在经过大规模的并购和重组后，得到了进一步提升。从此，依靠各自的品牌价值、资本实力和多元化经营模式，把美国的文化输送到世界各个角落。这一时期，美国文化产业发展也出现了地域上的聚合。"好莱坞"就是一个很好的例子。由于众多文化企业的聚集以及地理位置的邻近，有力带动了整个地区文化产业的快速发展。

二、美国版权产业发展的现状

截至目前，美国版权产业在全球市场中仍然占据着最大的市场份额，竞争优势十分明显。2007 年美国在以国内生产总值增量所代表的经济增长中，美国的核心版权产业及全部版权产业分别在其中贡献了约 23% 和 43%。

2016 年 12 月 6 日，美国国际知识产权联盟（IIPA）发布了《美国经济中的版权产业：2016 年度报告》（*Copyright Industries in the U. S. Economy：The 2016 Report*）（以下简称《报告》），该报告以具体而翔实的数据全面评估了美国版权产业的最新发展状况。《报告》显示，美国全部的版权产业为美国经济贡献了将近 2.1 万亿美元的增加值，版权产业在美国已经是无可争议的经济支柱产业。这其中，核心版权产业的增加值现已高达 12 356 亿美元，部分版权产业的增加值也已经达到 380 亿美元，交叉版权产业的增加值约为 4 070 亿美元的规模，版权相关产业的增加值大约为 4 166 亿美元。版权产业在美国经济中起到了巨大的支撑作用，如表 4 - 2 所示，通过对比可见，美国核心版权产业在美国 GDP 中的比例一直超过 6%，并且逐年增加，如果计算全部版权产业增加值，则会占据美国 GDP 的 11% 以上。①

表 4 - 2　　　　美国版权产业对美国经济的贡献度（2012 ~ 2015 年）

核心产业贡献度	2012 年	2013 年	2014 年	2015 年
核心版权产业（亿美元）	10 637	11 121	11 664	12 356
美国 GDP（亿美元）	161 553	166 632	173 481	179 470
贡献度（%）	6.58	6.67	6.72	6.88
全部产业贡献度	2012 年	2013 年	2014 年	2015 年
全部版权产业（亿美元）	18 328	19 057	19 895	20 972
美国 GDP（亿美元）	161 553	166 632	173 481	179 470
贡献度（%）	11.34	11.44	11.47	11.69

资料来源：《美国经济中的版权产业：2016 年度报告》，http：//iipawebsite.com。

纵观美国版权产业的发展，在 2012 ~ 2015 年这段时间内，其呈现出巨大的发展潜力，其增加值实际年度增长率远高于美国经济年增长率，如表 4 - 3 所示。

表 4 - 3　　　美国版权产业与美国经济实际年度增长率（2012 ~ 2015 年）　　单位：%

增长率	2012 ~ 2013 年	2013 ~ 2014 年	2014 ~ 2015 年	2012 ~ 2015 年实际年增长率
核心版权产业	3.71	4.57	6.18	4.81
全部版权产业	2.90	3.75	4.97	3.87
美国 GDP	1.49	2.43	2.43	2.11

资料来源：《美国经济中的版权产业：2016 年度报告》，http：//iipawebsite.com。

① 陈广玉，上海情报服务平台. 美国经济中的版权产业：2016 年度报告 ［EB/OL］. http：//www.istis.sh.cn/list/list.asp？id=10520.

美国版权产业的增加值在美国经济增长中占据了极其重要的地位，同样，美国版权产业也为美国提供了巨大的就业市场，美国核心版权对美国的就业贡献率接近4%，以全部版权产业来计，则将近8%，如表4-4所示。结合增加值来看，核心版权产业对美国而言，用近4%的就业人口贡献了近8%的GDP，显然，版权产业是高附加值的高端产业。

表4-4　　　　　美国版权产业就业贡献（2012~2015年）

就业贡献	2012 年	2013 年	2014 年	2015 年
核心版权产业（万人）	518.24	528.61	542.16	554.03
全国就业人口（万人）	13 507.6	13 738.7	14 040.2	14 314.6
就业贡献率（%）	3.84	3.85	3.86	3.87
就业贡献	2012 年	2013 年	2014 年	2015 年
全部版权产业（万人）	1 072.06	1 090.13	1 115.2	1 137.3
全国就业人口（万人）	13 507.6	13 738.7	14 040.2	14 314.6
就业贡献率（%）	7.94	7.93	7.94	7.95

资料来源：《美国经济中的版权产业：2016年度报告》，www.iipawebsite.com。

再从薪酬角度来看，美国版权产业从业人员的薪酬水平遥遥领先于美国平均水平。如表4-5所示，2015年，美国核心版权产业人员平均薪酬高达93 221.45美元，是美国人均薪酬水平的1.38倍。

表4-5　　　　　美国版权产业薪酬水平（2012~2015年）　　　　　单位：美元

薪酬水平	2012 年	2013 年	2014 年	2015 年
核心版权产业	86 140.76	87 509.1	90 354.73	93 221.45
全部版权产业	76 457.07	77 483.72	79 759.67	82 116.96
美国平均水平	63 741.14	64 361.6	65 906.77	67 714.68

资料来源：《美国经济中的版权产业：2016年度报告》，www.iipawebsite.com。

第三节　美国版权产业发展的特点和规律

近年来，美国高度重视版权产业及其在经济增长中的重要作用，多种措施并举支持版权产业的发展。美国 IIPA 发布的《美国经济中的版权产业：2016 年度报告》显示，美国的版权产业的增加值将近 2.1 万亿美元，占美国经济增长的 11.69%，已经成为美国经济的支柱产业。其中，核心版权产业增加值高达 12 356 亿美元，美国核心版权产业在美国 GDP 中的比例达到 6.88%，近年来此项指标一直高于 6%，这也体现出美国核心版权产业在其经济增长中的重要作用。此外，从版权产业发展对就业增长的贡献来看，美国在核心版权产业内就业的人口占全国就业人口的比例约为 3.87%，但其创造的 GDP 却将近是总值的 7%；而且美国版权产业从业人员的薪酬水平远远高于美国平均水平，核心版权产业从业人员的平均薪酬是美国平均工资水平的 1.38 倍。由此可见，版权产业的不断发展是推动美国经济不断增长的强劲动力。

从美国版权产业发展的历程来看，呈现出以下几个方面的特点和规律：

一、构建起严密且完善的法律体系以保障版权产业的发展

美国版权产业的发展离不开严密而完善的法律体系为其保驾护航。在支持美国版权产业发展方面，美国有一系列的法律保障体系，《联邦宪法》《联邦税法》以及《国家艺术及人文事业基金法》等都为文化工作者和文化团体开展文化艺术创造活动提供了有力保障。专门性的新闻法、版权法、图书馆法、保护志愿人员等文化法规的出台大大促进了文化产业发展。在规范文化市场方面，通过《统一商法》《谢尔曼反托拉斯法》《克莱顿法》等联邦和各州的商业法律法规维护市场秩序。在营造文化环境方面，美国通过《隐私权法》《未成年人在线保护法》《全球电子商务发展框架》等法规保障未成年人可以免遭不健康网络文化影响并保护本国公民的个人隐私。

　　尤其值得一提的是，美国版权保护法律体系极为完备。早在 1790 年，美国就颁布了《版权法》。此后，《版权法》历经近 50 次的修改以适应时代的需求。鉴于米老鼠等卡通形象所具有的巨大社会影响和经济价值，美国国会曾多次修改版权法以延长其专利权的保护期限。2003 年美国最高法院再次通过裁决确定将著作权保护期在原有保护期的基础上延长二十年，这就进一步保护了诸如迪士尼和好莱坞等版权企业的经济利益。在数字版权方面，美国政府陆续通过了系列有关保护性的法律法规。如《反电子盗版法》《计算机软件保护法》《防止数字化侵权及强化版权赔偿法》《跨世纪数字版权法》及《家庭娱乐和版权法》等。

　　美国不仅重视国内法律体系建设推动版权产业发展，还致力于推动知识产权保护在全球的国际化，以此来保障美国版权产业在全球范围的发展和经济利益。例如，美国通过《关税法》来打击侵犯知识产权的进口产品，并且通过《综合贸易与竞争法》中制定的《特别 301 条款》来保障本国文化产品在海外市场的版权利益。美国审时度势地于 1998 年加入了《伯尔尼公约》，其主要目的是在海外市场为美国版权产业提供保护，并通过《伯尔尼公约实施法》落实版权保护的国际化。美国通过内外并重的做法推进国际贸易中版权保护体系的建设和完善，其主要目标也是为保障美国文化产业的版权利益得以顺利实现。

二、重视本国版权产业创新人才的培育和储备

　　通常认为，创新性的人才是版权产业发展的主体。在这个方面，美国从国内创新人才培育和吸引国际创新人才流入等方面采取措施，使得本国的版权产业有了人才支撑。其培育和吸引创新人才的具体举措包括：

　　大力培养国内创新人才。美国非常重视版权产业发展所依赖的创新型人才的培育并建立起完善的版权产业人才培养体系。如今，版权产业发展问题在美国已经成为了一个专门学科。截至目前，美国开设版权产业相关课程、专业的各类大学已超过五十所，现已培养出来一大批高质量的文化管理人才。充沛的版权人才保障是美国得以在全球文化产业竞争中保持优势的重要原因之一。以版权产业中的电子游戏产业为例，美国纽约伦斯勒

理工学院、华盛顿大学以及费尼克斯艺术学院均开设了电子游戏产业相关的课程或者本科专业，美国宾夕法尼亚州立大学甚至开设与电子游戏产业相关的电脑图形技术专业的硕士研究生课程。

致力于吸引和引进国外创新型人才。美国除了在国内大力培养经济发展所需的创新人才之外，还千方百计地吸引全球各类优秀人才并汇集到本国各类行业的发展中，这其中美国版权产业受益颇多。由于美国的综合国力较强，各类综合条件对国外人才构成较大的吸引力，美国通过在移民政策、高等教育体系、版权保护体系等方面向全世界的优秀人才提供各类便利和优待，例如，美国颁布的《移民法》就规定，美国吸纳移民的首选对象就包括具有特殊才能和专长、具备良好的科技商业才能，以及拥有杰出研究成果等各类优秀人才。第二次世界大战以后，得益于其优异的经济条件，美国吸引了全球各国大批顶尖科技和文化人才到本国发展，这给美国版权产业的发展壮大提供了大量的"新鲜血液"，也使得此后的几十年里美国版权和文化产业能够始终走在全球前列。以美国好莱坞为例，世界各国大批知名演员、导演以及制片人就在此背景下纷纷前往美国，也带来了美国电影产业的繁荣和发展。

三、营造良好的市场环境促进版权产业的发展

从表面上看，美国对文化的管理主要遵循无为而治的原则。但这却并不意味着美国放任其发展。美国至今并没有设立起用来专门负责文化管理的文化部，美国各州的各级地方政府也没有设立对应的分支机构。美国对文化的管理主要通过诸如国家艺术基金会、国家人文基金会、联邦艺术暨人文委员会和国家博物馆学会等各类代理机构来实现。不过美国政府对本国以版权产业为代表的文化相关产业依然发挥宏观调控作用。美国政府不仅大力支持那些涉及国家根本利益和保护本国文化遗产所需的文化事业，而且还在"市场失灵"的文化领域，充分发挥"看得见的手"的重要作用，以各类调控措施推动版权产业发展。一方面，美国致力于培育国内文化和消费市场的需求并大力拓展国际市场；另一方面，美国运用各类法律法规以及政策杠杆对本国版权产业予以支持。随着经济全球化的深入发

展，美国版权产业又将其目光对准了海外市场。20 世纪 80 年代，美国电影业的票房收入 70% 来自国内，而在大力开拓海外市场之后，美国电影产业的海外票房逐年不断增长，截至目前美国国内电影票房收入只占其总收入的 35%，绝大多数的票房收入来自海外市场。美国在其经济发展的过程中，充分利用国际贸易中资金、技术和信息等关键要素在全球可以自由流动的便利，充分发挥美国的经济优势，牢牢占据向全球各国输出其文化产品的主导地位。

四、以多元化的资金支持政策促进版权产业发展壮大

版权产业的发展离不开资金的支持，美国政府采取直接扶持、鼓励多方融资等做法促进本国版权产业的发展壮大，现已形成了相对比较完善的版权产业融资体制。据 IIPA 统计，美国政府每年对与版权产业相关的文化艺术行业的支持大约为 11 亿美元，而美国各州政府、各地方政府和各类企业的赞助超过 50 亿美元。美国政府通过各类法律法规和各种政策杠杆鼓励各州地方政府、各类企业以及社会团体对文化艺术事业的发展予以支持。虽然公共部门提供的资金支持在美国非营利性文化组织的资金来源中占比不高，大约为 10%，其中由联邦政府提供的资金仅占 2%，但是联邦政府和各级政府提供的赞助通常会提升艺术家或相关文化团体在民间资助方眼中的地位，民间资助往往将政府资助当作一个参考指标。

美国各级政府为了推动版权产业的发展壮大，还在税收政策方面给予文化企业发展各种形式的资金支持。美国联邦政府为鼓励企业和个人对文化艺术事业的支持，推出了减免捐赠人财产税和销售税等各类税收优惠政策，以此优惠政策鼓励、刺激各类企业以及个人捐助文化艺术事业。美国许多州政府也出台了一系列相关经济刺激计划与税收减免方案推动对文化艺术事业发展的支持，以此带动版权产业的发展。美国联邦政府和州政府对版权产业所施行的各类财税政策的执行效果非常明显。据安永会计师事务所做的估算，在 2005～2010 年间，美国州一级政府税收部门以及市级政府税收部门对影视行业的征税返还总额高达 6.9 亿美元，而

从其效果来看，就在同时期影视行业产生了 270 亿美元的税收收入，税收返还政策的激励效果明显。美国各级政府所施行的财税政策不单单促进了各级政府对版权产业的资金支持，还引发了社会各界资本对版权产业发展的资助和支持。

五、推进科技与文化的融合

进入互联网时代，在业态创新方面科学技术与文化产业发展不断深度融合，这也是版权产业发展的新趋势。而美国则是这一新趋势的引领者。科学技术与文化产业的融合不仅可以显著地提高文化产品的生产效率和产品附加值，还为科学技术的不断进步和革新提供了强有力的支持。如今，在美国的主导下，先进的网络信息技术迅速发展，也同步催生了与信息技术深度结合的网络版权产业，网络视频、数字化电影、网络电话、移动网络等充分融合了先进的信息科技与文化创意的创新型文化产品不断涌现。而这些具有划时代意义的创新型文化产品不但对美国产生了巨大经济影响，还对全世界各国的文化理念产生了深刻影响和改变，也催生了人们对新型文化消费的需求。考察美国的科技企业可知，诸如微软、谷歌等美国科技型版权企业时刻都在不断创新，微软在前不久宣布要把工作重心从其以往重视的 Windows 系统调整到当前方兴未艾的人工智能技术和云计算方向上，并已经取得了不俗的成绩；谷歌借助不断创新的高新技术为用户提供高效、快捷的互联网文化服务，成功地将网络文化产业的内容核心与消费者的需求紧密地连接起来，以此来满足人们对文化服务的时效性和准确性的要求。[①] 截至 2018 年 6 月，微软（7 530.30 亿美元）和谷歌（7 127 亿美元）分别位于全球市值排名第三和第四，仅次于苹果（9 235.54 亿美元）、亚马逊（7 826.08 亿美元），成为网络版权企业的佼佼者。

---

① 余冬林.2002～2012 年美国版权产业发展变迁及其原因［J］.中国出版，2015（10）：57 - 61.

第四节　美国版权产业发展的经验与趋势

一、美国版权产业发展的经验借鉴

纵观全球各国版权产业的诞生和发展的历史及进程可知，版权产业的诞生基于对于知识财产权保护的需要，一国所采取的版权产业的发展政策和措施都是从自身的产业发展条件和产业发展环境的构建出发的。这体现在版权保护的制度设计方面尤为突出，以美国版权产业发展为例，美国版权法在立法策略方面主要根据本国版权业的发展水平和需要而适时加以调整，美国版权战略想要实现的根本目的是促进本国文化产业发展和保护本国版权产业利益。

（一）推动专业立法，注重版权保护

在美国建国之初，英国的文学作品数量远多于美国，美国大众将英国视为其文化来源。美国立法者在保护外国作家在美国的版权会减少美国的就业机会、会对美国经济造成负面影响以及较高的书价不利于美国民众的文化普及的思想的影响下，于1790年制定了美国第一部版权法，该法律只保护美国公民的版权，而外国的作家和出版商的相应利益则得不到保护。这部法律制定后，盗版现象开始在美国泛滥。

美国在很长的一段时间内都采取灵活务实的方式参与或制定国际版权产业相关规则，并借此实现其本国版权产业发展的战略目标。回溯到1886年，早期知识产权保护的国际公约《伯尔尼公约》签订时，美国考虑到当时本国版权产业的发展水平和实力弱于欧洲国家，就拒绝加入该公约。而就在那段时期，美国一方面充分利用"同时出版"等边缘办法使美国生产的版权产品得以在公约缔约国内享有版权的保护；另一方面又通过与其他国家签订双边版权保护协定或者区域性的版权公约来保护美国版权产业的经济利益，典型的做法例如1889年美国同其他美洲国家签订的《美洲国家间版权公约》（简称《泛美公约》）等。这些举措的短期积极作用极为突

出，美国出版业由此得以蓬勃发展，国内出版物的数量大量增加，在国际贸易中逐渐取得了优势。显然，美国在短短一百余年的时间就成为世界上的版权经济大国，与其建国之初所采取的弱版权保护政策不无关联。

19 世纪末，随着美国版权业的发展，美国的立法者认识到，完全不保护外国版权的立法策略已经不利于其经济的发展，于是在 1891 年颁行《国际版权法案》，开始通过双边条约有条件地为有限的几个外国的国民的作品提供版权保护。20 世纪 20 年代，随着电影和广播等新技术的出现，美国逐渐变成了版权产品出口国，但相比于传统的版权强国，在国际竞争中仍处于弱势地位，所以美国仍然维持较低标准的版权保护水平。20 世纪 40 年代以后，国际版权保护对美国版权产品出口的重要性进一步上升，特别是在第二次世界大战后，鉴于美国的版权产业不断发展且实力日渐增强，为了维护美国版权产业的海外利益，美国开始考虑协调《美洲国家间版权公约》与《伯尔尼公约》二者之间的关系。因此，美国倡导建立了与其版权制度相一致的新国际公约——1952 年《世界版权公约》，该公约的保护水平仍然低于《伯尔尼公约》。20 世纪 70 年代以后，随着美国科学技术和文化产业的进一步发展，特别是美国版权业的兴起，美国为维护其经济利益，促进版权业的发展和国际竞争力的提升，开始全面加强版权保护。20 多年来，美国版权产业迅速崛起，成为重要的新兴产业部门，对美国经济发展起到举足轻重的作用。与此同时，美国成为世界上最大版权的输出国和版权保护受益国。由此开始，美国终于加入长期被搁置的《伯尔尼公约》，积极推动建立与国际贸易相关的新型国际版权保护体制，最终形成了《与贸易有关的知识产权协定》（TRIPS），并利用"特殊 301"条款等各种措施加强对美国版权产业在海外市场的国际保护。①

而就在《与贸易有关的知识产权协定》签署后，美国又继续通过推动修订该协定，并相继推动签订各类《双边投资协定》《自由贸易协定》《贸易和投资框架协定》以及《区域贸易协定》等，以此提高美国版权产品的海外保护水平。此外，为了顺应当前新媒体产业迅速发展的现实需要，在

① 王世威. 美国版权法立法策略的历史变迁对我国的启示［J］. 法制与社会，2011（13）：11-12.

美国的推动下，世界知识产权组织（WIPO）于1996年通过了《版权公约》和《表演和录音制品公约》等，美国通过这一系列的举措确保其版权产业能够在21世纪继续保持领先地位和繁荣发展。

（二）政府注重宏观引导，微观资金政策扶持

自小布什总统任期以来，美国政府就把文化发展战略作为美国全球战略的重要组成部分，甚至占据着美国国家安全战略的核心位置。经过两次世界大战后，世界经济政治文化中心就从欧洲转移到美国，这也造就了"经济帝国"与"文化帝国"理念深入各届美国政府的国家安全理念中。因此，美国的文化产业投资及文化资本流入一直位居世界首位。一方面，美国早在1917年以来，就通过联邦税法规定，对非营利性文化团体和机构免征所得税，对于资助此类机构的企业甚至外来资本同样减免相应税额。另一方面，美国政府通过国家艺术拨款委员会直接资助各类型非营利性图书机构，但这种资助方式采取灵活的"杠杆方式"，即联邦政府只支付不超过项目所需经费的50%，其余经费则通过资金匹配方式鼓励各州政府及企业来拿出更多资金来赞助文化项目及文化公益项目。通过这种方式，可盘活更多社会资金融入图书版权业中，使得行业发展所需资金能够持之以恒。在图书贸易方面，美国借助自身文化优势，在WTO框架内，积极推动贸易和投资自由化，要求文化产业相对落后的发展中国家不能限制美国等发达国家文化产品出口，同时还要求发展中国家致力于维护美国文化商品在该国的利益，尤其是借助局部盗版现象，利用知识产权保护等手段来施压各个国家。比如在中国加入WTO的谈判中，就极力要求中国开放文化市场，以此在为美国各级图书出版获得高额利润的同时扩大美国的文化影响范围和影响。

（三）注重产业链人才建设，多渠道引进国际优秀文化从业者

图书版权业的行业特点决定了其人才需求与传统行业有着本质区别，不仅需要内容创造性人才，也需要宣传型人才。美国图书版权业则通过产业链导向思维方式来构建人才培养链，一方面打造"内容创意核心群"即注重培养图书内容原生态内容人才培养，通过各种知识教育及文化氛围营造，来激发他们的创作灵感，以此来维持行业发展所需；另一方面，着力打造"行业服务专业群"。图书版权业本身是一个横跨各个领域的行业，不仅需要法律专业咨询服务，也需要媒介经营、金融服务等相关行业支撑，将图书等创作产品化，以更生动的方式走进大众消费中。因此，两类人才相辅相成、相互扶持，共同支撑了美国版权业持续发展。当前美国已经有40多所高校开设了与图书版权密切相关的专业，包括出版管理、传媒艺术经营管理、影视表演艺术管理或者商业组织等专业。这些学科专业设置已然很成熟，教育体系规范，专业定位紧接市场需求，例如，耶鲁大学的艺术学院、芝加哥艺术学院的新闻传播学科、斯坦福大学的传媒学院等都在世界各所高等学校相关专业排名靠前。这些专业在培养图书版权人才方面，不仅注重学生的专业理论素养，也注重学生的实践能力再造。在日常教学活动中，更多地以产业实践为导向，注重与企业合作，举办各种类型的专业比赛，以便让学生更多地关注社会实际需求。例如，纽约艺术设计学院就通过与环球影城、耐克、奥迪等相关企业合作，吸引众多企业参与到项目合作当中，强化学生的专业技能，激发学生的创作激情，同时聘请相关行业的顶尖从业者作为学校客座教授，讲授他们的前沿知识以及实践经验，以便使学生能接触到最前沿的顶尖创意理念，激发学生的从业热情。此外，美国在致力于培养国内专业版权人才的同时，也积极地营造良好的文化创造氛围，从全世界各地吸收优秀图书版权人才，依托美国先进的影视工业，类似好莱坞基地，汇聚了全世界知名编剧、导演以及各种幕后技术从业人员、制作人员等，来激发创造者的灵感创意，从而为提升美国图书版权竞争力夯实发展基础。

二、美国版权产业的发展趋势

近年来，美国对于知识经济格外重视，将其作为工业化后本国经济转型发展的突破口和新方向，美国以影视行业和网络科技行业为代表的版权产业发展迅猛，取得了全球瞩目的成绩，目前版权产业已经成为美国最有活力并能带来巨大经济收益的支柱产业。在美国所有的出口产品中，最大宗的产品就是版权产品，版权相关产品已经成为美国排名第一的出口项目，美国的音乐制品约占全球音乐市场份额的1/3。在版权产业对经济增长的贡献和就业创造两个方面，该产业已经连续多年超过经济中的其他产业部门。《美国经济中的版权产业：2016 年度报告》显示，美国全部版权产业已经为美国的经济增长贡献了将近 2.1 万亿美元的增加值。其中，核心版权产业增加值高达 12 356 亿美元，部分版权产业增加值有 380 亿美元，交叉版权产业增加值为 4 070 亿美元，版权相关产业增加值有 4 166 亿美元。美国版权产业在 2012 年至 2015 年间，呈现出巨大的发展潜力，其增加值实际年度增长率远高于美国经济发展。2012～2015 年美国版权产业实际年度增长率为 3.87%，其中核心版权产业 2012～2015 年实际年度增长率为 4.81%，两者的实际年度增长率均远超美国同期 2.11% 的实际年度增长率。对于美国经济的重要性来说，核心版权产业已超过其他的传统出口产业。毫无疑问，随着科技水平的不断发展，科学技术与版权产业的融合将日渐深化，技术进步将不断推动全球文化经济的业态创新，不断产生新的消费需求，尤其是对互联网娱乐性内容的创造性需求将不断增长，而科技与文化融合发展的新趋势必将继续深入发展。

回溯到文化产业的业态组织演变问题上，美国以网络版权产业为代表的文化产业日益发展壮大，科技发展带来了文化消费内容与新技术的结合，新媒体等网络版权产业大有超越传统版权产业的趋势。美国传统纸质媒体受到了新技术的巨大冲击。报刊等传统纸质媒体的发行量呈现不断下降的趋势，其广告收入也有不同程度的下滑。随着互联网领域新媒体的蓬勃发展，网上阅读和电子阅读所产生的冲击也引起美国报刊界的普遍担忧。以美国《纽约时报》为例，该报的纸媒发行量约为 100 万份，而其网上阅读的读者则高达 1 900 万人之多，传统媒体与新媒体阅读模式的反差极大。从年龄分布上来看，阅读《纽约时报》纸媒的大多数是 35 岁以上的中老年读者；而通过互联网阅读的网上读者大多为 35 岁以下的年轻人。中国读者熟知的另外一份杂志，时代华纳出版的《财富》杂志，在中国的知名度极高，其发行量大约为 90 万份，发行量处于美国财经类杂志的前列。但由于其广告收入下滑，该刊物的印刷版面也由过去的 300 多版降到 160 版，广告版由原来总版面的 60% 下降到现在的 40%，当然这一情况在全球其他国家也普遍存在。

与传统版权产业形成鲜明对比的是美国网络版权产业获得蓬勃发展，美国的几大网络科技巨头，Facebook（脸书）、Apple（苹果）、Microsoft（微软）、Google（谷歌）和 Amazon（亚马逊），常常被合称为"FAM-GA"，是 2018 年美国（同时也是全球）最大市值的 5 家公司，而就在十年前排名前五的企业是：石油业的埃克森美孚、制造业的通用、软件业的微软、金融业的花旗集团和美国银行。这十年，美国的 IT 行业、互联网业务发展不可谓不惊世骇俗。这几家公司仅用短短的十年时间就超越了传统行业历经百年才取得的辉煌成就，预示着未来美国经济的发展方向。从市值来看，截至 2018 年上半年，FAMGA 五家公司平均市值达到 7 000 亿美元，排名第五的 Facebook 市值也达到约 5 000 亿美元。将五家公司的市值相加，超过了英国一年的 GDP 总量。流媒体巨头网飞（Netflix）等互联网版权企业近年来迅速发展壮大，凭借颇具吸引力的高端自制美剧以及创新性的排播方式冲击着传统电视播放平台的优势，网飞 2018 年全球付费用户总数已达 1.189 亿人，国际化布局成效显现，现已成为世界最大的在线影片租赁服务商。从现有的发展趋势来看，未来美国版权产业的业态创新将不断持续下去，互联网以及虚拟现实等技术的革新将推动美国版权产业不断创新发展。

三、美国版权产业的优势和挑战分析

相比于其他国家，美国的版权产业发展基础较为扎实，起步也较早，无论是产业支撑体系还是法律保护体系都相对比较完善，具有较为明显的优势。

（一）文化、科技及经济的绝对优势奠定了其出版资源天然优势

作为当今世界的发达国家，美国拥有先进的科学技术，在各个领域都拥有高端人才，经济优势也较为明显，这也就造成其美国出版业不仅有着量上优势，在出版资源上也有着绝对优势。单单纽约市超过 2 000 家非营利文化艺术机构，500 多家多媒体音像馆，1 000 多家图书杂志出版社，2 500 多家艺术展馆等。《美国经济中的版权产业：2016 年报告》提供的数据显示，从 2012～2017 年美国 GDP 的增长率约为 2.13%，但版权产业

的实际增长率为 6.8%。早在 2012 年，美国版权业的行业增加值占美国 GDP 的比重就超过了 10%，达到了 11.25%，为 17 652 亿美元，核心版权产业的行业增加值就超过一万亿美元。版权产业从业者则是以每年 3.6% 的增长率增长，到 2017 年美国版权产业从业者接近为 800 万人，占美国整个社会从业者的比重超过 9%。[①] 可见，相比于其他国家或地区，美国有着更为浓厚的文化创意氛围和丰富的文化资源。美国出版从业者往往依托其文化、经济及科技方面的绝对优势，源源不断将其文化产品输出到国际市场，不仅为其图书版权创造了利润可观的经济效益，也为其创造了良好的文化价值输出氛围，吸引着世界上优秀的文化精英人才及相关从业者。而这些外来优秀文化产业的从业者不仅为美国撰写出风格多样的书籍报告等，也为美国的出版业提供了更为丰富的出版资源，从而为美国图书版权业提供了源源不断的"物质基础"。

（二）具有成熟的图书版权交易市场发展体系

作为一个典型的市场经济体，美国社会经济发展的一切活动基本都是围绕市场经济运作规律来展开，图书版权贸易自然也不例外。在市场经济运作中，一切经济体基本是围绕着高利润目标而展开的，遵循市场优胜劣汰原则从事经济活动。应该说，美国图书版权业的快速发展与其发达的市场经济运作机制是分不开的，尤其是美国发达的经济基础支撑着其能充分运用市场机制，最大程度地发挥市场优势，来促进图书版权和版权贸易的迅猛发展。相对于其他国家，美国图书版权业发展历史悠久，而且产业主体——出版社，则有着丰富的产业运作经验，有着专业化的图书版权运作程序。美国的出版机构与版权代理机构分工非常明确，所签订的版权合同也尽可能地做到兼顾多方利益，合同条款也做到详细而周密的市场调研，而这种特点在国际版权贸易中凸显出的优势则更为明显。一般在确定版权贸易对象之前，美国的图书版权公司就会安排专业调研机构专门负责调查潜在销售市场的政治、经济状况以及潜在读者的阅读需求和品位，也会去深入了解读者的购买能力，以便为图书的价位提供一个消费者可接受的空

---

① 根据《美国经济中的版权产业：2018 年报告》发布的数据整理所得。

间。而在图书销售环节中，以版权贸易为中心的多样化的图书销售活动就更是美国国际图书版权贸易的一大特点，形式多样的图书宣传活动、图书衍生产品的开发以及交叉销售更是凸显了美国的图书版权业的优势。

（三）中介机构的有序推动

美国市场经济的运作模式决定了美国政府不会干涉出版行业的日常管理，一般对出版活动进行宏观管理及日常业务协调的机构是美国各类型的非营利性质的组织机构和协会，例如，美国期刊出版商协会、书商协会等机构。这些机构会定期就出版行业前沿情况进行市场调研，有序推动日常的出版交流以及行业协会研讨会等。美国出版商协会成立的时间距今有着五十多年的历史，是当前美国国内出版业影响力最大的一个行业组织，美国大多主要的出版商都是其会员。其日常主要任务就是对各种出版、图书衍生产品研发以及图书版权贸易进行系列辅导，着力于推动美国图书版权输出，拓展美国图书出版市场，提升美国图书版权的国际影响力等。而随着当前数字概念的推出，美国出版商协会也在推动各出版机构的数字化转型，推动出版行业由传统的纸质传媒出版向数字出版转型，并且建立和完善各类型数字化基础设施和数字化平台，大力推动美国数字出版业的发展。亚马逊公司所开发的 Kindle 阅读器，不仅引领了读者的阅读模式的数字化转型，同时也创建了先进的数字出版的线上模式。同时，美国的出版协会也通过一系列运作，从技术标准、运营监管以及版权保护等几个层面进一步完善行业法律法规，从而为美国数字出版业的网络安全提供了基础。

当然，近几年随着美国图书输出范围不断扩大，文化传播在全球范围也呈现迅速扩大趋势，各个国家也纷纷出台措施来应对，以便争取在国际图书版权市场中占据一定份额，以便在国际出版舞台上获得更大的发展空间和舞台。比如加拿大就通过出台《版权法案》来约束美国的文化霸权，尤其里面的"图书进口管制"措施，就致力于保护加拿大出版商及发行商的发行权利。欧盟里一些国家就极力推崇针对美国影视产品包括图书的"配额限制"，主张取消"自由贸易"，以此来维护自身利益。但总体而言，这些措施虽然在一定程度维护了这些国家的文化利益，但总体上效果不佳，基本对美国图书版权出口未造成实质上的威胁。

第五节　中美文化产业国际化政策对比

一、文化产业国际化发展政策理论概述

（一）文化产业政策

文化产业政策是国家在文化艺术、新闻出版、广播影视和文物博物等文化领域实行意识形态管理、行政管理和经济管理采取的一整套制度性规定、规范、原则和要求体系的总称。其本质就是以结构性或差别化的手段，通过适度干预市场结构和价格来解决市场本身不能解决的外部性问题、多主体协调问题和系统失灵问题。政府通过财政补贴、税收优惠、金融扶持、人才支撑等措施调整文化产业的要素价格和成本，干预资源配置，加大产业投入，引导生产要素向文化产业集中，进而推动产业发展。

（二）产业国际化

产业国际化作为当今世界经济发展的一个重要特征，对于一国经济的发展具有积极的推动作用。目前关于产业国际化概念主要有以下几种理解：（1）将产业国际化理解为大的跨国公司的一种经营模式或者企业行为；（2）把产业国际化理解为某个产业的成熟产品打入国际市场，参与国家之间的贸易交往；（3）产业国际化是使某个产业产品达到国际通行标准，即向国际标准靠拢；（4）产业国际化概念是对产业活动范围超出一国界限影响他国经济运行和国民行为的过程的描述；（5）将产业国际化理解为某个产业的资源在国际范围内配置；（6）产业国际化是指产业的研究与开发的国际合作与交流；（7）将产业国际化理解为产业的人才的国际交流与合作培养。

一般来说，所谓产业国际化应大致包含以下三层含义：首先，产品进入了国际市场；其次，这一产业在世界范围内的建立；最后，主导产品在世界范围内得到接受。产业国际化是动态的发展过程，会随着一个国家或

地区的产业参与国际分工和国际交换的程度逐步提高，最终成为整个国际分工体系和世界产业体系的重要组成部分。

（三）文化产业国际化发展政策

综上所述，作为文化产业政策和产业国际化的集合，文化产业国际化发展政策所指的是，一个国家在一定的时代和社会背景下，根据比较利益原则，在全球范围内通过生产要素的流动进行国际分工，对于文化产品和文化服务的生产和管理层面制定的总体设计与规划。

二、文化产业国际化发展政策对国家建设的意义

政策对一个国家文化的发展具有能动的主导作用，正确的政策对文化的发展可以起到主动推进和使其加速发展的作用；反之，错误的政策也可能阻碍和破坏文化产业的正常发展。

1987 年 3 月，在党的十三大报告的起草过程中，国务院发展研究中心给当时的中共中央领导人写了一份题为《我国产业政策的初步研究》的研究报告指出："产业政策是许多国家实现工业化过程所执行的一整套重要政策的总称。一些实施产业政策得力的国家在发展和国际竞争中卓有成效。"在倡导"人类命运共同体"这一发展理念的时代背景下，如何结合我国实际情况，在符合国际社会发展的潮流与趋势条件下，制定一系列符合中国国情的文化产业国际化发展政策，对于国家建设具有重要的现实意义。

三、中美文化产业国际化发展现状分析

要对文化产业的国际化发展政策进行比较研究，首先要对各国文化产业的国际化发展现状进行分析，进而为后文国际化发展政策的比较做铺垫。

（一）美国文化产业国际化发展现状

20 世纪 30 年代到第二次世界大战前，美国初步形成了文化产业的基础和框架；20 世纪中期，美国文化产业从各种理论的争论中走向实践中的快速发展；20 世纪 60 年代以后，美国文化产业就逐渐进入了高速发展阶

段。现如今，美国文化产业已达到一种巅峰状态，其所具有的国际竞争力和总体实力位居世界第一，在世界经济发展史上更是创造了辉煌的业绩。伴随着"美国式"价值观和意识形态的输出，其文化产业，如：影视业、出版业、广播电视业、网络业等已覆盖了世界的各个角落。在出版业方面，作为美国文化产业中最大的一个行业，发展势头依然不减。数据显示，2018 年美国图书收入达 28 亿美元，纸质书销售虽连续三年有所下降，但也已经稳住了阵脚，电子书销量下降 4%，占总收入的 20%，有声书增长高达 37%。在影视业方面，据相关数据显示，2003 年，美国电影业票房收入为 90 亿美元，占据全球市场 60% 的票房份额，有的年份则更多。美国电影还占据了英国 95%、法国 60% 的票房收入；2017 年全球电影票房共计 406 亿美元，其中，美国影视业巨头好莱坞电影公司贡献占比就超过了 80%；2018 年美国以 119 亿美元的票房成绩，刷新了有史以来年度最高总票房的纪录。在广播电视业方面，美国控制了世界 75% 的电视节目生产和制作，而在美国本土的电视中，外国节目的占有率只有 1.2%。根据有关数据显示，2016 年，美国有线电视产业总体规模 2 300 亿美元，占美国娱乐产业产值的 33%，人均超过 700 美元，占美国人均可支配收入的 1.8%。2017 年美国有线电视公司仅在美国本土的产值就高达 1 080 亿美元，这还没有把体育产业产值包括在内。①

（二）中国文化产业国际化发展现状

与新中国同步的新中国文化产业经历了三个历史时期。1949～1978 年为中国文化产业的奠基期，1978～2012 年为中国文化产业的繁荣期，2012 年至今，为中国文化产业的引领期。随着我国进一步推进经济结构调整，文化产业的地位和作用越来越重要，文化产业增加值占国内生产总值的比重不断上升。国家统计局数据显示，2018 年中国文化产业增加值占国内生产总值的比重为 4.3%，全国文化及相关产业增加值为 38 737 亿元，文化产业增加值的增长速度比同期国内生产总值（GDP）的增速高。同年，中央政府工作报告显示，过去五年间，中国文化产业年均增速超过 13%，几

---

① 根据《中国文化产业发展报告 2019》发布数据整理所得。

乎是 GDP 年均增速的两倍左右。①

然而从文化产业在国内生产总值的所占比例来看，2017 年中国文化产业仅占国内生产总值的 4.29%，而同年美国占比却达到了 26.10%。总的来说，尽管我国文化产业体量很大，但对国民经济的推动作用相对较弱。从中国文化产品对外贸易状况来看，从 2010 年到 2016 年 5 个主要文化产品（图书、期刊、报纸、录像制品及电子出版物）的贸易逆差上涨了 48.2%，中国文化产品和服务处于相对弱势地位，缺乏核心且具有高附加值的产品，呈现出文化贸易越发展，逆差却越严重的特征。②

四、中美文化产业国际化发展政策对比分析

本部分在分析国内外文化产业国际化发展现状的基础上，从顶层设计、文化贸易政策、法律法规、人才的国际交流与合作培养四个方面对中美文化产业国际化发展政策进行比较，分析两国文化产业国际化发展政策之间的差异。

（一）顶层设计

根据所涵盖的文化产业门类的不同，中国政府对文化产业部门进行了具体的细分，设置了不同层级的政府机构来进行文化产业的管理。各个机构各尽其职，有针对性的跟踪文化产业政策从制定到实施的全过程（见图 4-1）。

相较于中国，美国政府并没有在政治层面设立专门的国家机构来对本国文化产业进行管理，而是在整个国家的发展战略中纳入文化产业和文化贸易，同时与美国的政治、经济和外交政策相互呼应，再借助美国在全球的影响力起到进一步的促进作用。

（二）文化贸易政策

2002 年，中国共产党第十六次全国代表大会首次提出中国文化产业政策这一概念，此次会议也成为我国文化贸易政策发展的一个重要转折点。

---

①② 根据《中国文化产业发展报告 2019》发布数据整理所得。

产业分类 管理部门	影视制作	数字内容	动漫	广告	演艺娱乐	出版发行	印刷复制	文化会展	旅游业	体育产业	文化创业
部门1	国家发展与改革委员会（统筹全国各行业发展，包括文化产业）										
部门2	中宣部（侧重主导基本的社会意识形态）										
部门3	文化部（侧重具体的政策制定和实施）										
部门4		工业和信息化部	广电总局								
部门5											
部门6						新闻出版总署（版权局）					
部门7						国家民事事务委员会（管理民族部分）					
部门8						宗教局（宗教部分）					
部门9								文物局（管理历史文物部分）			
部门10									旅游局		
部门11										体育总局	

图4-1　跟踪文化产业政策从制定到实施的全过程

从一开始管理、规制文化产业到文化产业"走出去",中国文化贸易政策经历了从保守到开放的转变。每年国家针对国内文化产业及国际文化贸易领域都会出台一系列政策措施。其中,2014年3月国务院发布《关于加快发展对外文化贸易的意见》,标志着对外文化贸易被提升到国家战略的高度,随着"十三五"发展规划落地,文化贸易正式进入了国家战略规划。2016年,文化部出台《"一带一路"文化发展行动计划(2016—2020年)》,有利于构建与"一带一路"沿线国家和地区政府人文交流与合作平台,从而推动我国文化产业"走出去"。

与中国文化贸易政策方面强有力的规范和管束不同,美国联邦政府实行的是放松管制型政策。在美国国内,并没有制定文化产业及贸易方面的专项政策,美国政府致力于构建相对自由开放的文化市场,让市场进行调节优化。美国现行的文化贸易政策主要体现在文化产业及贸易领域提供大量优惠政策上,从财政、税收以及金融方面为文化产业及文化贸易提供大量优惠政策,给予专项资金支持,为文化产业发展营造自由的市场氛围。早在1917年,美国联邦税法就规定对非营利性文化团体和机构免征所得税,并减免资助者的税额,同时,美国政府还注重通过制定优惠政策,鼓励各州、各企业以及全社会对文化事业进行赞助和支持;当然,在营造相对自由的市场时,美国也在不断加大对其监督与管理,不断规范文化产业市场行为,倡导良性竞争。

(三)法律法规

由于我国文化产业立法较晚,对文化产业领域的法律支持力度略显不足。2010年"文化产业促进大法"首次提出,2015年正式启动起草工作,再到2018年两会期间被列入五年的立法规划,文化产业领域的"基本法"起草审议了9年的时间。2019年6月,文化和旅游部发布《文化产业促进法(草案征求意见稿)》,意味着我国首部关于整体文化产业领域的法律的立法工作取得重大进展,文化细分领域的法制建设不断完善,政策的着眼点逐渐由产业整体向产业中某个行业及某类行为进行转变,《公共文化服务保障法》《电影产业促进法》《公共图书馆法》等法律法规相继出台。

美国是世界首个文化立法的国家，在美国，文化产业也被称之为"版权产业"，这足以说明美国对于知识产权保护的重视。知识产权保护是文化产业崛起、发展的重要基础，美国由于建立了比较完善的知识产权法律体系，保障了文化产业的发展。1965 年通过《国家艺术及人文事业基金法》，明确规定了政府支持文化艺术事业的职责，2010 年 5 月，美国总统奥巴马签署《卫星电视扩张和地方性法案》，该《法案》有利于美国的电视节目传播到其他国家，拓展更加广阔的消费市场。另外《版权法》《专利法》《商标法》《反盗版和假冒修正法案》等详细法案极大地保护了企业知识产权，对文化产业起到了很好的保护和促进作用。

（四）人才的国际交流与合作培养

我国的文化创意产业处于起跑阶段，文化人才储备不足，国际人才交流与合作较少。即使是处于领军地位的北京，同样面临缺少文化产业人才这一问题。相关数据显示，纽约创意产业人才占工作总人数 12%，伦敦为14%，东京则达 15%，而我国不足千分之一，北京创意人才所占百分比仅为近 1%。同其他国家相比，我国文化产业可持续、高质量发展的原动力仍需提升。

美国文化产业在世界的迅速崛起还得益于其引进和培养了大量优秀文化人才。第二次世界大战后，美国依托强大的国际影响力在全球范围内网罗文化艺术人才，有统计显示仅在 1990～1991 年间，移居美国的文化界人士就超过 3 万人，其中 1 500 人为著名文化界人士，这些移民为美国文化产业发展作出了巨大贡献，如美国好莱坞不断从世界各地引入最优秀的演员、音乐创作者、电影制作人等，创作出大量经典影片。除了引进文化艺术工作者之外，美国还重视国内文化艺术人才的培养，不仅有超过 30 多家大学开设了文化管理相关专业，同时伴随着文化游戏行业的不断兴盛，美国一些大学也开始设置相关课程，如美国纽约伦斯勒理工学院就开设了游戏技术、动画制作等课程。这些举措都为美国的文化产业发展输入源源不断的人才资源。

第五章

传承与变革：英国创意产业的演进与发展

英国作为近代工业革命的发祥地，是世界上最早确立资本主义制度和生产方式的国家。英国历史文化底蕴深厚，世界著名的哲学家和文学家辈出。但第二次世界大战后，随着美国的崛起和英国的衰落，英国的昔日辉煌不再，英国的综合国力一蹶不振。与此同时，世界经济与科技发展迅速，而英国工业结构则不断老化，不断被其他国家甩在后面，经济增长率连续多年处于低水平状态，其国际经济总量处在世界的位置也在不断往后移动。

为此，为提升自身国际竞争力，迫切需要转型升级国家产业结构，英国政府自20世纪90年代以来，审时度势，积极传承与变革，英国在全球第一个提出"创意产业"概念，同时英国也是第一个运用公共政策推动文化创意产业发展的国家。在英国，文化创意产业现已成为仅次于金融服务业的第二大产业，其蓬勃发展帮助英国实现了从"世界工厂"向"世界创意中心"的转型，使得英国的发展模式从以制造业为主转向以文化创意产业为主。探索英国文化创意产业发展缘起及其成功经验对我国实现供给侧结构性改革以及产业结构优化升级具有极大的借鉴意义，同时也给我国文化产业的长远和健康发展带来若干启示和思考。

第一节　英国创意产业发展的缘起

英国通常将文化产业称之为创意产业，但是创意产业这一概念在最初提出的时候并不是当作一个独立的产业来看待的，创意产业的内涵与文化产业紧密相关，不过创意产业的外延要小于文化产业，创意产业主要专指可以通过知识产权的开发及运用的部分，其可以成为是文化产业的源头与主要推动力量。因此，学术界有部分学者将文化创意产业的核心理念总结为四个方面，也就是个体的创造力、具有一定的文化内涵、受到知识产权保护以及对财富有极大的创造能力。从理论的角度来明确该核心理念，将帮助我们深入学习和借鉴英国发展文化创意产业的成功经验。

创意产业发源于英国，也是英国文化产业中的亮点所在，这无疑是英国经济发展传承与变革的结果。"创意产业"的概念由约翰·霍金斯在《创意经济》一书中首次提出，他将创意产业界定为其产品受到知识产权法保护的经济部门。英国政府在 1998 年出台了《英国创意产业路径文件》，并将创意产业定义为"源于个人创造力、技能与才华，通过知识产权的生成和取用，可以创造财富并提供就业机会的产业"2001 年，英国政府于《英国创意产业发展报告》中明确提出将就业人数量、创意指数高低情况及产值增长情况作为划分创意产业的行业范畴界定标准。基于此标准，英国创意产业具体包括建筑、手工艺品、设计行业（产品、图形及时装设计等）、影视行业（电影、电视、广播摄影等）、计算机服务业（IT、软件计算机服务等）、博物馆和图书馆、音乐表演及视觉艺术、出版业、广告营销行业、互动休闲软件及服务外包等行业。

此后，在英国政府的引导和支持推动下，英国创意产业增加值占 GDP 的比重常年超过 7%，且每年都在不断增长。在英国从事创意产业的文化企业超过 10 万家，该行业的从业人员也高达 200 多万人，在英国就业总人数中的占比超过 8%。英国文化、媒体与体育部 2014 年发布的数据显示，创意产业每年可以为英国经济带来大约 714 亿英镑的经济收益，该数字相当于平均每小时英国就有 800 万英镑的经济收入。目前,英国创意产业已然成为英国重要战略经济增长点,显示出强硬的经济增长势头,成为英国六大战略性经济产业,甚至于 2004 年超过其传统的金融服务业,成为其第一大产业,① 实现了英国"创意达人"角色的转型。由此可见,创意产业现在已成为推动英国经济增长的强大动力,在增强英国的文化软实力,以及提升英国的综合国力,特别是提高英国的国际影响力等方面发挥着举足轻重的作用。

英国政府在 1997 年提出了与文化创意产业发展高度相关的"新英国"计划,该计划的主题就是推动文化创意产业的发展。由当时的英国首相布莱尔亲自担任英国创意产业特别小组的主席,从政府层面大力推动文化创意产业的调查、策划和进一步的继续推进。1998 年英国政府出台的《英国创意产业路径文件》,使政府开始真正发挥各类公共政策的作用,以此来推动英国创意产业的发展。同期,欧洲最大的两个创意中心就来自英国的伦敦和曼彻斯特两大城市。当前英国有着 3 000 多座博物馆和画廊,5 000多家图书馆以及 4 000 多家设计类或咨询公司,还有众多的自由设计师。英国音乐产业占到全球音乐产业份额的 15%,音乐销售市场位居世界前三。视频游戏行业市场份额占到全球市场的 16%,歌剧则享誉全球,伦敦西区与百老汇齐名,是美国众多音乐剧曲目的来源处。

一、创意产业总体经济贡献率

根据英国文化传媒艺术部(department for culture media)于 2018 年发布的《创意产业经济估算统计公报》(*Creative Industries Economics Estimates*,*Statistical Release*)显示,近年来英国创意产业在金融危机后发展迅速,产业规模持续扩大,贡献率不断得到提升,已然成为英国经济发展中的支柱产业(见表 5 - 1)。

---

① 在通过行业产值时,英国统计部门引入更为科学的 GVA(附加值总额)概念,即 GDP 减去税收加上政府补贴,统计出来的数值大约比 GDP 低 11%。基于此标准,英国文体部统计出的《2004 创意产业经济估算统计公报》,创意产业的整体经济贡献率占英国 GVA 的 8%,超过金融业的 5%,达 534 亿多英镑。

表 5 - 1   英国创意产业各行业经济增长情况

指标	经济增长值				
行业类别	2013 年	2014 年	2015 年	2016 年	2017 年
建筑（百万英镑）	3 687	3 897	4 017	3 927	4 127
博物馆和图书馆（百万英镑）	—	—	—	—	—
音乐表演及视觉艺术（百万英镑）	4 793	4 681	5 039	4 931	5 126
出版业（百万英镑）	9 312	9 634	9 827	9 017	9 934
广告营销行业（百万英镑）	11 067	10 934	11 237	12 304	11 937
影视行业（百万英镑）	10 574	10 234	10 293	9 634	10 039
IT、软件计算机服务（百万英镑）	31 356	30 298	32 679	33 698	34 029
互动休闲软件及服务外包（百万英镑）	6 301	5 924	6 207	6 401	6 097
手工艺品（百万英镑）	269	259	296	301	317
产品、图形及时装设计等（百万英镑）	2 231	2 014	2 563	2 375	2 613
创意产业增加值占经济总值比率（%）	5.31	5.07	6.38	6.09	6.8

资料来源：英国国家统计局，ONS Annual Business Survey。

二、英国创意产业经济增长率

近十年来，英国创意产业产值的平均增长率为年均递增5%，而同期英国国内生产总值的年均递增额不到3%，尤其是金融危机后，英国创意产业的经济增长值增长幅度大幅度提升，远高于英国国内其他行业的经济增长幅度，见表5-2。由表5-2可以看出，近几年创意产业的增加值增长幅度仅次于房地产业，达到了18.3%，而英国一些传统的优势行业则呈现出衰落之态，尤其是金融业，自金融危机后就一直处于挣扎之中，仍处于低迷徘徊状态。

表 5 - 2　　　　　　　英国创意产业与其他行业的经济增长比较　　　　单位：%

行业类别	2013~2017 年在英国经济增加值的比重（平均值）
创意产业	18.3
房地产业	25.6
信息与通信业	4.3
政府、卫生及教育	11.3
交通、住宿及酒店饮食业	2.7
专业设备支持	7.5
其他服务行业	10.36
农业、林业及渔牧业	-1.2
建筑	-6.7
生产	-2.7
金融保险业	-13.6
英国总体经济增长率	3.2

资料来源：英国 ONS 蓝皮书资料组（2018），htttp：//www. ons. gov. uk/ons/rel/naal - rd/united - kingdom - natioal - accounts/the - blue - book—2013 - edition/index. html。

三、英国创意产业相关产品出口情况

伴随着英国创意产业的发展，其出口产值也在不断增长，自 2011 年英国创意产业服务出口超过 155 亿英镑后，其占英国服务出口总额的比率不断攀升，见表 5 - 3。

表 5 - 3　　　　　　英国创意产业服务出口情况（2013~2015 年）

行业类别	创意产业服务出口总额		
	2013 年	2014 年	2015 年
建筑（百万英镑）	378	403	396
博物馆和图书馆（百万英镑）	—	—	—
音乐表演及视觉艺术（百万英镑）	302	298	311
出版业（百万英镑）	1 308	1 298	1 372

行业类别	创意产业服务出口总额		
	2013 年	2014 年	2015 年
广告营销行业（百万英镑）	2 071	2 137	1 952
影视行业（百万英镑）	4 031	4 637	4 713
IT、软件计算机服务（百万英镑）	7 039	7 394	6 816
互动休闲软件及服务外包（百万英镑）	596	631	709
手工艺品（百万英镑）	—	—	—
产品、图形及时装设计等（百万英镑）	207	196	217
创意产业出口额占英国服务总体出口总额比率（%）	8.2	9.2	8.3

资料来源：英国国家统计局，ONS Annual Business Survey。

四、英国创意产业各行业发展概况

如上所述，英国创意产业行业范围较广，可涵盖建筑、手工艺品、设计行业（产品、图形及时装设计等）、影视行业（电影、电视、广播摄影等）、计算机服务业（IT、软件计算机服务等）、博物馆和图书馆、音乐表演及视觉艺术、出版业、广告营销行业、互动休闲软件及服务外包等行业。这些行业可归类为创意服务大类、创意产品大类以及创意艺术大类。

（一）创意服务大类

创意服务大类主要涵盖 IT、软件计算机服务、创意设计以及广告、音乐、建筑等行业。计算机软件服务与游戏业近十年来在英国发展迅速，增长速度基本上以10%的速率增长，是英国众多创意产业行业中增长速度最快的，就业人数也是最多的，高居英国十大就业行业之首，比就业人数第二的信息技术战略规划专家要多一倍多。随着网络技术的不断发展，互动休闲软件业的市场规模也在不断增大，无论是网络游戏业的市场规模，还是其从业人数，以及其所创造的产值、出口额、年均增长率均处在创意产业各行业前列，而这也就造就了英国游戏业已然成为欧洲最大的游戏生产基地。设计业同样也是英国创意产业出口规模最大的产业之一。英国的设计行业包括平面设计、手工艺术设计、时尚设计、工业制造业设计以及多媒体设计、平面设计等，其设计时尚特点领先于全球，设计师则大多是享誉全球的设计大师。作为英国创意产业的核心之一，英国音乐产业号称"无烟产业"，一直以来颇受各个政党的青睐。自 20 世纪 80 年代以来，无论是哪个政党执政，基本上都会大力扶持音乐产业的发展。在政府大力扶持下，英国音乐产业中无论是制作公司还是音乐制作技术，都得到了十足的进步。在制作公司方面，英国的百代（EMI）和维珍（virgin）能够与美国的华纳和奥特斯曼、加拿大的宝丽金（polygram）、日本的索尼不相上下，统领全球音乐制作方向，市场份额占到全球音乐市场规模总值达到 4/5，其他制作公司仅仅是 1/5。在音乐制作技术方面，三大关键技术音序器（sequencers）、音乐设备数字接口（MIDI, musical instrument digital interface）和取样器（samplers）获得有利的技术支撑环境，促使了音乐产业逐渐工业化和科技化。比如在音乐下载方面，当前欧洲最为成功的音乐下载公司就是来自伦敦的 OD2 公司，其旗下共有 36 家网上子商店，市场份额丝毫不输于来自美国的音乐软件下载霸主 Napster 和 iTunes。同时，英国政府还很注重培养全国音乐浓厚氛围，通过设立类似"全国音乐日"和"音乐产业论坛"等诸多形式来培养民众的音乐情感。在财政税收政策方面，英国对于音乐产业中各个领域进行诸多减免政策，甚至免税，对于出版物更是直接财政给予支持。而对于音乐产业发展最为关键的知识产权保护方面，政府则更为强调个人专利保护。因此，近年来英国音乐产业出口显著增长，基本上每年能够给英国带来 30 多亿美元的创收，在全球出口地位及影响力方面仅次于美国。广告业是英国发展较早的行业，早在 15 世纪时，英国就有出现印刷广告的萌芽，而到了 17 世纪时，相继出现了报纸广告和杂志广告，继而出现了广告代理商。18 世纪时，英国开始对广告征收税收。进入 19 世纪后，英国工业化进程不断增速，广告业同样获得了长足的发展。当前，英国广告媒体形式多样，有各种类型的广告及新技术媒体广告，广告公司规模也不断扩大，其中以 WPP 集团为代表，在全球广告业中基本上都属于佼佼者。在建筑业方面，英国的建筑风格多样，有哥特式厚重风格设计伦敦塔桥和千年穹顶的案例等。

（二）创意产品大类

创意产品大类主要涵盖出版业、影视行业以及设计时尚业等行业。英国出版业主要是体现在其报刊类。因为英国人比较喜欢通过读报来了解国际和国内时事新闻以及相关内容，基本有 3/4 的英国人会读一份日报，有 1/3 的人会读一份晚报。目前英国从事报刊的企业数目较多，有着 150 多份日报，上千份周报，接近万种期刊。而受众群体的数量众多，涵盖各个阶层，这也造就了英国报刊的销量远高于西方其他国家。随着网络技术的不断进步以及受众群体阅读习惯的改变，英国的出版业也迎来了低潮期，直到 20 世纪 90 年代，英国软件公司通过开发桌面出版（desktop publishing，简称 DTP），又称为台式刊印软件，极大地节约了刊印成本，也提升了效率，促使了英国出版业竞争力领先于其他西方国家。英国的广播电视业一直以来是英国传媒的一大优势，类似 BBC 传媒企业知名度一直位居世界前列。由于广播是宣传的有效手段，英国政府对于广播公司大力支持，着重提升其规模，以此来提升英国的国际影响力，便于英国政府掌握话语权。在影视行业，英国电视业早年实行的管制政策，限制了其发展，但自 20 世纪 90 年代以后，英国开始仿照美国那样，放松通信监管，提升有线电视的渗透率。目前，英国电视台大大小小有 60 多个，每年的电视剧拍摄集数也领先于欧洲其他国家。电影产业方面，虽然英国电影无法跟美国相比，但在拍摄基地上英国有着其独到之处。类似伦敦已然是全球第三大电影摄制中心，莱斯特广场则是众多著名的影院聚集地。广场里既有大型的电影娱乐城，也有小型的电影院；既有放映商业电影，也有放映纯艺术电影等，以此满足不同电影爱好者的需求。

（三）创意艺术大类

英国创意艺术大类主要包括艺术品、手工艺术品及表演艺术等方面。作为莎士比亚剧主要创作之地，英国的歌剧一直是其主要特色，除此之外，英国的表演艺术产业结构多元趋势明显，还包括类似芭蕾舞、现代舞等各类舞蹈，话剧和音乐剧等。这些文艺作品从创造、制作，以及道具、灯光的设计和生产基本都形成了一个较为娴熟的产业链条，而由此也辐射到周边行业，包括旅游餐饮业以及众多表演娱乐活动。这些表演艺术活动不仅创造自身价值，辐射周边产业，形成一个浓厚的商业圈，同时也带动了就业群体范围的不断扩大。因此，从事表演艺术的公司不仅有大型的艺术商业公司，也有公益组织或者个体经营的小型艺术团体。当然大部分规模较小的艺术团体都会得到政府的支持和资助。作为老牌资本主义国家，英国也是世界上第二大艺术品及古玩拍卖市场，有着历史悠久的佳士得拍卖行和苏富比拍卖行，还有众多新生拍卖行。这些拍卖行大多久负盛名、有着世界顶尖级水平及专业资格认证。这些拍卖行的拍卖产品类别繁多，且来源地多样，既有名人字画、陶瓷、珠宝，也有手表、古董，甚至红酒也有拿来拍卖。艺术风格多样，不仅有英国维多利亚时期的，也有中古时期的。既有来自欧洲大陆的，也有来自中国、印度等亚洲国家。而且众多拍卖行大都集中于伦敦市中心的邦德街，再加上周边不计其数的画廊以及博物馆，每年吸引着众多爱好者前往这里游览消费，不仅带动了餐饮住宿行业的发展，也催生了艺术品鉴别、托运、修复以及保险等行业的繁荣。因此，在某种意义上来讲，这些艺术品市场所产生的经济效益远远大于其他类型的创意产业。英国手工艺产业相对于其他创意产业而言，规模相对较小，行业类别繁杂且多变，从业人员流动性过大，统计资料数据相对较为缺乏，但这一行业目前从业人数也在不断提升，尤其是众多大学课程设置里也把选修工艺品相关课程纳入课程体系中，使其工艺技术的推广及人才梯队的建设得以保障。

第二节　英国创意产业发展的基本特征

英国创意产业的发展在推动英国经济增长中起到了举足轻重的作用，其发展主要呈现出以下几个方面的基本特征。

一、创意产业的增长率远高于总体经济增长水平

通过分析历年来英国所做的 *Creative Industries Economic Estimates Statistical Bulletin* 报告可知，近 10 多年来，英国的总体经济增长大约为 70%，

而同期英国创意产业的增长约为93%，这充分证明了英国经济实现了从制造型为主向创意服务型为主的转变。进入21世纪以来的十多年间，英国创意产业的平均年增长率大多高于5%，其增长速度位于全球首位。根据2016年英国数字文化及媒体部（Department for Digital, Culture, Media）公布的英国最新《创意产业经济评估》报告显示，其增加值总额（gross value added）已经达到了841亿英镑，占整个英国经济的5.2%。创意产业中的软件、电子游戏和电子出版业的增长幅度最大，已经达到了9%，而考察同期整个英国经济的增长水平可知，其年增长率也仅仅为3%。从当今发展状况来看，英国现在已经成为全球各国中创意产业占GDP的比重最高的国家。

应该说，创意产业所产生的经济效应深入植根于英国的国民经济之中，有利于促进英国经济结构转型升级，增加国家税收，提升国民经济收入，进而提升了众多制造业部门的员工福利，激励企业创新。同时，对于英国这一已然没落的老牌资本主义国家，创意产业的发展还有助于复兴其相对落后的偏僻农村地区和城市地区，推动政府专门出台政策来保护国家的历史文化遗产。就以英国创意产业对其国内经济增长的贡献率来看，见表5-4，以其对英国国内GVA增加值（gross value added）的贡献指数进行一个横向比较。

表5-4　　　　　　　创意产业各行业对GVA的贡献值

行业	2015 年		2016 年	
	GVA（百万英镑）	占英国总的GVA百分比（%）	GVA（百万英镑）	占英国总的GVA百分比（%）
建筑	4 036	0.21	4 134	0.23
博物馆和图书馆	—	—	—	—
音乐表演及视觉艺术	5 034	0.39	5 137	0.42
出版业	13 067	1.07	12 937	0.96
广告营销行业	8 306	0.63	8 691	0.59
影视行业	6 786	0.42	8 931	0.62

行业	2015 年		2016 年	
	GVA（百万英镑）	占英国总的GVA百分比（%）	GVA（百万英镑）	占英国总的GVA百分比（%）
IT、软件计算机服务	1 364	0.08	1 937	0.06
互动休闲软件及服务外包	2 037	0.09	2 361	0.07
手工艺品	—	—	—	—
产品、图形及时装设计等	3 069	0.12	3 964	0.15

资料来源：DCMs. Creative Industries Economic Estimates（8 December 2017）［R］. 2017，7。

由表 5-4 可以看出，英国创意产业中各个类别行业对于英国经济发展均起到一定程度的贡献，由此可以判断出英国的经济结构日趋多元化，同时也催生了各个行业的就业种类。比如隶属于出版系统下各个职位就可以涵盖报纸、杂志及新闻记者等众多编辑，各种运营系统软件的生产、运营及维护等各种职业，还有众多美工设计师等。正是从这种意义上来讲，英国的创意产业发展在一定程度上催生了日趋没落的工业城市，促使工业城市积极转型为文化创意城市，重获发展空间。例如，英国除了伦敦之外，曼彻斯特也是一个大型的文化创意城市，尤其在进入 21 世纪之后，其积极由以往传统的工业城市转型为创意之都，制定了五大主题发展战略：文化之都、文化大众化、文化营销、文化经济和文化学习等。由此可见，创意产业对于经济的贡献，除了直接经济增加值的贡献，更多是来自其辐射到各个行业中，带来相关产业的繁荣与发展，并逐步提升全民的文化素质，达到整体社会发展能力提升的效果。

二、创意产业出口额增长迅速，海外影响力不断扩大

2007 年，英国创意产业的年度出口额达到了 166 亿英镑，这一数字大约占英国总出口的 4.5%，软件与计算机游戏及电子出版物是其中出口额最大的几类产品，合计达到 49.6 亿英镑，占全部创意产业总出口额的

31%。音乐产业年产值约达 50 亿英镑，其中出口约 13 亿英镑，净出口收益比英国钢铁工业还要高；2008 年全球销售成绩最佳的前十张专辑中，有四张出自英国音乐家。根据 UNCTAD 公布的最新统计数据，2015 年英国创意产品的出口额达到了 231.7 亿美元。从历史上来看，英国在很长的一段时间以来一直是全球文化发展的引领者，英国文化创意产业至今仍致力于扩大其海外影响力。英国充分利用其建立的"非凡英国推广计划"以及与英国贸易投资总署（UKTI）合力推动全球文化出口计划，既可以为英国创意产业创造新的贸易机会，又可以通过文化交流和创意产品贸易增强英国文化的海外影响力。①

三、英国从事创意产业的企业和人数众多，就业规模庞大

创意产业在为英国创造了巨额利润的同时，也带来了大量的就业机会，产生了巨大的社会效益。从创意产业整个行业运作环节来看，一条完整的创意产业链条不仅需要高素质、高水平的技术职工以及专业人才，同时也需要大量的劳动力，类似资料收集及加工、制作、编排等人才。可以说，创意产业不仅是知识密集型产业，同时也是劳动力密集型产业。虽然各个国家对创意产业的统计存在着一定差异，导致统计就业人数与实际就业人数存在较大偏差，但总体上对整个社会的就业率都会产生较大的推动作用。截至 2015 年，英国大约有 257 400 家创意企业在跨部门商业注册机构 Inter—Departmental Business Register（IDBR）登记。在所有从事创意产业的企业中，约有 2/3 的企业集中在两大创意行业：软件与计算机游戏及电子出版业（75 000 家）、音乐与视觉及表演艺术业（31 200 家）。1997～2007 年间，英国从事创意产业的人数从 160 万上升至 200 万，年均增长率为 2%，目前这一发展态势依然强劲。根据 2016 年英国数字文化及媒体部（Department for Digital，Culture，Media）公布的《创意产业经济评估》报告中的统计数据显示，在英国创意产业中就业的人数达到了 180 万人，大约占全国总就业人数的 6%。在经济比较发达的中心城市，如伦敦等地，

---

① NESTA（Peter Higgs，Stuart Cunningham，Hasan Bakhshi）. Beyond the Creative Industries：Mapping the Creative Industries（London EC4A 1DE）［R］. 2013：5.

创意产业所需的人才集聚更为明显。英国创意产业在创造就业岗位和推动就业方面发挥了巨大作用，创意产业在 2011～2016 年间的就业率提高了25.4%（约合增加了 40 万个工作岗位），这一数据远高于全国 7.6% 的平均增长水平。就创意产业内部各个行业类别来看，IT 软件及游戏行业的从业人数增长最快。据统计，从 1990～2012 年，其增加幅度达到年均6.5%，而且 2012 年增长比例是 1990 年的十倍左右。随后是广告营销业和音乐表演艺术行业。其中音乐表演艺术在英国创意产业从业人数所占比重是最为稳定的，一般都处于 10% 左右水平。[①] 而且相比于其他行业，创意产业不仅会创造大量的就业机会，其更使得从事创意产业类工作的人员获得较大的满足感，在工作的同时也在不经意间感受到文化的情感熏陶，轻松愉悦地投入到工作过程中。可以说，创意产业对于个人身体健康及心理发展有着莫大的鼓舞。

四、英国创意产业推出的创意设计在全球范围内得到广泛认可

相比于其他产业，创意产业还有着其强大的文化宣传功能，往往能够依托现代传媒技术，以各种方式进行传达其宗主国所承载的文化。而且这种文化传承贡献往往不显山露水，形式也不拘一格，受众群体往往会在潜移默化中深受影响，直至认可、支持这种文化。比如"哈利·波特"系列的文化创意产品在海外市场获得了巨大的成功，成功实现了作品的国际化，此类创意设计为英国打造了若干享誉全球的国际文化品牌。与美国的文化产品相似，越来越多的跨国公司获得英国创意企业的授权，或者通过英国的专业设计，来建立国际品牌，进一步打入海外消费市场。雅玛哈和三星等国际知名企业都在英国设有自己的设计和研发中心，这些跨国企业利用英国本土的创意人才设计出极富创意的产品。全球许多知名品牌的创意设计灵感来自英国的创意人才，例如，苹果的音乐产品 ipod 的设计灵感就来自 Rober Brunner 等设计师、宝马公司旗下的 Minicooper 车型四人装载的创意设计最初就来自于英国设计师阿历克·艾斯戈尼斯。应该说，英国

---

① NESTA（Peter Higgs, Stuart Cunningham, Hasan Bakhshi）. Beyond the Creative Industries: Mapping the Creative Industries（London EC4A 1DE）[R]. 2013: 5.

创意产业的成功也给英国文化走向全世界提供了一个有利契机，也在全世界宣扬着英国独有的英伦风格。例如，英国的音乐、戏剧、摄影艺术深入世界各个国家，让更多的人了解英伦文化，并渗透到各个国家民众生活中去，使得英国文化形象获得更多人的认可。

第三节　英国创意产业发展的经验及其趋势

概而言之，英国创意产业的迅猛发展，主要得益于以下有效措施：

一、通过明确而完善的政策保障，促进了英国创意产业的发展

英国政府当前的创意产业政策是现今全球创意产业构架最完整的。英国自 1998 年就推出了首个有关创意产业的政策性文件《创意产业路径文件》，明确提出了创意产业的概念及其产业分类，在此文件中提出为了支持本国创意产业，英国政府在财政扶持、知识产权保护、文化创意产品出口、从业人员的技能培训等几个方面应该做出努力；在此背景下，英国政府专门成立了"创意产业特别工作组"由时任首相布莱尔亲自担任负责人，小组成员涵盖财政部、文化部、贸易和工业部、教育就业部、环境、交通和区域部等，同时也把各个相关的大型企业负责人和社会知名人士纳入进来。该小组提出要把英国由"世界工厂"改变为"世界创意中心"的目标，全方位提升英国创意竞争力，实施统一方针为协调各个政府部门资源，避免了各自为战的混乱现象，形成合一，统一管理，为创意产业发展奠定了良好基础。此后 1999 年英国发布了《地方的发展维度》，对全国文化创意产业的地方性发展规划做了安排；2000 年又发布了《未来十年》，从扶持个人创意、提倡创意生活、教育培训等方面探讨如何帮助公民发展以及享受创意带来的便利和好处；2004 年发布的《创意产业经济评估》统计了创意产业的就业人数、进出口贸易额等数据，并评估了英国创意产业的发展状况；2008 年为实施"创意英国"的发展战略，主管创意产业的英国数字、文化、媒体和体育部（DCMS）发布了《新经济下创意英国的新

人才战略报告》，提出了 26 条包括人才培育在内的促进建成"全球创意中心"的行动计划和相应目标。综上所述，英国的创意产业的发展历程基本上是受到政府的激励性政策所带动的，并且现已形成了连贯而稳定的政策支撑体系。这些激励政策不仅对英国创意产业进行了全面规划和布局，制定出创意产业远期发展战略，而且还提出了具体可行的行动策略，以此保证英国创意产业的稳定发展。

英国创意产业的蓬勃兴起和发展壮大告诉我们，创意产业的发展是离不开政策保障的。由此可知，创意产业的发展应具体地纳入经济发展计划和战略中，并制定相应的政策扶持措施以引导和鼓励我国创意产业的发展。另外有必要成立一个多部门联动的权威机构，专门负责创意产业发展的战略规划，进行文化行业的宏观指导，实施多部门协调及产业管理。

二、健全的法律法规，保障了英国创意产业的发展

早在 1709 年英国就颁布了《安娜女王法令》，这被认为是知识产权保护制度的鼻祖。此后，英国先后颁布过 1814 年《版权法》、1842 年《版权法》、1911 年《版权法》、1956 年《版权法》，1949 年《注册外观设计法》、1968 年《外观设计版权法》、1988 年《版权、外观设计、专利法》。经过 300 多年的建设，形成了以《版权法》为核心的知识产权法律保护体系。同时，英国还于 1993 年颁布了《彩票法》、1996 年颁布了新的《广播电视法》，1996 年后又陆续颁布了《电影法》《著作权法》和《英国艺术组织的戏剧政策》等。英国对创意产业的保护已经比较完善，无论是从立法还是执法及处罚等方面都已十分完善，这就为创意产业相关的知识产权提供了强有力的法律保护。另外，英国对政策法规的执行机构也做了明确规定，明确提出分管创意产业的 DCMS 部是英国创意产业知识产权保护的主要执行机构，该机构的专利办公室和贸易产业部联合建立了"创意产业知识产权论坛"，全面负责推动创意产业新商务模式以及知识产权的教育与交流。另外，英国还建立起独立的知识产权网站，可以给使用者和创作者提供有关版权、商标、专利和设计等信息，以此促进资讯的流通，并且用来宣传知识产权保护的相关知识、方法和法规。

英国在立法和执法方面的做法启示我们，要适应创意产业的发展需要，及时修订完善法律，通过完善的法律法规，构建起适合创意产业发展的制度环境，为创意产业的长远发展保驾护航。创意产业的发展对立法提出了新的现实要求，虽然自改革开放以来我国在知识产权保护方面的立法和执法在不断进步，并逐步与全球接轨，但当前盗版时有发生、模仿抄袭等侵权现象仍屡见不鲜，这对我国创意产业的健康发展极为不利。因此，我国要对创意产业的知识产权保护设定明确的法律规范。与此同时，还要有具体负责创意产业发展的知识产权保护管理机构，以便其对创意产业的知识产权事务进行管理，促进创意产业发展。

三、各类复合型创意产业人才对英国创意产业的发展构成了强有力的支撑

创意产业的发展首先需要在培养创意人才上下大力气。英国政府的观点认为，艺术教育可以启发人的思维，在提升个人综合素质和创造力方面作用重大。因此，英国的学生从 12 岁开始一直到读大学期间都要学习相关设计理念，而且一般都是邀请专业领域的相关专家学者来授课。其次是英国所实施的人才再造工程。英国教育机构经常会根据业界的最新需求增设与创意产业实践接轨的各类新课程。以英国产业技能委员会的做法为例，其曾在各类高校为电影、电视和多媒体行业的人才需要实施了 3 年期的人才再造工程，总共提供了上百种实践性课程，使大约 66% 的影视业以及大约 24% 的多媒体业从业人员达到了研究生水平，有效提高了此类行业的创新潜能。英国政府在 2000 年成立电影委员会，下设多项艺术类基金，每年投入 100 万英镑于创意产业教育培训，并推出"星光计划"来吸引众多青少年参与电视电影制作活动。并且鼓励政府部门与高校合作，比如文化传媒部就与伦敦各所大学合作成立"创意产业高等教育论坛"，邀请政府部门工作人员、大型文化艺术企业负责人以及众多影视编剧，就英国创意产业的发展及人才培养展开多领域、多方位交流。最后是资助机构所开展的大众教育。英国政府拿出资金支持部分专业机构或协会，例如，艺术委员会，让这些协会来支持大众的艺术教育。英国艺术委员会常规资助的各类

机构绝大多数都有艺术教育的功能，大约 33 万青年人被纳入了创意合作伙伴计划中，大约 3 000 个学校在音乐、舞蹈、戏剧、艺术和设计等学科设置了艺术学分。为了方便英国民众的学习和提升，英国政府还资助成立了"人民网络"计划，在该项计划的帮助和支持下，英国各类公共图书馆都开通了互联网终端给用户使用。此外，英国还在全球范围内广泛吸收国际资本和国家创意人才，使越来越多的创意要素汇聚到英国，为英国创意产业的发展打下坚实的人才基础。此外，为进一步激发民众文化素养和后备人才储备，英国政府实行了博物馆、艺术馆和美术馆在一定时期内对学生免费开放政策，让学生感受到形象生动的文化艺术教育，将数量众多的、馆里资源丰富的文化艺术遗产转化为能否取之不竭的艺术教育资源。

作为一个新兴产业，创意产业发展本身不是孤立发展的，而是应与其他行业共同协调进步的。创意产业人才培养也应是政府部门、企业及社会三方共同协作。因此，英国政府鼓励众多民间艺术家走进学校中，与众多学校合作参与艺术教育。学校可据此向政府申请专门资金，给予这些民间艺术家一定报酬。例如，英国文化传媒部就于 1999 年牵头实施创作伙伴计划，通过各地民间艺术文化机构与学校实行文化活动，以现场教学与课程规划教学的方式提升学生学习兴趣，培养学习艺术创造力，为学生提供广播、电影、互联网电视、舞蹈等创作制作技能，从而为创意产业发展储备人才。

英国创意产业发展的经验启发我们，创意产业要发展，人才是其中的关键要素。当前我国创意人才的培养受原有教育机制（如忽视艺术教育）的影响，无法适应现今我国创意产业发展的现实需要，高端创意人才的匮乏已经成为我国创意产业进一步发展的瓶颈。因此，各类政府和民间智库要为培养创意人才献计献策，注重校企结合，通过各类院校和创意产业各主体的配合与联姻，使创意产业相关的产学研能够深度结合，从创意产生的源头抓起，从社会对创意的需求抓起，大力培养此类创意人才，构建起一整套人才培育的长效机制，建立科学合理的创意认证制度，同时还要营造能够吸引全世界创意人才的良好氛围。

四、融资渠道畅通，资金扶持有力，是英国创意产业发展的成功经验

英国创意产业由文化传媒、贸工和外交三个部门来协同管理，它们出版了相关手册，指导了创意产业中的企业或个人从金融机构、政府部门获得投资援助，解决创意产业发展的资金问题。英国创意产业获取融资的渠道主要有两种，公共资金和私人投资。公共资金来源主要包括国家科学与艺术基金会、英国电影协会、艺术协会和高校孵化基金；此外还有贸工部在地区发展局下建立的创意产业特殊基金、西北地区发展基金及伦敦种子基金、西北地区种子基金、早期成长风险基金等；政府设立的高科技基金和苏格兰企业发展基金也为创意产业提供融资。除了政府的融资支持外，英国的私人资金也为本国创意产业的发展提供了大量资金支持。公共基金、银行贷款和私人基金成为英国创意产业融资的创业资金网络。①

英国的创意企业获取资金支持的渠道多样，能够得到广泛的融资扶持，这是其持续发展的重要保证。除此之外，英国历届政府对其图书、报纸及相关出版业未征收过任何增值税，保障图书及相关出版物处于零税率状态，通过上述这些做法，来扶持这些相对利润较低行业，为其营造长期稳定发展的市场环境。而对于影视行业，英国政府同样给予了税收优惠。从 2006 年开始，英国电影公司制作电影成本如果在 2 000 万英镑以上的，可以获得在英国花费成本 18% 的税收优惠，更大成本则相应优惠更多，这极大地降低了电影投资的风险。而且，对于影视行业所需的资金，英国政府也通过其他创作方式进行资助。如英国政府于 1994 年通过开办国家彩票，通过彩票业创收的 28% 收入，用于资助创意产业发展，以此来保证创意产业发展所需资金。我国虽然在 2009 年发布了《关于金融支持文化产业振兴和发展繁荣的指导意见》，但我国支持创意产业发展所需的资本市场仍需不断完善，创意产业是更多依赖政府投资支持的投资机制。纵观英国创意产业的快速发展可知，这与其健全的投融资支持制度是紧密连接在

---

① 吴丽萍. 英国创意产业发展现状与经验启示 [J]. 发明与创新，2012（7）：25 - 27.

一起的。因此，我国在指定创意产业发展策略时，应当考虑从政府资金扶持、创意产业基金设立、银行信贷制度和产品创新、民间投资引入、资本市场支持等方面构建起来相对完善的创意产业金融支持体系。同时，为推动我国创意产业金融体系的顺畅运行，还应根据创意产业发展的实际建立起相应的信用机制、约束激励机制和创新机制。

英国创意产业的发展，愈发重视和强调品牌效应，注重特色经营，突出主打产业。创意产业呈现出集团化发展、全球化经营、专业化运营、市场化运作等发展趋势。近年来，随着数字经济的不断兴起，英国政府也积极推动"数字英国"战略。随着数字化技术不断渗透到各个行业中，创意产业的生产流程发生了较大地转变，不仅创作过程缩短了，而且创作成本也降低了很多。因此，英国政府于2009年就提出了《数字英国》发展报告，并于2010年通过《数字经济法案》，明确提出要增强数字经济参与力度，更新其落后的通信基础设施，并更新其法律法规架构，并通过更为严格的法律法规使数字内容得以健康的发展。

第六章

革故鼎新：日本动漫游戏产业发展的新趋向

　　动漫是动画和漫画的集合，是"创意"形象化、内容化的表现。动漫产业是文化创意产业的重要类别，具有高附加值、低污染的特性，其相关产业涵盖电子游戏、玩具业、Cosplay 产业等衍生产品的生产经营行业，有着广泛的发展前景，被称为"朝阳产业"。当前，我国政府已然将动漫游戏产业作为重点扶持的文化产业，助推其充分发展。其中日本的动漫产业发展具有代表性，值得深入研究，像柯南、蜡笔小新、海盗路飞等动漫形象已经作为一种文化符号影响着一代又一代动漫爱好者，甚至形成一种Cosplay 文化潮流，所产生的经济价值显然更为庞大。

第一节　日本动漫产业发展的历史与现状

一、国际动漫产业发展的基本格局

　　从全球范围来看，动漫产业凭借其经济及文化效益逐渐成为世界各国关注和大力发展的重点产业。但各国起步时间及发展力度的差异使得动漫产业的发展水平存在差距。根据动漫产业竞争力的差异，可以分成三个格局：美国、日本及韩国为第一阵营，以英法为代表的欧洲国家为第二阵

营，第三阵营为包括中国在内的其他国家。① 美国动漫产业起步最早、市场基础良好，凭借长期的市场化运作，形成了一套成熟的产业运作体系。美国动漫产业在其80多年的发展历程中，所创造的以影片为基点销售电影相关产品，通过二者的结合，形成一条完整的产业链，不仅给美国带来巨大经济价值，也给全世界带来一种全新的文化经营理念。② 但经过2008年的金融危机后，美国的实体经济受到很大的影响，国内动漫市场也在不断萎缩，这就迫使美国动漫产业进行转型，寻找一条转型升级的道路。因此，近年来美国的动漫产业把重心转移到电影动漫产业，对其产业链进行调整。即依靠其雄厚的资本优势，应用高科技数码打造精品电影动画，抬高电影动漫业的竞争门槛，并塑造了一系列经典的动漫形象，进而面向全球推出一系列衍生产品。在此过程中，形成一条从动漫策划、创作、投资到生产管理、外包加工、出版发行等全球资源性产业协作链。③ 这也就促使美国动漫产业马上迎来了第二春，实现了动漫出版与电影工业的有机结合，产生了类似《复仇者联盟》等系列动漫电影改编产品，带来了更大的经济价值，即使在日本动画风起云涌的时候，也没能动摇美国在动画制作方面的霸主地位。在日本，动漫产业已逐渐成为推动经济发展的支柱产业。日本已然成为仅次于美国的动漫产业大国，而且作为与其他产业关联度较高的产业，动漫产业的发展进一步带动了相关产业的发展并逐渐形成了一条完整的产业链，共同助力日本经济的发展，而且其衍生产品产值是动漫内容产业产值的4倍。韩国动漫产业属于后起之秀，以代工起家。借助代工积累的经验及韩国政府的扶持政策，韩国动漫产业在2002年迎来了历史性的转折，自主创作的动漫总产值超过了代工总产值。韩国动漫产业开始了总体实力迅速提升的进程，进入动漫第一阵营。我国动漫创作的起步并不晚，但长期以来的观念及动漫定位，使得动漫创作市场意识薄弱，处在一种有行业无产业的境地，导致我国动漫播映及衍生品市场长期被美日等动漫强国占据。总体而言，美国、日本、韩国动漫游戏产业各有各的发展特点，具体见表6-1。国内动漫受众受美日动漫产品品牌、企业品牌

---

① 谭玲，殷俊. 动漫产业 [M]. 成都：四川大学出版社，2006：35-43.
②③ 方忠. 我国动漫产业赢利模式研究 [J]. 内蒙古农业大学学报，2009（2）.

或是创作者品牌的影响对其保有着很高的忠诚度，使得本土动漫即使在国内动漫市场也面临着巨大的挑战，在国际动漫竞争中更处在劣势。直到2004年，国家广播电视总局印发了《关于发展我国影视动画产业的若干意见》，动漫产业的发展才正式在国家层面得到了支持和鼓励。该意见明确提出培养现代动漫企业，建立动漫产业链，提升我国动漫产业发展水平。但由于我国动漫产业化的进程起步较晚、市场机制不完善、产业运作模式还不成熟，其总体实力与处在第一、二阵营的国家相比存在较大的差距。由美国、日本等国动漫产业的发展进程来看，动漫产业的发展不仅可以带来经济效益，更会进一步传播文化理念、从思想上同化其国内外动漫产品受众。例如，动漫产业对日本来说，不仅是国民经济的支柱性行业，更是在推动日本国际化的进程中肩负着"桥头堡"的作用。[1] 为了紧跟国际文化经济发展趋势以及动漫产业发展新潮流，我国出台了多项深化文化体制改革、扶持文化产业发展的政策，从体制、税收、金融等方面为动漫产业的发展构建良好的政策环境。同时，经济规模的扩大，为动漫产业投融资提供了资金支持；居民收入水平的提高，则奠定了动漫消费的物质基础。此外，科技的进步催生了各种新媒体，三网融合更是推动信息技术与包括动漫产业在内的文化创意产业的融合，为动漫产业的发展提供了技术支撑。

表6-1　　　　　　　　美国、日本、韩国动漫游戏产业比较

	美国	日本	韩国
发展模式	技术支撑、产业链延伸模式	内容创新、成本领先模式	国家引领扶持、政策引导
市场基础	国内外市场	国内外市场	国外游戏市场
产业支撑	电影动漫改编	电视动漫延伸	网络游戏

资料来源：方忠. 我国动漫产业赢利模式研究［J］. 内蒙古农业大学学报，2009（2）。

---

[1]　金元浦. 动漫创意产业概论［M］. 北京：高等教育出版社，2012.

二、日本动漫产业发展的历史回顾①

(一) 日本动漫产业的起步阶段 (20 世纪 20 ~ 60 年代末)

20 世纪 20 年代左右,日本动漫产业初见端倪。当时的动漫产业是"动画"与"漫画"的产业融合,其开端是以漫画作品被改编为影音作品为标志。日本第一部动画片《芋川掠三玄关》在 1917 年诞生,随后于 1933 年诞生的《力与世间女子》是日本的第一部有声动画片,这两部动漫电影的产生,是日本动漫产业发端的标志。1923 年著名影评家小村正二开始关注动漫电影,认为动漫电影将成为电影的一个重要类型,并对动漫电影进行定义。1960 年日本推出了经典的动漫作品——《铁臂阿童木》,这是由手冢治虫创立的虫制作公司的作品,是日本第一套长篇电视动漫作品,在世界动漫产业发展历史中具有重要的影响。随后在 1965 年,虫制作公司又推出了《森林大帝》,这是日本第一套彩色电视动漫作品,迪士尼著名动画片《狮子王》是该作品的原型。至此,日本动漫产业开始形成自身的美术风格,在制作技术和手法上不断改进,如影视技术方面采用短镜头取代长镜头,在制作分工时为分担进度压力而采用负责人轮替制度等做法。同时日本动漫在这一时期也出现了商业模式的雏形——动漫工作室在完成动漫作品后,通过寻求广告代理商的赞助,获取所需的资金将漫画作品改编成电视动漫后,贩卖不同平台的播放权,并将动漫形象商品化、授权各种周边产品衍生化开发来获得附加价值,以此来维持动画制作,取得经济社会效益,这标志着日本动漫产业有了事实上的开端。由此可见,日本动漫从一开始就有了其自身的发展策略和定位,即伴随着商品化计划、符号形象战略、海外出口策略。在此之后,日本有越来越多的动漫作品相继问世,产生的社会影响越来越广,人们开始逐渐关注并且喜爱这种新鲜的电影类型,日本动漫产业有了较为稳定的市场而开始初步形成,动漫产品也陆续产生了动漫连环画、录像带、电视剧等多种形式,满足人们不同的需求。

---

① 刘瑶. 日本动漫产业的发展历程、驱动因素及现实困境 [J]. 现代日本经济, 2016 (1).

（二）日本动漫产业的突破阶段（20世纪70～90年代）

日本动漫产业真正实现起飞是从进入20世纪70年代后半期开始。1974年，日本京都成立了第一家动漫株式会社，东京也出现了第一家动漫学校，日本动漫产业开始初具规模。在动漫产业发展的初期，由于受本民族思想与心态影响，日本动漫主要围绕战斗、武士等题材，这就决定了这一时期日本动漫作品的题材具有鲜明的民族特色。1982年日本推出了《超时空要塞》，这部动漫作品在技术上和质量上取得了重大突破，该作品为增强动感，采用视点快速移动效果，呈现出了精良的画技和先进的摄影技术，再加上独特的音效配乐，确实取得了良好的效果，可以说是将日本动漫作品的质量推上了一个高峰，动漫产业化的水准显著提升。其后出现的经典作品《天空之城》等也都在剧情、画技、制作等各个方面展现出极高的水平，赢得了良好的口碑，从此日本动漫迈入了技术突破阶段。

同时，多元化发展也成为这一时期日本动漫产品的特色，是日本动漫产业另一种形式的突破。这一时期形成了针对不同受众群体的动漫产品，包括了少年、青年、中年甚至是老年动漫与儿童动漫等细分的动漫产品市场。在动漫题材方面，校园动漫、少女动漫、奇幻动漫、搞笑动漫等多种类型的题材开始不断涌现，取得了较大的突破。在产品形式上，1983年日本又开发出了录影带这一新的市场，即推出了世界上第一部原创动画录影带"DALLOS"，随后录影带这种形式逐渐成为动漫的主要市场，游戏娱乐产业与动漫符号形象产业也迎来了繁荣发展。在日本动漫产业的突破发展阶段，动漫市场规模迅速扩大，带来了巨大的社会财富。1975年日本动漫产业的总产值还仅有46亿日元，经过五年的时间，到1980年总产值已经翻了将近两番，达到了120亿日元，而到20世纪90年代更是上升至千亿日元，实现了螺旋式增长。从动漫出版物销售情况来看，1978年日本漫画出版物销售量为1 836亿日元，占当年出版物总销售金额的15%，而到了1990年，这一数据也获得了井喷式增长，仅漫画单行本的发行量就达到5.49亿册，销售金额达2 200亿日元，漫画出版物总销售金额达4 881亿日元。由此可见，日本动漫产业在这一时期实现了较大的突破发展。①

（三）日本动漫产业的成熟阶段（20 世纪 90 年代～21 世纪初）

20 世纪 90 年代，日本动漫产业发展进入了鼎盛时期，消费市场不断拓展，不仅本土市场上对动漫产品的消费越来越广泛，而且国际市场也进一步打开。从具体数据来看，以 2003 年为例，日本电视台一年新播出的动画片的时间达到 89 万分钟，每周新播放的动画片有 40～50 集，动漫流通领域产值达 3 739 亿日元，其中包括电视动漫节目播放收入 1 898 亿日元、影像制品 1 464 亿日元、动漫电影票房收入 377 亿日元。漫画出版产值达 5 160 亿日元，其中出版了 2 393 种的漫画单行本，总共出版了 5.28 亿册，平均每人 4.3 册，占书籍出版总量的 25%；出版了 291 种漫画杂志，总共有 11.86 亿册，平均每人 9.8 册，占杂志出版总量的 15%。与动漫产业高度相关的游戏产业产值达 11 244 亿日元，将与动漫相关的影像产品、音乐产品、图书报刊出版和游戏等产业的产值加总起来，动漫产业总产值就高达 12.8 万亿日元，如果再加上与其相关的通信、印刷、广告等产业，则 2003 年日本的动漫产业产值会高达 59 万亿日元。因此，日本动漫产业的发展规模在这一时期越来越大，如图 6－1 所示，1992～2004 年日本动漫市场规模逐年增加，2004 年动漫市场规模数值为 3 100 亿日元，已达到 1992 年的 2 倍多，充分说明了日本动漫产业在此阶段得到了十分迅速的发展。②

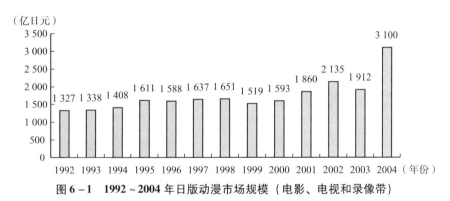

图 6－1　1992～2004 年日版动漫市场规模（电影、电视和录像带）

资料来源：根据《中国文化及相关产业统计年鉴 2019》整理所得。

①②　根据《中国文化及相关产业统计年鉴 2019》整理所得。

在该阶段，日本向美国输出的一大批动漫作品受到了美国观众的热烈欢迎，这些作品与美国动漫风格迥异，如《聪明的一休》等日本动漫名著。由此开始，日本动漫逐渐渗入西方世界，占领一席之地。与此同时，中国香港、中国台湾等地区也开始大量涌入日本动漫作品，日本的动漫电影与电视剧等在中国香港和中国台湾的电视台盛行，并且在市场上出现了大量的日本动画唱片、CD、录影带和镭射影碟等，《天空之城》还参加了香港国际电影节。中国内地自引入日本动漫后，也引起了巨大的反响，刮起了日本"动漫旋风"。仅一部《灌篮高手》就在中国内地创下了近 5 年的收视高峰，而且包括磁带、VCD、海报、拼图、文具等在内的衍生产品在市场上大卖特卖，取得了良好的经济效益。日本动漫在国际市场上的占有率越来越高，品牌越来越响。进入 21 世纪，日本更加高度重视动漫产业发展，将动漫产业纳入日本文化体系中，出台了一系列政策措施扶持动漫产业发展，促进动漫产业走向国际市场。在《日本品牌战略》中，日本政府提出"要通过文化产业，尤其是动漫产业来促进经济发展，增强日本软实力"，强调要加强日本文化输出，通过经济产业省、外务省、文部科学省、总务省 4 个政府部门分工协作来推动动漫产业的海外发展。政府从国家战略上高度重视文化产业发展，并且制定了明晰的发展方针，使得日本动漫产业实现了稳定高速的发展，取得了巨大的成就。日本动漫产品出口国家和地区达 120 多个，每年向世界各国出口的动漫原创产品时长近 1 000 小时。2003 年仅销往美国的日本动漫及相关产品的总收入就达到 43.6 亿美元，这是很大规模的一笔出口收入，为日本出口到美国的钢铁收入的 4 倍。因此，在这一阶段，借助动漫产业的快速发展，日本逐渐探索出一条从产品制造大国向文化产业输出大国转型的新型发展道路。①

（四）日本动漫产业的衰退阶段（21 世纪初至今）

2006 年，日本动漫产业的整体市场规模达到顶峰，但自此之后开始呈现下降趋势，动漫产业的市场绩效下降，主要原因是本土动漫市场进入萎缩阶段。在日本人口不断减少以及老龄化问题越来越严重的背景下，日本

---

① 根据《中国文化及相关产业统计年鉴 2019》整理所得。

国内动漫市场不景气，儿童人口数量的逐年减少直接导致了玩具市场的萎缩，而动漫市场的萎缩导致了收益的锐减，动漫产业对资金的吸引力下降，传统赞助商逐渐淡出动漫市场，为了维系利益，动漫企业纷纷将目光投向成人市场，寻求以成人市场的收益弥补儿童市场的缩水。因此，日本动漫市场如今已大量涌现出针对成人的色情作品、暴力作品以及反映成年人社会压力的动漫作品。2008 年，全球金融危机的爆发更是让原本处于低迷时期的日本动漫产业雪上加霜、跌入低谷，产业收益锐减，国内市场惨淡。加之传统动漫产业受到网络动画传播的影响，光盘市场不断萎缩，DVD 市场受到严重的冲击，销售日渐低迷。根据日本视频软件联合会统计数据显示，2008 年日产动漫 DVD 销售额约为 8 亿美元，比 2007 年下降18%，比顶峰时期的 2006 年下降了 22%。日本游戏产业由于对动漫产业依赖性极大，也受到了巨大冲击，在近几年内日本的游戏主机销量持续走低，2003 年在美国十大畅销游戏中，日本公司开发的产品占到一半，但是到了 2013 年，美国十大畅销游戏没有一个是日本公司开发的游戏；尽管日本动漫的原作版权在中国受到广大开发商的追捧，但 2012 年之后，其也受到了影响，在中国的市场占有率也开始逐年下降。由于市场环境太低迷，许多小型动漫企业与会社相继破产或倒闭，只有大型动漫企业尚能维持生存。萎缩的产业趋势和市场空间使得动漫企业只能缩减动漫制作费用，减少从业人员的工资待遇，这种情况造成的后果就是一方面影响了动漫作品的质量与制作水准，另一方面也导致了人才流失问题日益严重，动漫从业人才大量流失，根据相关研究显示，这一时期日本动漫产业人员流动率已经高达 90%。因此，由于日本动漫产业处于衰退阶段，发展环境不断恶化，导致日本文化对世界的影响力也出现了下滑。

三、日本动漫产业及衍生品发展的现状

（一）动漫产业产值概况

日本动漫产业经过 90 多年的发展，如今已发展得比较成熟，成为"全民产业"、国民经济支柱产业之一，虽然进入 21 世纪有所下滑，但动漫产业仍然是日本国民生活极其重要的一部分。动漫产业贡献了日本国民经济的

11%以上，广义动漫产业收入甚至占国民经济的18%。尽管2006～2010年日本动漫产业经历了不景气的一个阶段，但自2013年以后又保持了高速增长的态势。2015年日本动漫产业总产值达到了1兆8 255日元（约1 183亿人民币），相对2014年增长了12%，2016年达到20 009亿日元（约合人民币1 168亿元），同比增长10%，保持了自2013年以来连续4年的高速增长态势。根据日本三菱研究所的调查报告显示，日本国民中喜欢动漫的有87%以上，拥有与动漫形象相关物品的国民约占84%，大部分的国民都有看动漫的习惯，企业职工在闲暇之余经常在办公桌前翻看漫画书，而在许多的公共场所也随处可见阅读漫画书的人。由于动漫的影响深入人心，日本文部省甚至以动漫形象来对国民进行宣传教育和正面影响，从而来提高国民的文化和心理素养。日本有数以千计的动漫俱乐部，有多达430多家的动漫制作会社，一半以上的出版物销售量是漫画形式，每年电视台要播放达4 000多集的动漫，每年在电影院上映的动漫电影也达到80多部，日本的动漫从业者尽管近几年流动性大，但从业人数依然众多。日本动漫产业不仅包括动画片的制作，而且动漫产业链十分庞大并且比较完善，涉及的产业领域众多，包括漫画出版、游戏、广告、动漫形象衍生品制作、旅游、教育和网络等。近30年来，日本的动漫影视发展态势较好，年收益平均达1 210亿日元，年均增长25%以上。2016年日本动画电影的市场规模达到663亿日元（约合人民币38.73亿元），超过了之前历年的数据。动漫电影票房收入占整体票房的12%，动漫出版物年销售额约40亿日元。动漫衍生品在市场上随处可见，每年仅仅动画衍生产品就能够给日本带来近50亿日元的收益。[1]

目前，日本的动漫产业已成为国内第二大出口产业，仅次于汽车业。日本作为世界第一动漫大国，已经成为全球最大的动漫制作与动漫输出国，从全世界动漫产品的来源看，有60%以上出自日本。日本围绕着动画、漫画、图书、音像制品和特许经营衍生产品，形成了一套完整的动漫产业链，推动日本产业转型和经济结构调整。日本动漫产业不仅发挥着经

---

① 根据日本三菱研究所的调查报告发布的数据整理所得。

济输出主渠道的作用，而且也是其文化输出与传播的重要途径，对日本的对外贸易具有举足轻重的作用，还维系着日本的文化形象和国际影响力。动漫产业已然成为日本文化产业乃至国民经济的一个重要组成部分，在经济、文化和外交等方面都发挥着重要的作用。[①]

（二）衍生品产业发展概况

日本的动漫产业辐射面非常广，延伸到多个领域，形成了日本国内一大特色，形成了所谓的"二次元"文化。一是以会展形式宣扬动漫文化。日本每年开设的展览非常多，涉及以漫画、游戏、电视动画等为主题的展会更为频繁。在动漫会展里，动漫爱好者可在展馆里进行各种角色扮演，切身体验二次元世界里的文化。而且每次动漫展览里也会进行各种各样的节目表演和动漫游戏竞争，也会邀请各个漫画家、娱乐明星等嘉宾来与动漫爱好者现场交流，以此来提升展会的吸引力，凸显日本当地城市文化。对于广大动漫爱好者来说，动漫展览会不仅仅是提供一次给自己展示自己的舞台，同时也是志同道合的爱好者共同交流的平台，是一次心理与精神的碰撞，是一次"二次元"心灵的碰撞。因此，每次日本大规模的动漫会展都会吸引全世界各地动漫爱好者前往日本参加，这不仅推动了当地的经济发展，也提升了日本的文化软实力，促进日本动漫产业的可持续发展，实现了一个良性循环的产业导向作用。二是动漫周边衍生产品的高度融合。日本动漫产业与手工艺融合度非常高。很多百年老店往往借助自身娴熟的手工技术，以众多动漫人物或游戏人物为模板，对其资源充分挖掘，从而衍生出不同种类的子产品，涵盖食品、服装、日常用品等众多产品，例如，浮世绘封面的手账本、樱花造型的纸胶带、浮世绘图案的贴纸等，都受到了手账爱好者的广泛喜爱。同时也会借助音乐、书籍来进一步催生文化产品，从而形成一个庞大的产业链。据日本工信部统计，日本动漫衍生业的产值是其内容产业产值的8~10倍。此外，日本独特动漫制作流程，也衍生出其配音演员成为一个大众关注的行业。

---

① 刘瑶. 日本动漫产业的发展历程、驱动因素及现实困境［J］. 现代日本经济，2016（1）.

四、日本动漫产业的优势分析

日本动漫产业有着成熟的运作体系，从内容创作机制、规范的市场操作系统以及稳定的受众群体，形成一个成熟产业链条。而这也就展现了日本动漫产业的实力体现。

（一）产业链优势

一般而言，动漫产业链条大致要经过三个阶段：动漫形象专业设计以及后续故事编撰，这一部分由专业动漫公司负责设计制作；动漫作品发行及放映，这一部分由版权代理公司或者电视台联合负责；动漫形象衍生产品制作及品牌宣传和维护，这一部分则由相关的销售公司来负责。动漫产业链条的完整度直接决定了动漫产业的竞争力程度。近几年，我国动漫产业发展迅速，产值也在不断扩大，年产值已破 2 000 亿元，但产业链完整度、用户规模与世界动漫产业发达地区相比，还存在着较大差距，产业链上游环节空心化现象较为严重，常用故事架构较为简单，缺乏提升能力，还存在较为严重的"小片种"格局，因此未能出现类似《柯南》或者《海贼王》这类具有全球影响力的作品。相比而言，日本动漫产业具有完整的产业化链式结构，经过创意设计—漫画加工—动画编排—衍生产品开发这四个环节，形成一个完整的链式结构。上游环节重在设计人才培养，内容创意，以此来保证大量有品质、有市场的动漫作品，从而获得广大受众群体的青睐；下游环节则重在衍生产品开发，通过各种渠道建设实现巨额利润进而反哺到前期制作和创意人才培养当中，从而使得更多创意产品能够面世。一般而言，日本动漫产品的产业化进程是循序渐进地推进。先是由杂志社来负责发行漫画原作，通过制作单行本，一般单行本每本含有 8 集左右漫画内容，投入市场看受众群体反响如何。如果销量不错，并在社会上引起漫画爱好者们一定程度的共鸣，那么就会制作电视版动漫内容，一般时间跨度是一年半左右，并同时寻找代工企业合作制作衍生产品，包括动漫人物形象的手办，小物件或者日常生活用品等。通过这种产业链化系统运作，整个日本动漫产品的生产运作得以规范化、系统化，充分满足了市场受众群体的需求并产生巨大的经济价值，同时极大地提升了日本文化的宣传空间。

（二）内容原创优势

一部动漫作品要赢得市场，获得受众群体认可，作品内容就要"好看"，要有立体感。日本动漫题材丰富，主题多元化，太空、战斗、冒险、悬疑、科幻、魔幻、校园题材等主题，几乎涵盖社会各个领域，甚至一部动漫作品也会涵盖各个题材，使得内容更加丰富多彩，能够吸引各个层次的不同兴趣爱好的消费者。日本的动漫作品不仅题材丰富，同样制作精良，这在于日本有着众多优秀的漫画家。在创造漫画作品时，日本漫画家不仅注重剧情主线的逻辑性，要有清晰的主线，同时伴有众多的伏笔来吸引受众群体，各个场景设计尤其要有层次清晰的光线对比，剧情连贯。在动漫人物设计方面，日本动漫别有用心的人物设计体现出日本动漫的硬实力。漫画家对于动漫作品主角和配角的刻画，往往棱角分明，各有各的特点，彰显主角和配角各自拥有的个性。比如人气漫画《海贼王》的主角路飞个性就很突出，性格乐观、勇于冒险、爱憎分明且注重友情，勇于担当，与传统的海盗不同，是为了追求自身梦想而投身于航海冒险。此外，一大众配角的性格也塑造得十分突出，再加上令人印象深刻的服装，极大增加了漫画角色的辨析度，不仅吸引着广大动漫爱好者，也为漫画作品的衍生产品的开发奠定了良好的受众基础。除了作品内容原创的优势，日本动漫产业在技术制作方面，也注重运用各种现代电影工业手段来包装作品，例如，通过蒙太奇手法提升动漫形象人物的速度感、跃动感，并讲究远近焦距、光线明暗对比，从而提升制作水平。而为了让动漫形象能够更加拟人化，日本的配音人员要求也高度专业化和职业化。因为对于动漫作品产业化，声优是动漫人物和现实生活的天然中介。一部动漫作品的成功，不仅仅是作品本身的吸引力，更在于声优的形象化表演。对于动漫声优从业人员（配音员），日本动漫产业有关管理部门有专门进行系统的培训，包括发声技巧、表情控制以及情绪渲染等。可见，对于声优人员的培训，实质与演员要求是一样的。在日本，声优从业人员当前受关注程度也在不断提高，因此，声优这一职业也是实行经纪人管理这一模式。

第二节 日本动漫产业发展的特点与规律

一、日本动漫产业发展的特点[①]

（一）市场的多样化和细分化

产业内容形式的多样化和细分化是日本动漫产业最显著的特征之一。动漫产业的每一种类型都有很细的分类，不管是漫画、电视动画，还是电影动画、游戏软件等。当然，在早期阶段，日本漫画作品也和其他国家一样，主要受众群体是儿童，因此儿童市场是主攻方向。但在 20 世纪 60 年代以后，有部分漫画家开始关注成人市场，主要以白土三平、拓植义春、林静一等为代表，他们创作了比较具有艺术性与哲学性的成人漫画作品，市场得到进一步细分。目前，日本的漫画杂志不仅可以按照年龄层次进行细分，而且还可以按照性别、兴趣、嗜好等各种不同的因素进行划分，形成不同的细分读者群。根据日本出版科学研究所的统计数据显示，2002 年日本有多达 281 种的漫画杂志，其中成人女性连环漫画杂志最多，有 59 种，其余的有 21 种是少年漫画杂志，有 43 种是少女漫画杂志，有 54 种是青年连环漫画杂志，有 17 种是四格漫画杂志，有 22 种是手机、汽车越野类漫画杂志，有 11 种是唯美派漫画杂志，其他类型的漫画杂志有 54 种；而在 2002 年日本总共发行了 9 829 种漫画单行本图书的新书，品种相当丰富。此外，为了便于展开市场策划和市场营销，日本对漫画读者的划分做得非常细致。比如，在漫画杂志中，少年漫画杂志细分读者群是以三年为一个单元，青年连环漫画杂志划分读者群则是以十年为一个单元。由于在日本，漫画与动画关系紧密，漫画对动画产业的影响很大，很多动画片是以漫画为基础进行制作的。因此，对漫画市场的细分直接导致了日本动画片也相应地有很多相似的分类。在动漫产业的游戏软件开发方面，20 世纪

---

① 陈博. 日本动漫产业的发展历程及其特点［J］. 日本学论坛，2008（3）.

80 年代日美两国都形成了枪击、武打、体育等共同类别的游戏软件。但进入 90 年代以后,游戏受动漫的影响越来越大,日本在动漫的基础上逐渐开发出角色扮演、节奏武打、格斗、历史仿真、模拟恋爱、宠物养成和对话游戏等品种繁多的游戏类型。随着动漫产业与其他产业的不断融合以及市场的多样化、细分化发展,漫画、动画、游戏逐渐发展成为一个整合的产业体系,因此也有学者将这些产业融在一起称为动漫游戏产业。

(二) 独特的市场运作模式

日本动漫的制作生产和营销推广两个环节是完全分离的,这是它独特的市场运作模式,也成为日本动漫的另一大优势。通过市场的优胜劣汰自动筛选动漫作品,实现产销分离。为了保证动漫产业的盈利,企业都会进行较为扎实的市场分析,并及时对市场的变化做出应对,因此动漫产业亏本的可能性大大降低。漫画工作室(也包括大量的自由创作人)主要负责动漫的制作生产环节。首先,他们会以"投稿"的形式给各个出版社发送他们的作品雏形,出版社如果对漫画故事初步认可,就会跟投稿人签署意向性的合同。双方签订合同后,创作者开始创作漫画,以"回"为单位进行创作,出版社拿到创作者的作品后,开始在杂志上连载漫画,通常每期杂志连载一"回",每"回"大概 30 页的篇幅。在连载的过程中,出版社将对出版的作品进行市场调查,主要以调查表、排行榜的形式不断征求或收集市场上的消费者对该漫画的反馈,通过这种市场调查,一方面可以让创作者了解市场上的流行趋势是什么,人物的设计应该是什么样的风格,如何创作才能够吸引读者的关注,如此等等;另一方面可以通过市场反馈回来的调查结果淘汰不受欢迎的作品,中止连载。创作方在市场调查这个阶段通常只能收回 20% 左右的成本,这就相对减少了杂志社的成本压力。没有被淘汰的作品连载到一定阶段(一般是 1 ~ 2 年),会有一些作品得到市场相当强烈的反响,这时候出版社就会找到相应的创作方,跟他们沟通推出漫画单行本图书,这种单行本价格比较高,一般要五六千日元,包装和印刷相当精美。虽然定价较高,但是发行单行本的风险并不会太大,因为在连载过程中已经进行了市场调查和严格筛选。对于创作方来说,发行单行本可以获得更多的盈利。如果面世的漫画单行本热卖,市场前景看好，则漫画产业链进入"动画化"的阶段，在此阶段创作人将和动画公司进行版权合作，对于动画公司来说，动画的制作成本比漫画高得多，其投资存在较大的风险，而经过前一阶段漫画单行本的市场试验，基本上能够保证该动漫的市场份额，因此能够为动画的投资规避部分风险。同时，在后期与该动漫相关的各种符号形象产业、周边衍生产品等也会与漫画单行本和动画面世一起进行市场推广，从而获得巨大的经济效益，产生良好的社会反响。因此，这种独特的市场运作模式也是日本动漫产业取得成功的重要特点。

（三）数字技术的广泛应用

文化与科技融合发展是文化产业的重要趋势。20世纪90年代以来，随着电脑技术、多媒体技术等数字化手段的快速发展，文化产业也迎来了与科技深度融合的机遇。日本动漫产业的发展也受到深刻的影响，动漫产业的科技化表现日趋明显。在漫画、动画、游戏的制作过程中，为了实现人力和时间的节省，产业发展的每个环节都大量使用数字技术，带来了日本动漫产业的技术变革。首先，数字技术的广泛使用更加细化了原已形成的分业制（分工制），动漫产业的专业化程度进一步提升。对于漫画家而言，数字化制作得以让他们能够更专注于构思故事情节、构建内容结构等更为关键的复杂劳动上，而不再把时间投入到繁杂的形式创作过程，数字化的制作也进一步细化了漫画家助理的劳动。其次，从动漫产业的形式内容生产来看，数字技术的广泛运用有效缩短了产业内关联内容生产的时间，极大提高了生产的效率，从而显著增强产业竞争力。在漫画制作过程中，很多的内容生产通过电脑技术等进行数据拷贝，瞬间就可以完成复制，包括动漫所要描绘的人物形象、符号形象等内容。这对于动漫产业链中各个环节创造的形式内容的二次开发就带来极大的便利。最后，日本动漫产业的产品流通方式也受到了数字网络普遍应用的重大影响。利用数字媒体技术创作数字漫画与数字动画，可以不受时间和地域的限制，通过互联网实现向全世界范围的传播和配送。而通过网络书店、电子图书等形式进一步扩大了漫画单行本图书的销售范围，其市场前景更加广阔。在小型无人管理商店也可以通过POS数据等技术来创新动漫产品流通，实现无人管理，并通过把条形码联接现金出纳机，使得任何商品在任何时间的销售情况都能正确地被数据化，这对于出版社处理漫画杂志的积压与调配带来了极大的便利，实现了出版物的有序销售。

二、日本动漫产业发展的规律

动漫的产业化运作是在实现艺术价值的基础上，进一步延伸拓展，系统化的开发动漫作品潜在的经济价值，产生经济效益。日本动漫产业的链式运作是其重要的发展规律，主要就是形成了以漫画为起点的巨大商业价值链。如前所述，漫画家在著名漫画杂志或刊物上连载的漫画获得市场认可成为人气作品后，就会进行深入挖掘，逐步通过电视动画化、DVD 化（OVA）、电影化（剧场版）等多种媒体形式进入市场，并在此基础上开发玩偶、游戏等庞大的衍生产品，创造巨大的经济价值。除了以漫画为起点的价值链运作外，近年来也有从小说、游戏反向推进创作出成功的漫画、动画作品，形成相互促进的良性关系。总体上说，日本动漫产业是动画、漫画、游戏不分家，可谓是相得益彰、齐头并进。因此，动漫产业是以动画、漫画为基础，借助多种媒介扩展市场影响力，进行动漫形象、内容多元化衍生开发，最大程度实现经济价值的产业。随着动漫产业化发展的推进，产业链成为其核心内容。产业链是动漫产业盈利的基础，其扩张和延伸有利于延长动漫产业的生命周期，助力潜在市场价值的实现。通常动漫产业链指以"创意"为核心，以原创动漫为基础，以衍生品为主要盈利手段，形成集创意—生产—播映—衍生品开发—营销为一体的运作模式。随着技术革新及产业融合的推进，传播媒介多元化发展、产业间融合更加紧密，使动漫产业链进一步延伸。

（一）动漫选题的调研与策划

在动漫产业化的过程中，上游市场调研和策划是否充足、完备直接影响着产业链下一环节的运作质量及产业链拓展的生命周期。调研与策划是动漫产业链构建中重要的一环，是整个动漫产业化运作的基础。任何一部动漫作品选题时均要首先对该作品的市场定位、市场前景、融资渠道等进行调研和策划，为下一环节的顺利开展提供保障。其中，市场定位是对受众群体进行细分以明确选题的目标受众。动漫作品及后续衍生品的经济价值的顺利实现均依赖于市场的认可度即供给能否匹配市场需求。市场定位则是动漫选题产业化运作的基础，是动漫供给适应市场需求的前提。明确的市场定位为动漫作品及衍生品的开发指明了方向，更易获得市场的认可及实现经济价值。市场前景的规划、预测则是对选题进行评估，考察其是否具有市场开发价值、产业化运作价值，同时也着重对同类型选题的市场运营情况进行分析。动漫的产业化是一个资金投入大、持续时间长、收回成本慢的过程，充足的资金供应是产业链条顺利构建的重要保障。因此，除了对动漫选题的市场定位、前景等进行前期的调研和策划外，资金积累、融资渠道等也应成为前期市场调研、策划的关键内容。

　　在市场定位方面，日本形成了一套完整的动漫分级制度，将受众群体依据性别和年龄进行详细的划分，根据各个年龄阶层、性别群体的偏好对动漫创意进行故事情节和形象上的差异化开发，充分挖掘潜在消费者。例如，针对不同群体的消费需求，动漫作品被详细的定位为幼儿动漫、少年动漫、少女动漫、面向成人的动漫作品甚至还有专门的老年动漫。日本动漫选题细分化的市场定位为之后的市场调研、策划指明了方向，进一步为后续产业链的拓展打下坚实的基础。在市场前景预测方面，日本动漫产业的操作模式是十分值得借鉴的。一个动漫选题在被正式投入制作之前会进行市场调查回馈，动漫内容架构和形象设计会根据目标受众的反馈进行相应的调整以更好地适应目标受众的需求，并会对经营利润、衍生品开发的方向进行尽可能详细的分析，以获得资金支持，同时实现动漫选题的经济价值最大化。例如，日本漫画在大批量投入制作前会选择进行连载以试水，实行优胜劣汰，市场认可度较高的漫画作品才能获得资金、政策等方面的支持以进行后续的开发。在动漫产业融资方面，日本动漫产业的投融资在不断尝试核心圈模式、制作委员会模式及 LLP 模式后逐渐趋于成熟，已经形成以政府资金引导为基础，通过资本市场全力带动社会资金投入的模式。其中包括动漫制作公司、电视台、广告公司、出版社、衍生品开发公司等在内的动漫相关主体会按照约定共同投入资金、共同承担风险、共同分配利润。目前，上述各方广泛采用 LLP（有限责任事业组合）形式进行筹资,即投资各方根据出资额对动漫项目承担有限责任并按照贡献度进行利润分配。这种融资模式的形成是以对动漫选题的市场定位、市场预测及市场潜力的充分论证为前提,播映、衍生品开发等环节市场主体资金的提前介入,降低了动漫投资的风险、实现了利益共享,有助于推进动漫产业化的进程。据统计,2015 年日本动漫产业市场规模同比增长 12%,达到 1 兆 8 255 亿日元,继续保持着自 2013 年来的高速增长态势,海外销售增长高达 78.7%,达到 5 833 亿日元。[①] 随着互联网普及和技术创新,"众筹"这类新兴的筹资方式开始在动画片和剧场版动画的资金筹集中发挥作用。2015 年上映的剧场版动画《小魔女学园:魔法的盛装游行》通过互联网向公众进行资金筹集,一个月之内就筹集了 625 518 美元。原创动画片 Under The Dog 通过互联网共筹集到 878 028 美元,足以为制作提供充足的资金。

(二) 动漫制作

动漫制作环节主要依据上游市场定位及规划将动漫选题形象化、具体化。动漫作品的制作是产业化的核心部分,其成功与否很大程度上决定着整个产业链条的良性循环及产业盈利的实现。在动漫作品的制作过程中要注重原创性,"原创"是动漫作品竞争力的重要构成,是动漫"作品"的艺术价值顺利转化为"产品"的经济价值的重要保障。原创性主要体现为动漫作品在供给市场的差异性、不可模仿性以及在需求市场的忠诚度、吸引力、接受度。动漫作品的内容和形象能否被市场认可、接受,传播或辐射范围能否拓展,生命周期能否延伸均在一定程度上制约着后期作品的播映及衍生品的开发等产业化的运营,进一步又影响着动漫产业所投资金的回笼及利润获得,更会对新一轮的动漫链条循环产生影响。因此,中期应投入大量的资金、技术、创意人才,优化制作环节以进一步提升动漫作品的市场竞争力,为后期动漫播映及衍生品开发奠定市场基础。

日本动漫产业在制作中引入组织分工协作体系,细化生产流程以提升效率。动漫作品的制作过程被细分为多个步骤,例如,动漫人物设定、剧

---

① 《日本动画产业报告 2016》,http://www.anitama.cn/article/963e4774b0dbb012.

本撰写、分镜头绘画、上色、摄影及后期编集、加入音效、配音等，每一块都是由专门的部门、企业负责。这样的细分流程就需要不同性质的部门、企业之间紧密的协作来实现规模化的生产。为追求经济利益最大化，日本动漫一般将制作流程中附加值不高的部分（例如，动画中两帧之间的过渡部分、描画环节等）外包给韩国、印度、中国的动漫加工企业，而致力于附加值较高的选题策划、撰写剧本、开发形象等具有原创性的流程。同时，作为技术密集型的产业，日本动漫的制作技术及设施逐步提升，积极将 Flash 动画、VR（虚拟现实）、MR（混合型虚拟现实）等技术与动漫制作融合，不断升级各种动漫制作软件。2015 年，3D 和 CG 技术在动画中应用的比例不断增加，622 家动画制作公司中 CG 公司达到了 89 家。①

（三）播映与衍生品开发

播映与衍生品开发是动漫作品（内容、形象等）的经济价值实现的重要环节，可以分为动漫作品播映与衍生品开发两个部分。播映是将动漫作品投入市场，进行广泛的传播进而被受众群体认可、接受的一种方式。动漫作品能否形成市场影响力、衍生品市场能否拓展均取决于播映市场的成功。成功的动漫播映、发行能顺利实现与目标受众的市场供需对接，扩大动漫作品的影响力，进一步形成被广泛认可的品牌效应。动漫作品只有具有了一定的占有市场的能力，后续的衍生品开发才有市场的基础，能够更加顺利的展开。对于动漫产业来说，衍生品是其非常重要的利润来源之一，动漫投入能否收回成本、获取利润很大程度上取决于后续衍生品的开发、拓展是否合理。动漫的衍生品开发是依托动漫作品的影响力将内容和形象"实体化"的过程，是动漫价值的延伸。从目前的盈利模式来看，动漫衍生品的开发主要体现在动漫内容衍生及形象授权两个方面。内容衍生可以分为直接内容衍生（以动漫作品的图像、声音为基础制作的图书、音像以及玩偶、手办等）和间接衍生（利用动漫作品的故事情节、形象等内容衍生出的动漫游戏、主题公园等体验类产品）。形象授权指将动漫形象与服装、文具、玩具等众多行业相结合，以刺激消费、提升产品附加值。

---

① 《日本动画产业报告 2016》，http：//www. anitama. cn/article/4bd7f48581914b5e.

衍生品在将动漫作品的价值最大化的同时也有助于提升消费者对动漫的认知感和忠诚度、推动动漫品牌的形成，以强化文化渗透、延伸动漫创意的生命周期。

日本动漫产业在制播一体化的基础上通常采取制播同步、衍生品开发跟进的方式来推进动漫作品的市场占有进程。制播一体化是指动漫选题在投入产业化运作前先由产业链所包含的各个主体合作组建"制作委员会"，并由该机构负责动漫制作、播映等。制播同步指通过各种渠道先将制作出来的一部分动漫作品面市、进行市场试水，根据市场的反应决定是否继续进行后续制作，如果市场反响不错则会加紧作品的制作并同步播映。例如，漫画通常选择先在动漫杂志进行刊载，根据市场的接受度决定是否继续连载、发行单行本或制作动画片，动画片也会先制作出样片或前几集来接受电视台的审核和市场的检验。这种方式极大地降低了动漫制作和播出的市场风险，避免动漫作品全部制作完成却因市场不认可而难以播映，导致资金浪费、成本难收回的尴尬局面产生。同时也有利于动漫作品与消费者互动，以及时接收反馈信息并随时进行形象、情节等方面的调整或直接就由受众决定后续故事走向以提升动漫作品的市场认可度。衍生品开发的跟进是指在动漫作品播映时，衍生品开发商就通过各种方式、渠道宣传动漫衍生品并进行市场销售。衍生品的市场开发得益于动漫作品奠定的市场基础，同时衍生品的热销反过来会增强动漫作品的市场影响力，形成一种良性循环。

随着数字技术、新媒体的发展，动漫作品的展现形式、传播媒介更加多元化，手机漫画、Flash 动画等各种形式的手机动漫和网络动漫逐步形成了一定的市场占有。3G、4G 通信技术的运用与普及使得手机漫画得以快速发展，日本移动通信公司 NTT 就专门建立手机漫画网站来拓展手机漫画业务，并与传统纸媒出版社合作，将传统漫画作品制作成电子读物，2008年手机漫画销售收入已达到 330 亿日元（约 26.4 亿元人民币）。再者，互联网基础设施及移动终端设备的升级、完善催生了各种动画平台并形成了较大的市场占有。自 2012 年 NTT DOCOMO 的 d ANIME STORE 开始提供网络配信服务（付费下载、点映、直播等）以来，截至 2015 年 7 月，用户数量已经突破 200 万。①

第三节　日本动漫产业发展的经验

日本作为全球动漫产业发展的领头羊，总结其发展经验有如下几点：

一、专业化、规模化的生产制作

动漫生产制作的专业化、规模化是日本动漫产业畅销全球的重要前提。首先，日本动漫产业的专业化人才较为充足，具有其成熟的创作群体和制作机构。日本为促进动漫产业发展，十分重视专业人才培养，大量开设动漫学院和相关专业。目前，日本动漫制作公司众多，每个公司都设有导演，并实行制片人制度，公司发展的机制较为完善。从业人员较多，日本国内有 1 000 多个较为知名的职业漫画家，包括编辑在内的所有从业人员大约 3.4 万人。其次，日本动漫产业还实施部分环节的服务外包策略，以提升专业化水平和核心竞争力。由于绘画工作纷繁复杂，而国内劳动力成本上升，为削减制作成本，日本的动漫制作大公司开始实施国际分工体制，进一步深化动漫产业分工协作，将描线上色等工序外包，仅保留内容创作等核心环节，其 90% 左右的绘制工作依赖海外，通过服务外包实现了生产制作的规模化。动漫创作是故事情节的设计、创意，关系着市场竞争力的强弱，充足、完备的创作投入为之后产业链的顺利延伸打下了坚实的基础，更易得到市场认可和接受。日本动漫产业在前期创作环节投入了大量的资金和时间，创作的时间甚至占据了整个周期的 1/3。具有创意的故事情节再加上优质的制作更易赢得受众认可，形成市场影响力。当然近年来，随着其他国家纷纷仿照日本动漫产业制作模式，日本动漫产业虽然包容性强，但也出现了一系列问题，比如因为从事动漫产业的人员数量群体过于庞大，导致收入差距分化明显，特别是更多的年轻人涌入行业后，发

---

① 《日本动画产业报告 2016》，http：//www. anitama. cn/article/cc74fc9a8aeb21d2.

现收入跟理想的追求差距过大，而且竞争激烈所引发的职业压力过大，导致很多从业者纷纷逃离，导致近年来日本动漫产业人才快速衰竭的问题出现。

二、全产业链的融资模式

动漫产业链运作需要充足且持续的资金供给，从动漫创作到衍生品开发都离不开资金的支持，但是动漫产业却具有投入大、成本收回周期长的特点。因此，完善的融资模式对动漫产业化至关重要。日本动漫产业化中所采用的全产业链的融资模式是很值得借鉴的，产业链上的各环节主体共同投入资金，按照出资额承担责任、按贡献获取利益，使各环节相关主体的利益遍及整个产业链。该模式将链条上可能出现的动漫创作公司、生产加工企业、发行公司、杂志社、电视台、院线、各类衍生品开发商等置于共担风险、共享利益的模式下，以促进各环节之间更加紧密的衔接，有利于动漫产业化发展的可持续性。同时，各环节相关主体的共同投入一定程度上满足了动漫产业化运作对资金的需求。

三、全龄化的市场定位

日本动漫产业之所以能够享誉全世界，主要得益于其精准的市场定位。与其他国家的动漫有所不同，日本动漫有着极高的受众群体。某种意义上说，日本的动漫属于全民性的文化，一般民众观看动漫的欲望都很高。在日本，动漫市场有着严格且完善的分级、分类制度，即对于不同年龄层次制作不同类型的作品。按照消费群体的性别、年龄，动漫市场被细分为幼儿、少年、少女、青年、成人、老年，属于"全民动漫"。这使得日本动漫创作者有着更为广阔的创作空间及主题选择。据统计，日本动漫受众的平均年龄已达到32岁。动漫作品（漫画、电视动画片、电影）及衍生品以细分市场为基础，充分考虑不同受众群体的需求，进行针对性的开发，更易获得市场的认可和接受。同时，全龄化的细分、定位拓展了动漫的市场广度，有利于社会文化地位的巩固及经济价值的实现。当然能够做到这种细分主要是取决于日本动漫拥有非常广泛的受众基础。也正是因为有着广大的受众群体，才有必要针对受众心理需求进行精细分析，形成分级制度，而后确立周密的市场化运作机制。比如日本动漫公司按不同的标准将旗下的动漫作品分为不同类型，按年龄可分为低领儿童、上班族动漫作品（青少年）等，按创作类型又可分为体育、科幻、恋爱、校园、探险等类型。而且，在管理众多类型动漫作品时，日本有着严格的动漫分级制度，由专门机构来负责对每部动漫作品进行客观评估后才允许上市，应该说，这种明确的分类及分级，确保了日本动漫作品投入市场后的成功率，既满足了广泛的社会受众的需求，也降低了可能引起对动漫作品的投诉风险。

四、全方位的衍生品开发

日本动漫产业能够风靡全球，除了动漫产品本身以外，动漫衍生产品的开发和经营是其发展的重要条件，带来了巨大的经济利益。动漫衍生品开发是产业链上重要的一环，影响着经济价值的实现。从动漫生产的过程来看，日本已形成了"动漫生产—播出—衍生产品开发—收益—再生产"这样一条完整的产业循环链。动漫作品本身通过发行、播映所带来的利润有限，甚至不能弥补成本，盈利主要来自衍生品开发。日本动漫产业已经形成了较成熟的产业链运作模式，构建了从动漫作品到衍生品的完整的产业链。衍生品的开发逐渐从面向低幼市场的定位扩展到成人化的定位，产品种类也呈现出多元化的发展趋势，从儿童玩具向各行业产品过渡。从动漫形象实体化的玩偶、道具、模型等到授权类的各种产品，到动漫内容再加工的游戏、主题乐园、动漫真人版等，衍生品得以全方位的发展。此外，日本衍生品开发主体一般会凭借市场经验为动漫创作提供建议，使形象、内容更符合市场需求，更有利于衍生品开发。日本的动漫产业已不再是单一发展的行业，而是与相关产业融合发展，辐射带动性很强的高附加值产业。日本动漫注重打造周边产品链，与动漫核心产品相结合，全方位开发衍生产品，从而创造出倍增的价值。从营销模式来看，日本动漫衍生产品一般实行的是整合销售模式和单个IP项目的发展模式。前者实行整体捆绑销售，例如，依托坐落于日本东京最繁华的银座博品馆，从地下一楼开始直到 4 楼都销售动漫产品，达 20 多万件作品，涵盖各种动漫模型、电子游戏、玩偶等各种具有全球人气的卡通动漫形象。而且银座博品馆也对这些动漫产品进行精细的分类，按照不同的功能和所针对的人群，在不同的楼道进行明确的细分，同时不同的区域又有专门的销售柜台，这种销售形势也是便于消费者可以根据自己需求喜好进行有针对性的消费，满足自身追求。这种博品馆的集中销售模式将各种具有人气的动漫产品整合在一起，有利于充分发挥集体优势，除了方便消费者之外，更大目的在于让各种卡通动漫创意产品放在一起，便于进行客观比较，实现良性竞争和优胜劣汰，对动漫产品进行创新改进，从而使得整个动漫产业实现可持续发展。后者 IP 项目发展模式，则是走项目研发模式，即通过选择不同 IP 动漫形象独立发展，以求增加动漫形象自身的文化价值，进而提升其市场竞争力，从而获得广大消费者的认可。比如在我国知名度传播很高的《龙猫》，就由日本吉卜力工作室出品，依托线下运作模式，发展周边手工技术产品进行研发，根据不同的行业特点设计不同的产品，包括类似拖鞋、毛巾等日常生活用品，也包括亲子装系列的服装产品，不仅提升了各个行业的融合度，也扩大了消费群体范围。甚至也由部分产品选择与食品行业衔接，根据不同的季节销售不同的食品，以此提升粉丝与动漫产业的紧密联系度。这一两年，日本各个区域在发展线下周边产品的同时，也在不断开发动漫 IP 形象点，与旅游产业紧密结合，如各种动漫形象的卡通美术馆等，以此在带动动漫产品销售的同时提升旅游业的收益。

五、政府积极推动并倾力支持

文化产业的发展离不开政府的扶持。日本政府高度重视动漫产业的发展，成立了专门的组织机构，协调和管理动漫产业的发展问题和政策颁布。在日本，动漫产业等文化产业主要由日本通商产业省负责管理。在通商产业省下面，日本政府主要设立了传媒与内容产业局以及动漫产业研究会，支持动漫产业发展，尤其是重点扶持和引导处于初始发展状态的动漫企业。除了专门针对动漫产业的管理部门外，日本还有设立文化、媒体、体育省，为电影、音乐等产业的发展提供支持。社会上的相关财团也会在政府的引导下成立社团组织对动漫、广告、建筑、时尚设计、出版等产业进行协调管理。日本政府制定了大量的扶持政策来促进动漫等文化产业发展。2004年，经济产业省针对动漫等内容产业，专门制定了《内容产业企业振兴政策》，并于2007年再次出台了《内容产业振兴政策》，鼓励日本振兴内容产业，积极拓展国际市场，实施融资国际化战略，集聚国际创意人才，提升内容原创力，加强技术革新与合作，促进文化科技深度融合，充分利用信息网络扩大全球市场规模。在政策的具体优惠层面，日本政府主要在信托基金和税制等方面对动漫产业采取了一系列的优惠措施。从动漫创作之初，相应机构就对个人投资动漫产业采取一系列投资额的鼓励措施，并制定出一套较为成熟的方案来支撑，确保一部优秀的动漫作品从创作之初到最后完成都有比较完善的资金保障，使得动漫产业从业者无后顾之忧，因为内容产业的创作本身就是一个积累的过程，这种机制无疑提供了一个较为稳妥的后勤保障，有利于去除掉行业存在的急功近利的浮躁作风，从而保障动漫创作的持续性。在动漫产业出口层面，日本政府同样也出台了系列优惠措施来鼓励动漫企业出口，并提供商业保险，甚至对于一些小型的动漫企业或者工作室还设立了一些专门小型基金进行扶持。

此外，日本政府还努力营造动漫产业发展的市场环境，在知识产权保护方面做得非常积极。动漫产业作为知识含量极高的创意产业，其生产的动漫产品的核心价值在于动漫作品的创造性与创新性。但在某种意义上来讲，产品知识产权价值的实现才是动漫产品制作、研发乃至销售的最终目的。在动漫产业的整个产业链条上，每个环节都存在着不同形式的创造劳动，均有将这种创意活动转为知识产权化的法律诉求，因此必须加强对知识产权的保护，才能保护创作者和生产者的合法权益，才能有效激励动漫爱好者的从业热情，实现动漫产业的持续健康发展。在整个动漫产业发展历程中，良好的保障体制是支撑着产业可持续发展的有利保证，如果没有很好的保护知识产权制度，任各种盗版现象随意行为，就会严重打击从业者的积极性，从而降低整个产业的竞争力。因此，日本政府早在21世纪初期就提出要在2020年之前把日本建立成为世界第一知识产权国。早在20世纪70年代，日本政府就颁布了《著作权法》，严格界定了表演行业、书籍作品以及录制品和广播者的相关权利，还对这些权利的使用范围进行了清晰的界定，以此来保护创意理念，保护正当创意产品的合法使用权。基于此，日本政府对非法复制或者盗版动漫作品的打击力度非常大，从而有效地保障了动漫产业的有序发展。2000 年之后，在日本政府的推动下，相关机构组合成立了知识产权保护的财团法人，涵盖律师、生产者及销售者为一体的专业机构，专门保护动漫相关产品及其衍生产品的知识产权。如一部动漫产品创作后，从图书出版、电视动漫制作再到后续衍生产品制造都会有一系列版权保护合同来保驾护航。而且日本政府还专门制定了《知识产权基本法》，提出"知识产权立国"计划，并制定了"知识产权战略大纲"，确定未来多年日本知识产权战略的发展方向，以此来提升广大民众对知识产权保护的认可度和尊重，促使广大民众自发去学习知识产权保护法的相关政策，了解知识产权保护的作用，对其有着敬畏之心。只有这样，才能够有效保护动漫产业的原创性，推动从业者的创新创造能力不断提升。

第七章

异军突起：韩国影视产业发展的新态势

文化产业在韩国作为一个新兴产业起步于1994年。由于韩国经济受1998年亚洲金融危机的严重冲击，韩国政府通过执行"文化立国"政策进行经济结构转型，将文化产业定位于未来经济发展的支柱产业，国家经济发展战略导向也由"经济立国"开始转向"文化立国"。在此背景下，韩国文化产业自2000年以来发展迅速，经过20多年的发展一跃成为世界先进的文化产业发达国家，摆脱了1998年金融危机给韩国经济带来的困境，为韩国经济迅速复苏，恢复国际形象乃至维护民族文化独立性等做出了贡献。此后，众多处在经济发展困境中的落后国家纷纷效仿韩国，制定本国文化产业政策，极力推动文化产业发展，促进经济快速复苏，一段时间内在全世界推动了文化产业蓬勃发展。

第一节 韩国文化产业的发展历程

为了推动文化产业的快速发展，韩国政府文化体育部自1994年就设立了"文化产业局"，依托此机构来规划文化产业的发展。经过多年的有序推进，韩国文化产业发展取得了令人惊叹的成就，其发展状况可以用如火如荼来形容，到2015年就一跃跻身于世界第七大文化产业强国之列。可以说，韩国文化产业已然从过去的边缘产业，发展成为与韩国制造业、电子产业及房地产业并列的支柱性服务产业，成为拉动经济增长的新引擎。至于其发展历程，若从其作为韩国一个国家发展战略规划提出来，大致可以分为四个阶段：

第一阶段为韩国文化产业的起步阶段，该阶段时间跨度从 1980 年到 1998 年。其实韩国文化产业在 20 世纪 80 年代就已经列入韩国政府的产业规划中，1986 年韩国政府就提出了"文化的发展与国家的发展同步化"战略，即在其第六个经济发展 5 年规划中首次提出实现文化与国家经济同步发展的计划，这一政策为韩国文化产业的发展奠定了基调。而到了 1990 年，韩国政府在《文化发展十年规划》中进一步明确"文化要面向全体国民"的政策理念，在这之后韩国政府在 1993 年通过出台"文化繁荣五年计划"，重点扶持发展文化产业，并于 1994 年将文化观光部改设为文化产业政策局，从而提升了文化产业主管部门的核心位置，并依托此机构出台了相关的文化产业的法律法规和颁布了各种文化产业政策综合计划，从而保证了文化产业的有序发展，也向全社会树立了文化产业对经济发展的重要性。从区域发展范围来看，日本在 1995 年就提出了"文化立国"的发展方略，而韩国则是继日本之后又一个国家提出通过实施国家战略来发展文化产业的国家。依照韩国政府提出的文化发展五年规划，在文化产业的起步阶段，韩国文化产业的发展战略应是集中有限资源着力开放具有国际竞争力的高质量文化产品，重点扶持乃至培育众多战略性文化产业，也就是所谓的战略性"选择与集中"政策，通过有选择的支持部分重点文化企业和项目，力争在短时间内使得国家的扶持政策产生最大的整体效应。在此理念支撑下，韩国于 1997 年设立了"文化产业基金"，贷款对象主要是新创办的文化企业，同时韩国文化观光部、产业资源部、信息通讯部通力合作，建立各自下属的"游戏技术开发中心"和"游戏综合支持中心"，以此来为本国游戏产业的发展提供智力支撑。此外，韩国文化观光部和产业资源部也通过设立韩国卡通形象文化产业协会和韩国卡通形象产业协会，来专门创作和开发卡通人物，以此来助推韩国动漫产业的发展。

第二阶段时间跨度为 1998 年至 2003 年，该阶段里韩国文化产业进入快速发展阶段。韩国的"文化立国"方针由时任总统金大中于 1998 年首次明确提出，明确最终目标是把韩国建设成为 21 世纪文化大国和知识经济强国。但文化产业毕竟是一个新兴产业，其所产生的经济效益也存在着较大的未知数，因此众多企业及民众并不认可把文化产业作为一个新的经济增长出发点。为此，韩国政府在产业发展初期就着重面向大众进行文化产业的理念宣传，而后期又加强对文化创意人才的培养，以便实现文化产业内容的创造性开发，并促进了投资与流通体系的建设，从而推动韩国文化产业国际竞争力不断提升。具体而言，韩国政府自 1999 年开始就着手制定了有关文化产业的综合性法规——《文化产业振兴基本法》，而后又于 2001 年针对各行业发展实际情况分别制定了《文化产业发展 5 年计划》《文化产业前景》《文化产业发展推进计划》，同时对《影像振兴基本法》《著作权法》《电影振兴法》《演出法》《广播法》《唱片、录像带暨游戏制品法》等做了修订，为文化产业的发展提供了法律法规保障。在政府机构设置方面，韩国政府在 2000 年就针对文化产业专门成立了"文化产业振兴委员会"，其职责就是围绕文化产业发展规划、政策运营方向设定相应政策，同时也面向社会设立产业振兴基金及经营方案，并跟踪调查各项政策的执行情况，以此保证文化产业确实受益。隔年，韩国政府又在文化观光部下面设置了"文化产业振兴院"，进一步推动"文化立国"战略的全面实施，并对文化产业的发展给予充分的资源支持，同时落实各项已然制定的政策措施，从而确保文化产业有序发展。在财政投入方面，韩国政府多年来通过国家预算拨款、投资组合、专项组合、专项基金等方式进行文化产业融资，融资额度达到 5 000 多亿韩元，并面向市场成立了多个专项基金，包括文艺振兴基金、文化产业振兴基金、信息化促进基金、广播发展基金、电影振兴基金、出版基金等等，以此来保证文化产业发展所需资金得到有效满足。在文化产业人才培养方面，进入 21 世纪之后，韩国政府就投入重金加强文化创意教育课程设置及复合型人才规划，重点抓好电影、卡通、游戏、广播影像等产业的高级人才培养。加强艺术学科的实用性教育，扩大文化产业与纯艺术人员之间的交流合作，构建"文化艺术和文化产业双赢"的人才培养机制。在法制建设方面，韩国政府充分发挥了政府立法上保驾护航的作用，在立法、组织管理、知识产权保护及专利权注册、开拓海外市场等各方面为文化产业从业人士提供全方位配套服务。如韩国文化观光部于 2002 年所成立的"文化产业支持机构协议会"，将原来分散组织的活动大型化、集中化，就避免了原先业务交叉重复，浪费资源，同时也加强了政府与企业、企业与企业之间的信息沟通。经过有效规划和有效地推动，韩国文化产业的市场规模以年均接近28%的速率高速增长，增速远远高于同期GDP增速，2001年韩国文化产业的市场规模已经达到13兆韩元，2002年达到18.3兆韩元，约合157亿美元。其中广播电视73 000亿韩元；卡通52 771亿韩元；游戏34 026亿韩元；电影6 237亿韩元；漫画6 033亿韩元；动画3 650亿韩元；唱片2 861亿韩元。海外出口额5亿美元，占世界市场份额的15%。

第三阶段主要是卢武铉政府阶段，时间跨度从2003～2008年。这一阶段里韩国文化产业发展主要是面向国外进军问题。韩国政府在发展文化产业之初，就意识到韩国文化产业最终是要走出国门，因为韩国本国市场不足以支撑整个产业的后续发展，因此只有实现韩流世界化，才能实现行业的可持续发展。自2000年之后，全球范围内的文化产业平均增长率约为3%，但韩国国内文化产业增长率却高达6%，是全球的两倍。从文化产品的出口来看，美国历来处于相对优势地位，美国文化产业在其国内产业结构中位居第二，在出口产业结构中位居第一；而日本仅次于美国，其文化产业规模比电子业和汽车业还要大，动漫产业占世界市场的62%，游戏领域占世界市场的1/3。韩国政府对文化产业国际化进行了阶段性规划，先是通过韩国国内市场挖掘收回制作成本，而后以中国、日本的东亚地区为先行试点区域作为开启国际市场的跳板，实现海外市场大幅度盈利。

在清醒认识国际与国内文化产业的情况下，韩国政府与企业更加重视文化产业的发展。首先，韩国坚持"文化立国"国家战略不动摇，提出了"新艺术产业""创意韩国""文化强国"等一系列想法，制定了一系列保护与促进文化产业发展的政策。其次，韩国政府还规定，从事游戏产业的高科技人才可以免除两年兵役，政府公开减免游戏公司的税务负担，从业人员甚至每月能领到政府相关部门为鼓励网游行业发展而发放的补贴。2004年11月，韩国软件振兴院为加快韩国中小游戏企业进军海外市场的步伐而建立了网络游戏全球测试平台，成功帮助了多款游戏进入商业化运作，并帮助一些小公司走出国门发展。韩国政府认为政府的作用主要是为企业打开市场提供免费的一站式解决方案。为此，韩国软件振兴院在很多国家都设置了客户端下载服务器，韩国企业只要连接当地的服务器就可以进入网络游戏全球测试平台。企业走出国门的所有费用都由政府承担。政府甚至还承担一部分游戏的翻译费用。韩国政府为动漫产业提供了良好的发展空间，对韩国动画片与进口动画片在电视台的播放比例进行了详细的规定：韩国动画片占45%，外国动画片占55%。此外，任何一个国家动画片在韩国的播放比例不能超过本国动画片播出总量的60%。同时，韩国在动漫制作机制上逐步实现了从"以集体制作为中心"向"以个人制作为中心"的转变。为了防止动画片在电视上的播出时段缩短甚至消失，韩国政府修订了《广播法》，从2005年7月起采用韩国动画片义务播放制，按规定，各电视台要保障用总时间的1%~1.5%播放韩国动画片，这使韩国动画片有了稳定的国内市场。韩国政府设立了"国务总理奖""文化观光部长官奖"和"出口奖"等奖项，激励动漫画产业发展，还为获奖单位提供国内外经营出口的多种优惠，对动漫产业实施了一整套激励机制。这些措施使韩国成为仅次于日本、美国的世界第三大动漫产业大国。与日本、美国相比，虽然韩国的经济总量不高，并不在世界前列，但韩国的文化产业却一枝独秀，跻身于世界前五名，网络游戏还位于世界第3位。根据韩国文化产业振兴院2007年给出的数据，"韩国2006年的文化产业的市场总销售额为57.9万亿韩元，占当年韩国GDP比重升至6.86%。2003~2006年的平均增速高达9.4%。亚洲金融危机后，韩国致力于振兴文化产业，并着力走出自己的特色，在动画、漫画、游戏产业中形成与美国、日本相互竞争的三足鼎立之势，尤其韩国游戏产业已然成为韩国经济重振的一支战略尖兵。2006年，韩国在线游戏销量达到17 768亿韩元，比2005年增长了18.9%。2007年韩国国内游戏市场总产值达到51 436亿韩元，2007年韩国游戏产业出口7.8亿美元，比2006年的6.7亿美元增长了16.2%。2008年韩国国内游戏产业产值为5.6亿韩元，比2007年增长了9%。在韩国的游戏产业中，网络游戏的份额最大为82%，游戏机为9%、手机游戏为5.4%。2008年韩国游戏出口额为10.9亿美元，比2007年增长40.1%，占包括书籍、音乐、电影、电视等韩国文化创意产业出口总额的一半以上。"① 2011 年，韩国文化观光部下属游戏产业开发院发行《韩国游戏产业白皮书》，韩国游戏产业产值在 2011 年就达 404 亿韩元，网络游戏产值达 260 多亿韩元，占整个游戏市场接近 7 成。而且韩国游戏的对外输出每年都以接近 20% 的比值增长，出口最多的国家是中国，占整体出口比值达 38%。由此可见，在整个文化产业体系中，游戏产业是韩国的明星行业，也是发展最快的行业，也是韩国形象提升的关键。据统计，"2004 年，以影视剧、网络游戏等为代表的韩国文化产品形成的一股'韩流'几乎席卷整个亚洲，使韩国获得了 9.18 亿美元的收入。2006 年，韩国形象产业中的形象开发以及版权的市场规模达到 3 068 亿韩元，比 2005 年增长 1%；形象商品制作规模为 20 433 亿韩元，增长 11.9%；形象商品消费市场规模为 44 109 亿韩元，增长 2.9%。"② 其中，韩国知名游戏品牌"任天堂"更是风靡全球，甚至在国际游戏产业领域上能够形成发展第三极，能够与微软、索尼等巨头企业形成对峙局面。在开发游戏作品的同时，韩国企业还注重游戏衍生品的打造，不断挖掘数字化游戏的经济潜力，开发出多类型的游戏数字产业，产值也不断创新高，2007 年其市场规模就已达到了 100 067 亿韩元，其中新媒体发展最为迅速，已然成为新的一股文化产业旋风。为此，为了更好地维护游戏数字产业的发展氛围，韩国政府于 2007 年专门出台《网络多媒体广播法》，准予通过宽带网络平台来提升影视剧目的播放量，在 2008 年则进一步启动 IP1、IPV 服务。通过这种服务模式，特别是利用有线电视网络，集互联网、多媒体、通信等多种技术于一体的交互式网络电视（IPTV），为消费者提供了包括数字电视在内的多种服务，进一步提升了影视产业的受众范围，极大地提升了消费范围。可以说，2005 年韩国影视产业发展迅速与韩国大量应用数字化技术与互联网是分不开的。当然这种平台输出在韩国国内受其政策保护有着极大关系，但走出国门，进入他国则面临着他国法律、政策的制约，因为强烈地单向输出特征也引起了亚洲以及其他文化圈国家的反感。以中国为例，2005 年 4 月，

---

① 李忠辉. 韩国文化产业政策调整对我国的启示 [J]. 文化软实力研究，2016 (12).
② 方忠. 中韩文化创意经济效应比较研究 [M]. 北京：经济科学出版社，2016.

中国进口的电视剧产品中，韩剧占到31%，但2007年则降至6.6%，这反映了文化产业发展容易受到外界因素的影响制约，更多是通过沟通与协调来发展的。

第四阶段则是韩国文化产业国际化成效凸显的阶段，时间跨度为2008年至今。2008年之后，受美国金融危机影响，世界经济体系发生了一个较大的结构变化，对各个国家的实体经济也产生了较大的影响，但韩国文化产品却呈现出另类风格，成为风靡亚洲的一个奇特的文化现象。韩国文化所掀起的"韩流现象"对于处在金融危机中的韩国来说就是一针"强心剂"，因此韩国将文化产业列为21世纪国家战略性经济支柱产业，不仅提出了"文化救国"战略诉求，也对外喊出了"韩国文化世界化"的口号，充分发挥了文化产业"面包器"效应，通过文化产业催生国家经济的快速发展。从2010年开始，韩国文化产业振兴院就投资2 000多亿韩元来扶持文化产业的发展，使得韩国文化产业成为继汽车制造业之后为韩国经济赚取外汇最多的行业，也验证了韩国的文化产业强国的说法。比如，从韩国文化产品出口规模来看，2009年之后，其文化产品基本以每年22.5%的速率增长，2012年期出口规模就达到43.2亿美元，相比于2008年，增长幅度达到两倍多。在影视文化产业，韩国文化则掀起韩流电影的文化潮流。韩国影视剧不仅在自己国内屡创纪录，成功抗击好莱坞电影，在海外也形成了一股示范效应，成功宣扬了韩国文化。据文化产业振兴院发布的《韩国文化发展报告》，2012年韩国电影的海外票房达到416亿韩元，同比上升10.4%。而韩国影视的走俏，也带动了韩国文化产品席卷全球，尤其在中国，甚至形成了一批"哈韩族"，基本上韩国文化产业出口每增加100美元，就能使得韩国商品出口增加412美元。据统计，"2014年韩国游戏产业销售总额比2013年增长11.2%，达到12兆1 028亿韩元，输出总额可望比上年增长15.6%，超过34.4亿美元。"[①]

如前所说，游戏产业是韩国文化产业的一大标志性产业，当然韩国游戏产业的快速崛起与其政府管理理念的转变是分不开的。但早期，韩

---

① 方忠. 中韩文化创意产业经济效应比较研究［M］. 北京：经济科学出版社，2016.

国的游戏产业主要是以娱乐棋牌室附设的游戏场而作为形态存在的，政府对于游戏产业的认识更多是基于其可能产生更多社会消极作用，主要采取控制防范的手段。而到了 20 世纪 90 年代后期，随着技术的兴起与游戏产业的融合，游戏产业的市场规模不断扩大，游戏产业所产生的文化影响力及作为未来战略产业的核心价值也逐渐引起政府的重视。在 1998 年"文化立国"战略引领下，韩国还专门组建了韩国游戏支持中心，向韩国游戏产业提供从资金到技术等多方面支持，从政策、税收及配套设施等几个方面给予游戏产业发展提供极大的便利和优惠措施。在基层运作方面，还特别成立游戏投资联盟，每年向游戏产业投入 500 亿韩元以上的资金，并为从事游戏行业的中小企业提供长期的低息贷款，保证游戏产业发展所需的资金。在宏观政策设计方面，韩国政府也设立了信息化基金和文化产业基金，为游戏产业服务，对指定的风险企业实行各种税收优惠政策，减少甚至免除游戏企业的税务负担；建设游戏产业基地以扶持中小游戏企业的发展。此外，韩国政府在注重提升游戏产业的经济价值的同时，也着力培养和发挥其文化功能。具体而言，其通过举办各种游戏研究研讨会、游戏训练营以及游戏音乐会等各种活动，推广游戏文化活动。同时，聘请大众明星来担任游戏形象大使，并开展各种游戏体验项目，使得游戏在社会中能够更为充分地发挥其特殊文化普及功能。经过十几年的发展，韩国的游戏产值已然超过了其汽车制造业，成为韩国国民经济的支柱产业之一，位居世界第二。但由此也给韩国社会带来了一系列社会问题，并在近些年问题不断扩大了。为此，从 2011 年开始，韩国政府又开始一步步限制游戏，以防止出现"妖魔化游戏"或者"网瘾"。而到了 2012 年了，又出台了一系列制裁措施，强调由游戏公司来为治疗这些社会问题买单。但就是在这种背景下，韩国游戏产业仍在不断发展，并在 2013 年其游戏出口额更是突破了 30 亿美元。为此，2014 年韩国政府将游戏内容、平台、网络等综合为一体，提出《五大核心产业》战略，其中游戏产业排名第一，游戏产业的审核可脱离文化部的管辖范围，从而让游戏创作更加透明和真实，可以实现飞跃式发展，从而引领韩国游戏产业迈向新一轮发展巅峰。[①]

　　总体而言，韩国政府定调发展文化产业，甚至将弘扬韩国文化定为国策之一，其目的就在于强调创造型经济是经济兴国的重要辅助手段，希望演艺圈内的每一个从业人员都能为韩流文化的传播做出贡献，同时这也是短时间内有效推广国家品牌文化的便利途径。此后，韩国文化体育观光部发布文化技术中长期计划，明确指出要提高对应用在电影、广播、游戏、动画、演出、展览等文化产业内容上的技术的研发投资。该计划目的就是提高文化技术相关产业的竞争力，为实现"文化隆盛"的国策基调打下基础。同时，韩国政府还注重文化产业的学术化研究及技术研发。从2014年到2016年，就投入384亿韩元（约2.4亿人民币）来支持文化技术研究，重点研究音乐、电影等五大重点产业，并依托文化产业振兴院设立20多个处，为相关研究人员或团队提供研究经费，覆盖演出、音乐、电影等多个门类，以此保证文化产业的可持续发展。

第二节　韩国文化产业的发展现状

一、韩国文化产业整体规模分析

　　韩国政府自1998年提出"文化立国"战略以来，给予文化产业发展全位的扶持，从国家政策法律制定、人才规划再到财政资金扶持等方面都给予较为充分的支持。尤其文化产业不同于其他传统产业，有着准公共产品的公益性质，这就决定了其在发展初期阶段由政府进行大幅度投入，而且是持续的投入，才能维持文化产业的可持续发展。以资金投入为例，从1994年开始，文化产业预算金额就呈年度递增趋势，从1994年仅占1.8%提高到2010年占20%，可以说是呈倍数式上升。也正是在韩国政府强有力的政策与财政投入支持下，韩国文化产业在短短几年里发展到了市

---

　　① 根据韩国文化产业振兴院发布的《2015年文化产业统计》整理所得。

场规模不断扩大，业务范围遍及全球各地。销售总额也呈逐年递增趋势，竞争力不断增强。据韩国文化产业振兴研究院统计，"2001 年韩国文化创意产业的市场销售总额约为 13 兆韩元，按当年汇率折合约为 122 亿美元；2002 年市场销售总额达到 18.3 兆韩元，折合 174.6 亿美元；2003 年韩国文化创意产业则有了质的飞跃，达到约为 44 兆韩元，折合约为 370 亿美元，占到当年韩国 GDP 的 6%；2004 年韩国文化创意产业市场销售总额达到约为 53 兆韩元，按当年汇率折合约为 450 亿美元；2005 年达到将近 60 兆韩元，折合约为 490 亿美元，2006 年更是达到五百多亿美元。2008 年尽管在由金融危机引起的世界经济危机的背景下，韩国文化创意产业出口却以汇率上涨和各种文化产业竞争力加强为基础，除电影产业以外的所有文化创意产业的出口都显示出增加趋势。尤其是占韩国文化创意产业出口 50% 以上的游戏产业的出口（109 386 万美元）比前一年增加了约 40%，对文化产业出口增长发挥了牵引作用。"① 可以看出，韩国文化产业的抗压能力还是很强的，由《2009 年韩国文化产业发展报告》中所发布的数据，可看出 2009 年上半年比 2008 年同期增长了 2.4%，这也就意味着文化产业已经克服了 2008 年金融危机所带来冲击，进入到全面复苏阶段，甚至也带动其他产业进入复苏阶段。

从行业类别区分来说，韩国文化产业内部子行业大致包括动漫游戏产业、出版业、影视产业及广告业，也包括演艺音乐产业等等。应该说，韩国文化产业主要是以影视及游戏产业为主要支撑，但也随着实践的变化而不断调整，形成层次鲜明的行业发展趋势。"以 2006 年为例，韩国出版业产值占韩国文化创意产业产值的比重约为 35%。从图 7-1 中，可以看出近几年韩国出版印刷类和影像类在文化创意产业中所占比重一直占据头两位，由此可知，韩国新闻出版业和广播影视服务业也是韩国文化创意产业的核心产业，但韩国游戏产业所占比重约为 13%，且从 2005 年开始韩国网络游戏有了质的飞跃，大有成为韩国文化创意产业重要组成部分的趋势。"②

①② 方忠. 中韩文化创意产业经济效应比较研究 [M]. 北京：经济科学出版社，2016.

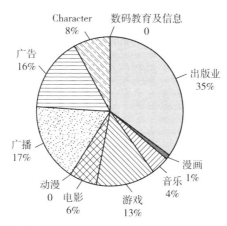

图7-1　韩国文化创意产业内部各行业所占比重

二、韩国出版业现状

长期以来，我国出版产业主要是以公益性质为主，虽然后来进行了市场化改革，但还保留着计划体制特点，甚至出版社仍属于体制内范畴。相比之下，韩国出版产业市场经营模式相对成熟，经营自由化程度较高，尤其是在韩国政府出台鼓励出版行业发展的政策举措之后，韩国出版社数量不断上升，由原先的不到3 000多家一下子飞跃到2006年的27 103家，增长率达到接近十倍左右，基本上在近十来年都呈阶梯式上升趋势（见表7-1）。

表7-1				韩国各年度出版社数量增加情况				单位：家
项目	1998年	1999年	2000年	2001年	2002年	2003年	2004年	2005年	2006年
出版社数量	13 822	15 385	16 059	17 239	19 135	20 782	22 498	24 580	27 103

资料来源：韩国文化产业振兴院所发布的《2006年文化产业统计》。

"从图书发行数量来看，2006年韩国出版的图书达到1.1973亿册，比2005年减少了5.5%，其中每种图书平均发行2 485册，比2005年的2 746册减少了10.5%。但发行的图书种类比2005年增加了4.4%，达到45 521种图书。在这45 521种图书中，技术科学类图书增加了22.7%，增幅最大；其次分别是文学类、社会科学类、艺术类，分别增长了17.2%、12.3%、6.2%。而且自2000年开始，韩国网络书店的规模便呈现出急速扩大的态势，到2006年大约有上百个网络书店投入运营，网络书店的销售额也从1997年的5亿韩元发展到2006年的6 277亿韩元，年年递增，呈现一日千里的急速增长趋势。"① 韩国网络书店销售情况参见表7-2。

表7-2　　　　　　　　　**韩国网络书店历年销售额**　　　　　　单位：亿韩元

指标	2001年	2002年	2003年	2004年	2005年	2006年
销售额	1 834	2 956	3 443	3 743	4 957	6 277

资料来源：韩国文化产业振兴院所发布的《2006年文化产业统计》。

此外，韩国出版业市场国际化趋势也日趋明显，各出版商通过各种国际交流的方式积极融入各种国际出版活动。如2005年法兰克福书展、北京国际书展和东京国际书展，韩国均作为主宾国参加活动，而后又在首尔地区举办国际书展活动，以此更好地宣扬韩国文化。通过这些书展，韩国出版业有效地展示了自身特色，一方面，向全世界图书爱好者展示了韩国文化，提升了韩国图书的影响力；另一方面，通过与其他国家的出版业交流，产生激烈思想碰撞，可将当前国际先进出版理念引入韩国国内，进而融合韩国自身特色，有效提升出版业竞争力。应该说，韩国出版商主动走出去，融合世界的行为主要是基于自身国内市场狭小，竞争激烈，只有走出去，开拓国际市场，特别是文化相似的中日市场，才能更好地维持自身发展。例如，进入中国市场，韩国主要是借助影视产业和网络游戏这一平台。在影视方面，借助类似《来自星星的你》和《我的野蛮女友》等电影、电视剧的热播，引起中国观众的关注，而后再发行同名小说。在网络游戏方面，则是基于当代青少年的思维及阅读习惯，先试发行与网络游戏配套的小说，在形成一定消费群体后再规模发行。

三、韩国影视产业与旅游产业融合现状

影视产业历来是韩国文化产业的风向标，也是其主要创收的行业，因

---

① 方忠. 中韩文化创意产业经济效应比较研究［M］. 北京：经济科学出版社，2016.

此韩国政府对于韩国电影和电视剧历来是采取行业有限政策倾斜的方式加以扶持，不仅对于国产电影的上映档期采取行政强制手段加以配额保证，甚至规定影院发行方每年播放国产电影的时间不少于 126 天，对于发行国产电影的发行公司和只上映国产电影的影院给予税收政策上的优惠。正是由于韩国政府的保驾护航，韩国影视产业才得以迅速发展，出现一大批有国际影响力的优秀作品，硕果累累，在韩国国内也引起国人的观看热情不断高涨，往往超越了对好莱坞大片的关注。据《韩国文化发展报告》统计，韩国国产电影在本国占有率从 1993 年的 13% 上升到 2015 的 62%，"从 1995 年到 2004 年，韩国电影观众人次增加了八倍多，由 4 613 万增加到 1.35 亿。2004 年韩国十大卖座电影中，国产电影占了 6 部。2004 年共有 319 部韩国电影参加了 824 次国外电影节，获得 66 个奖项。"① 韩国国产电影不仅在国内不断刷新最高票房纪录，同时在国际市场上的知名度也不断得以提升，出口额也呈逐年上升趋势，1995 年出口额仅仅 21 万美元，到了 2004 年就已面向 62 个国家出口了接近两百部电影，出口额接近达到 6 000 万美元，平均每部出口价格为 30 万美元。可见，在某些领域，电影产业已然超过传统产业，成为韩国经济发展最为强劲的行业，已逐渐成为一个独立完整的产业体系，并对相关行业形成了强有力的带动效应，已然成为韩国一个新的经济增长点，尤其是目前韩国政府所推崇的"韩剧旅游"更是一个密不可分的产业链条，基本上一部电视剧热销后会带动当地旅游收入的直线上升，同时衍生出各种产业。韩剧中众多男女主角，往往是选择各个外在形象俊朗、漂亮的偶像明星，加以各种唯美唯肖的影视画面和令人向往的剧情，同时包含韩国各地优美的自然风光和丰富的美食，以此来抓住观众的眼球。可以说，韩剧的播出不仅有利推动了韩国文化的传播，同时也吸引全球各地的追星族积极去寻找"韩剧"里的圣地，去了解韩国，带动了当地经济发展。比如在我国影响深远的韩剧《大长今》播出后，不仅创下了高收视率，也在我国掀起了一股"韩流"，甚至在青少年中也形成了一种"哈韩族"文化。而且《大长今》的拍摄地——济州

---

① 方忠．中韩文化创意产业经济效应比较研究［M］．北京：经济科学出版社，2016.

岛，更是成为许多剧迷的膜拜之地。济州岛当地不仅围绕《大长今》设立了十来个影视体验景点，更是建立了"大长今主题公园"，这些都为当地带来可观的旅游收入。同样的，类似《来自星星的你》《城市猎人》或者更早的韩剧《天国的阶梯》《蓝色生死恋》等等，也使得当时拍摄所在地成为网红旅游景点，开辟出一条独特的韩剧旅游线路，成为众多影视剧迷的朝圣之地。

四、韩国文化产业出口现状

自文化立国战略确定以来，韩国文化产业竞争力逐年得以提升，并逐步辐射到其文化创意产品出口方面，贸易额也呈逐年上升趋势。据统计，"2005 年韩国文化创意产业进出口贸易总额达到 123 597 亿韩元，比前一年增加了 31.6%，其中广播产业、动漫产业、电影产业、游戏产业等这些核心文化创意产业占据了主导地位，电影增长最高，为 28.9%，其他依次为出版 28.2%，音乐 18.9%，广告 13.6%。首先，在文化产品出口方面，自 2000 年以后，其文化产品的出口呈逐年增长的趋势，2000 年为 5 亿美元，2001 年为 5.8 亿美元，2002 年为 5 亿美元，2003 年为 6.1 亿美元，2004 年韩国文化创意产业出口总额则达到 8 亿美元，2005 年更达到 12.3 亿美元。"① 由此可见，进入 21 世纪以来，韩国文化产品出口规模呈几何级数上升，2005 年的出口额是 2000 年的两倍多，年增长率也达到了 45%。进入 2006 年后，借助韩国文化产业在全球掀起的"韩流"现象，韩国影视产业出口增长率更是高达 71% 之多。其他产业也呈增长态势，例如，动漫产业虽然受制于技术创新，但经历 2004 年的 OEM 技术革新之后也是实现出口额猛涨的态势。即使是在 2008 年由美国金融海啸导致全球经济进入衰退的时期，韩国文化产业出口额仍呈上升势头，比 2007 年增长了 28.8%，达到了 189 025 万美元。"特别是作为韩国文化创意产业之核心的游戏业 2008 年输出比 2007 年增长 40% 以上，达到 10.9 亿美元，收入为 3.8692 亿美元，约为前一年的 2.8 倍，其中，网络游戏同比 2007 年输出

---

① 方忠. 中韩文化创意产业经济效应比较研究 [M]. 北京：经济科学出版社，2016.

额增长 43%，为 10.6730 亿美元，占到韩国游戏产业整体输出额的 97% 以上，相比 2007 年的 95% 比重又有所上升。与 2008 年韩国国际贸易收支减少 130 亿美元相对应的是，韩国游戏产业却实现了贸易顺差约为 7.1 亿美元，6 年来连续实现贸易顺差。"①

　　总体而言，一方面，韩国文化产业贸易在近十年以来，一直呈现贸易顺差的姿态，其中游戏产业已然成为贸易顺差的主要领域。"至于韩国广播影视贸易方面，2009 年上半年其广播电视文化创意内容出口额为 7 924.5 万美元，较之 2007 上半年出口额 5 012 万美元增长了 58.1%，连续两年增幅超过 50%。"② 另一方面，韩国文化产品在总体出口额度保持增长的同时，各行业也体现出不同程度的增减趋势。例如，2005 年韩国文化产业的进口总额约为 3 亿美元，比前一年增长了 82.7%，但除漫画、广告和游戏之外其他文化创意产业主要行业部门都呈现出减少趋势，贸易产品涉及各个领域，我们以 2007 年韩国文化观光部所发布的《2006 年文化产业统计》所提供的数据进行整理，见表 7 - 3。

表 7 - 3　　　　　　　　2005 年韩国文化创意产业进出口规模

产业名称	出口		进口		进口占出口比例
	2005 年（百万美元）	增长率（%）	2005 年（百万美元）	增长率（%）	
出版业	191.3	5	231.07	1.7	1.2 倍
漫画	3.3	73.6	0.9	125	27.2%
音乐	22.3	-34.7	8.3	-59.8	37.2%
游戏	564.7	45.7	232.9	13.6	41.3%
电影	76	30.4	46.8	-29.3	61.6%
动漫	78.4	26.9	5.5	-31.3	7.01%
广播	121.8	73.3	43.2	-26.3	35.5%
广告	9.3	-55.3	2 292.8	149	246.5 倍

①②　方忠．中韩文化创意产业经济效应比较研究［M］．北京：经济科学出版社，2016.

续表

产业名称	出口		进口		进口占出口比例
	2005 年（百万美元）	增长率（%）	2005 年（百万美元）	增长率（%）	
卡通形象	163.7	39.6	123.4	-4.64	75.4%
数码教育及信息	5.2	6.1	0.4	0	7.7%
合计	1 236	31.6	2 985.9	82.7	2.4 倍

由表 7-3 可以看出，目前虽然贸易逆差在两国文化产业都存在着，但却有本质上的区别。我国文化产业贸易逆差是分布在各个子行业上，体现在各种文化产品的逆差上，包括核心的文化产品。而韩国文化产业的贸易逆差更多是体现在广告业务方面及出版业方面，但其实类似动漫游戏行业、影视行业及高科技的数码文化教育方面等这些文化创意的核心行业都呈现出顺差状态，这体现出韩国文化产业的核心竞争力。因此，虽然总体上韩国文化产业贸易呈现出逆差情况，但盈利能力更高的文化产品却是顺差状态，因此韩国其实从文化产品出口中获得的收益是非常高的。例如，"从文化创意产业海外市场的开拓形态来看，韩国文化创意产业出口形态及所占比重大体上可分为：成品出口（34.6%），主要是以出版和音乐产业为主；专利（29.8%），主要是电影及漫画产业；OEM 出口（25.7%），主要是以动漫产业及游戏产业为主；技术服务（8.5%），主要是以数码信息教育为主；海外投资共同制作（1.4%）。"[1] 至于通过开拓海外市场提升文化产品盈利空间，韩国政府更是通过官方层面举办海外展示会，集合各个行业的特点及发展规律，或者选择国内代理及海外专门代理商来实现文化产品出口增长。例如，韩国影视产品就是结合他国当地的流通公司，借助其流通渠道来开展业务。动漫游戏产业要么通过国内代理或者设立海外法人代表来拓展业务。当然相比于这些行业，韩国的广告业发展却严重滞后，存在着较大的贸易逆差。究其原因，主要在于 1998 年金融危机之后，

---

[1]　方忠. 中韩文化创意产业经济效应比较研究 [M]. 北京：经济科学出版社，2016.

外国广告公司以各种方式进入韩国国内市场，比如以广告信托等方式来扩大在韩国国内的市场占有率，从 1998 年仅有 11% 左右飙升到 2010 年的 56.8%，更有韩国自己国内著名公司全盘为外国企业收购，如韩国国内排名第二的 LGAD 的经营权转让给国外广告公司，而这无疑进一步带动了外国企业直接进入韩国广告市场，且业绩也不断提升。截至 2014 年，当今三大广告集团（WPP、Omnicom、IPG）在韩国国内一共控制着十家广告公司。其中 WPP 控制着 LGAD、金刚企划、Ogilvy & Mather Korea、JWT - Adventure、Ablea Communication Group 五家公司，Omnicom 控制着 TBWA Korea、LEE & DDB、BBDO Korea 三家公司，IPG 则控制 Mccann World Group、FCB Korea 两家公司。应该说，韩国国内广告市场的放开吸引了众多外资及外国优秀公司的进入，一定程度上提升了韩国广告业的竞争水平，但对于还处于起步阶段的韩国国内广告企业而言就形成了巨大的发展威胁，无论从资本还是技术实力来说，双方都存在巨大差距，这就造成了韩国广告业发展存在着严重的先天不足。

第三节　韩国文化产业的发展经验借鉴

一、灵活多变的政府文化产业决策

韩国政府自金大中时期确立"文化立国"战略以来，以建设文化产业强国，推动文化产业可持续发展为目标，从宏观的政策规划、机构设置、财政拨款扶持到微观的创意人才培养、文化科技开发、文化资源开采、知识产权保护、风投资金建立以及文化产品销售渠道构建，进行全方位的设计和扶持，而且各级地方文化产业发展政策也会根据各自区域文化的不同而进行相应的政策调整，促使韩国文化产业有效对接世界经济体系。在扶持文化产业发展的政策层面，韩国政府自 1998 年之后，就相继出台各种政策乃至法律来扶持韩国广播影视、出版业及游戏业等，其中包括 1999 年出台的"文化产业振兴基本法"。而随着韩国文化产业成为国家战略产业，为进一步完善文化创意产业体系，有效推动文化创意产业的发展，韩国政府于2010年出台"创意产业振兴法"，为文化产业的发展提供行政和财政扶持。应该说，这两部法律的出台为韩国文化产业的发展奠定了法律基础，从而有效促进了文化产业的繁荣和发展，在整个社会中营造出良好的文化产业发展氛围，增强了文化产业竞争力，提高了国民文化生活质量，推动了国民经济发展。随着社会的变化和发展，新的机遇和挑战也随之而来，因此，为适应新时期的挑战，韩国政府一方面对现有法律进行相应调整；另一方面又相继出台各种法律法规，如"文化基本法"（2013年12月）、"大众文化艺术产业发展法"（2014年1月）、"工艺文化产业振兴法"（2015年4月）、"文学振兴法"（2016年2月）、"人文学及人文精神文化振兴相关法"（2016年2月）等新法来提升文化产业国际竞争力，提升其发展水平。当然众多法律的调整及制定主要是基于两个方向来对文化产业进行调整：一是针对文化产业子行业众多的特点，出台"大众文化艺术产业发展法"，着力发展大众文化艺术产业，提升大众文化产业竞争力水平，进而在整个社会建立起先进的大众文化艺术产业体系。该法律有效拓宽了韩国文化产业的业务范畴，将韩国广播影视、电玩、图书出版、著作、媒体、电子等众多子行业引入民众日常生活领域中，实现了韩国文化产业的全面发展。而另外一部"工艺文化产业振兴法"则是重在提升韩国在国际社会中的国际形象，着力发展工艺美术文化产业，开发建立了相对完善的工艺品价值体系，即通过创新研发各种有高度文化价值的工艺美术产品，深入挖掘工艺美术产业的艺术价值，从而创造出品质高雅的文化生活，实现了韩国文化产业的纵深发展。应该说"大众文化艺术产业发展法"和"工艺文化产业振兴法"体现出韩国文化产业发展的广度和深度，但这些法律更多是基于经济层面的产业法律，并未顾及文学层面。而文化产业本身是一个内容产业，文化是文化产业的灵魂与核心，决定着文化产业的兴衰。因此，自2014年以后，韩国为进一步繁荣文化，先后制定了"文化基本法"（2014年2月）、"文学振兴法"（2016年2月）、"人文学及人文精神文化振兴相关法"（2016年2月），从各个层面来保障韩国文化产业的核心内容不会衰落。其中"文化基本法"的宗旨是消除文化差异，彰显文化价值，保障国民享有文化创造权与参与权，培养文化人才，促进文化振兴，提升国民文化生活质量，营造幸福社会。而"文学振兴法"则强调文学是一个国家文化艺术的根本，为繁荣发展文化艺术，需要制定法律对文学进行全面的保护与培育，为国家发展做贡献。"人文学及人文精神文化振兴相关法"的设立目的是，通过振兴及发扬人文学及人文精神文化，培养创意人才，丰富国民情感与智慧，改善生活质量。以上这些法律的颁布体现出韩国政府从法律层面振兴人文学，通过人文学推动文化发展，以文化发展带动文化产业的意图，从而有效支撑了韩国文化产业的发展。

同时在推动产业发展的时候，韩国政府也非常注重吸收各种社会力量参与进来。例如，影视产业，韩国政府就十分重视其所带来的经济效益和社会效益，通过制定长期和短期的目标计划，通过提供各种优惠的措施来吸引众多社会资本投身于影视剧行业中，以此来推动韩剧旅游产业的有序发展，形成一个系统工程。具体而言，在前期的影视剧拍摄流程中，韩国政府就会主动提供方便帮助拍摄方选择各个风景胜地，甚至出资搭建一个影视拍摄基地，以供各影视公司拍摄作品之用。而在后期流程中，政府则会在影视剧宣传方面充分配合影视公司宣传，实施旅游宣传营销活动。而在韩剧走红后，不仅这一景点会带来大量的游客，从而给政府带来巨额收益（尤其影视作品里的饮食、服装等等一系列道具所产生的文化也会吸引着广大商家进入这一行业里创作出各种产品，吸引游客购买），而且影视旅游基地也会让消费者体验各种影视文化，将韩国文化的独特性与旅游资源实现有效融合，进而产生巨大的营销潜力。

二、增强对文化科技及产品研发的投入

自 2010 年后，文化产业在全球出现了新发展演变趋势，从策划、生产、宣传到消费整个产业体系以迅猛速度向多样化发展，并不断融合了各种社会主题，渗透到各个领域，运用各种高科技手段来提升文化产业的潜在价值。可以说，文化产业技术已然成为关系文化产业成本的关键因素。例如，3D 电影技术的出现就是典型的高科技与电影产业的融合，扩展了观众的视觉享受，带来了价值的提升。而让技术融入文化教育产业中，则会

让教育课程更加充满趣味；让科技融入演艺产业中，不仅提高了文化创意演出的生产效率，也提升了其竞争力。当然文化产业技术毕竟是一个新领域，更多的是如何把有型的东西和无形的价值融合在一起，其更多是辐射到策划、开发、制作、生产、流通、消费等具有无形文化创意的产品中。在文化产业发展早期，韩国曾于2001年将文化产业技术定为下一代战略技术，但此后十年间，为迅速提升产业规模，韩国一直较为关注法律、政策、资金等领域的投入，对文化产业技术的关注略显不足，直到2012年，韩国政府才开始大规模投入发展文化产业技术。在2013年，韩国政府成立"未来创造科学部"，专门研发文化产业技术开放等基础型核心技术，一是注入具有较强应用性与前瞻性的科研项目，二是加大科研预算投入。由此文化产业技术研发步入了快速发展期。具体而言，韩国政府通过规划制定了具备较强应用型和前瞻性的科研项目来扶持文化产业的技术发展。韩国政府于2014年发布了"第二个文化技术研发基本计划"，该计划首次提出将韩国打造成世界文化产业技术强国的愿景。因为此前涉及文化产业技术研发的规划更多是关注技术研发体系的构建及成果转换成效的评价，但在"第二个文化技术研发基本计划"中则是明确提出要创造出能够增进国民幸福指数的文化产业技术，应该说这是对文化产业本质还原的一种优化设计，也体现出文化到产业再回归文化的本质属性。此外，从该计划的主管部门也可看出该规划的权威性，即是由韩国政府六个部联合制定实施，还专门成立一个"研究开发协调委员会"来负责推广实施。其主要包括三大战略：一是提升文化产业竞争力的战略设计，此战略是该规划的核心。具体包括着力开发影视视觉效果技术，构建影视产品流通渠道，提升影视作品编剧的创作水平，开发出k-pop的全球服务体系，在手机游戏产业中增进技术产品设计，包括开发多样化电游功能及交际性手游，并辐射到动漫产业中，提高动漫作品的创作效率。此外，该计划还包括文化艺术产业知识产权及版权领域的著作权的规划设计等等；二是强调研发技术的目的在于提高国民幸福指数，具体包括开发出有效消除文化差异的技术服务体系和国民所需的自主文化服务技术，例如，自助图书馆等，来增进国民的幸福感；三是搭建稳定且富有创新性的技术研发体系，包括组建研发团队，加强高校科研机构与企业的产学研合作，形成稳定的研究基础架构，加快实现技术成果转化。

韩国政府不仅从政策方面搭建其文化产业技术研发的平台，也对文化产业技术的研发加大了预算投入。据文化产业振兴研究院发布的年度发展报告统计，2008年以前，韩国每年投入文化产业技术开发的经费只有100亿韩元左右，而2009年则一下提升四倍，投资规模达到400亿韩元，基本保持每年500亿韩元的预算，2012年达到历史最高的600亿韩元。此外，韩国政府还鼓励社会资本进入文化产业技术研发领域，鼓励民间资本与企业成立文化产业科研机构。对于大多数中小型文化企业，韩国政府不仅通过财政拨款方式，设置了文化产业振兴基金、信息化促进基金、电影振兴基金等多种专项基金来扶持相关行业的发展，也利用税收优惠、信贷优惠等方式加以扶持，包括减免税收等方式来支持其文化产业技术投入市场。

三、注重营造公平健全的文化产业市场环境

相比于其他传统产业，文化产业的发展基础来源于创意及技术，在其创作生产阶段的进入壁垒相对较低。这也就造成了从事文化产业的企业大多为个体创造者或者中小型企业。但这些中小型企业往往是文化产品生产制造的源头，一旦文化创意产品进入商品流通阶段，产生高额价值，就会吸引少数大企业关注，而这些大企业往往借助自身雄厚的流通渠道、大规模设备、宣传手段进入文化产业市场，抢占机遇，它们与文化产品的创作者在企业规模、协商能力等领域存在巨大差距，导致文化产品从创意、生产到流通、消费，经常处于一种非对称的发展中，不平等交易现象也会因此产生。而一旦这种不平等的交易现象被固化，就会引发中小企业创作热情大幅降低，最终导致产业衰退。因此，建立公平健全的市场交易体系，决不能靠企业竞争者的自我净化来解决，必须通过政府的调节，构建稳定的文化产业市场秩序，才能有效保护市场行为者之间的合理自由竞争。当然构建一个稳定且公平的文化市场交易体系是一个长期的过程，也是一个意识不断规范的过程。早期，韩国政府同样也并未给予多大的关注，直到其文化产业国内外市场份额逐渐扩大，竞争日益激烈时引发出各种问题

后，才使韩国政府认识到建立一个公平健全的市场环境的迫切性和重要性。为此，韩国政府通过制定"文化产业振兴基本法"与"创意产业振兴法"等法律，为改善文化产业发展环境，建立文化产业公平交易秩序提供法律支持。具体在交易行为实践中，韩国政府于2010年和2011年分别建立了"文化创意纠纷协调委员会"与"文化创意公平交易法律咨询团"，专门负责调查不平等交易，解决仲裁纠纷，并制定标准合同样本，提供法律咨询，开发公平交易教育课程等。基于保护文化产品创造者的目的，韩国政府强调注重营造良性健全的文化产业生态环境，保护创作者的合法权益不受侵犯。只有更好地维护其合法权益，才能调动创作者的积极性，才能吸引更多的人才投入到文化产业的创作活动中，这对于文化产业可持续发展具有十分重要的意义。因此，建立共生多赢的市场生态环境，就是要反对弱肉强食，保护交易中的创作者，推动实现公平交易。为此，韩国政府连续出台措施，要求企业与个人自觉遵守文化创意产业公平交易准则，保护创作者利益，并公布各产业不平等交易事例，提示交易风险等。比如为保护影视从业人员的合法权益，韩国政府就于2014年针对当时社会上广为流传的韩国影视产业存在着利益分配及上映市场等领域的不平等交易现象，设立"公平环境营造中心"，限制政府文化产业基金投向涉嫌不平等交易的大企业，并提出建立多方互赢的合作模式，发展电子网络文化产品交易系统，为大企业与中小企业提供公平交易平台，使文化产业创作者的权利、收入、分配得以顺利实现，从而保证电影产业的健康发展。在版权行业里，韩国政府提出建立完善的著作权管理体系以及成熟的技术体系，以防范新技术对著作权的侵害。涉及公共著作权方面则提出应扩大其使用空间，乃至实现文化创意的共享权。2016年后，韩国政府针对影视产业的核心环节——编剧专门设置了"编剧文化产业"流通机制与平台，建立剧本创作者可以自由上传"编剧内容"，并与制作方及投资者进行公平交易的市场环境。针对网络作品的不断涌现，韩国政府为了预防保护网络对著作权的侵害，将对侵权网络及利用者进行调查，依法处置。可见，韩国政府非常重视对于知识产权的保护，甚至通过组建"韩国著作权保护院"与中国、美国、日本等国开展有关著作权保护的合作交流等，来保护韩国文化创意作品的海外版权。在文化创意人才培养方面，韩国主张应以产业链的思维来构建创意人才培养体系，应结合市场需求，通过贯彻"文化创意人才培养项目"，建立起一批专业性较强的文化创意专职高中、大学和培训机构，包括实施自由学期和学分制度以及更加多变的现场教学和网络教学模式等培养和发掘创意型人才。当然，也可通过举办一些国内或者国际性文化创意竞赛以及文化产品展示，来提高其知名度，吸引一些具有创新意识的青少年主动走进来。截至2016年年底，从事创意产业的员工数扩展至约8万名，而且韩国文化体育部还与人力资源厅合作，为拓展国际文化创意市场，储备文化产业的后续人才。例如，韩国电视剧兴起主要是因为韩国有着一大批优秀编剧，能否深入挖掘韩国民族文化，并将独具韩剧特色的爱情、亲情及友情等传统文化内涵与现代文化进行有效融合。因此，我们在观看韩国电视剧的时候，经常会感受到韩剧大多描绘的是日常生活中的小人物和小事件，但往往在这些小事件中蕴含着打动人的故事，表现手法看似朴素平实，但却深入人心。近年来，韩国政府就着力培养优秀编剧，先后设立类似"韩国神话创造项目"等多种人才培养项目，来推动优秀文化创意人才梯队建设。可见，韩国文化的发展不是一时繁荣，而是具有可持续性的。

四、注重创新文化营销模式

文化产业素有城市"面包器"之称，其对于其他产业的带动效应十分明显，这点在韩国文化产业体现得尤为突出。韩国影视文化产业不仅直接为韩国创造了大量的票房价值，也通过影视作品面向全世界宣传韩国的文化理念，直接带动了韩国食品、服装、化妆品、手机、汽车等的出口，促进了韩国旅游业的发展。韩流文化也借助于韩国影视在世界各地的流行，推动了韩国经济的国际化进程。而这背后，归根溯源，都取决于韩国独有的文化营销模式，即"一源多用"的关联营销模式。其中，"一源"实质讲的是一种文化理念资源，即是在商业环境下通过文化创意产品的知识产权运营，并融合到影视、出版、游戏、漫画、主题公园、观光旅游等行业中，例如，把一部小说改编成电视剧，通过电视剧的传播效应，衍生出旅游项目、主题公园、美食文化、时尚服饰等，从一个创意题材，衍生出许多小项目，每个项目既可以是独立的产业链，又可以形成一个面，经济效应可以递增。例如，韩剧不仅在韩国国内是一项主要的文化产业，在国外也是知名名词，在亚洲乃至全世界均已取得辉煌的成就。比如近些年的《来自星星的你》《太阳的后裔》《继承者》等，早期的也有《秋天的童话》《冬季恋歌》《大长今》，这些韩剧均在国外取得非常高的收视率，形成一股长年不衰的韩流。尤其是《大长今》自 2003 年在韩国首播创造出平均收视率为 42.3% 的纪录后，陆续登上 90 多个国家的电视荧屏，成为韩剧走向世界的标志性作品，为"韩流"风靡全球做出了突出贡献，仅在出口和广告上就获得 380 亿韩元（约合 2.1 亿元人民币）的收益，衍生效益高达 1 200 亿韩元。《大长今》对于我国的影视行业无疑具有十分重要的借鉴意义，其成功主要在于其引人入胜的故事情节和细致入微的创作理念，也再次验证了只有根植于本民族最为质朴的生活中，所创作出的作品才能获得国外观众的情感认同，才能使文化产业走向世界。一方面，韩国政府注重围绕影视作品的主题特点，举办各种丰富多彩的推广活动，从而提升旅游景点的知名度；另一方面以影视为主题，聘请明星作为形象代言人，利用名人效应，组织各种行业从业人员参与活动，扩大拍摄景点的美誉度，吸引国外游客前往影视拍摄基地体验，感受韩国独特的文化，从而扩大韩国旅游收入。

第八章

创新与实践：新加坡文化
产业发展的新路径

新加坡地处东南亚，属于一个人口密集型的城市国家。2018 年，新加坡总人口约为 537 万，国土面积仅为 687 平方公里。新加坡建国 40 余年以来，其经济发展迅猛，2017 年其国民生产总值就高达 3 239 亿美元，已然成为世界经济发达地区，同时其致力于改变其"文化沙漠"的地位，一直秉承着"创意之都"理念，致力于树立亚洲创意中心的声誉，进而成为"一个全球的媒体中心""一个文艺复兴城市"，乃至成为一个"全球的文化和设计业的中心"。因此，新加坡政府致力于挖掘文化产业的创意元素，在发展实施文化产业的规划举措方面，展现出自身的区域特色，融合了东西方文化元素，形成传统与现代文化交汇的发展特色，并依据自身的城市特点着力发展独具东南亚风情的文化产业，面向世界展示出其独特亮点，带来了巨大经济效益。因此，汲取和借鉴新加坡发展文化产业的成功经验与做法，对提升我国文化软实力具有重要意义。

第一节　新加坡文化创意产业发展历程

文化创意产业在新加坡作为一个核心产业，最早可追溯到 20 世纪的 80 年代。从 1982 年开始，新加坡政府就已将文化创意产业的发展作为国家未来的发展战略来对待，对于文化创意产业发展资源的倾斜也不断加大，通过设立专门的文化创意产业的政府机构来负责制定分阶段的创意产业的发展规划，借助税收优化、财政拨款或者金融支持等各种措施来扶持文化创意产业的发展，引导社会层面的企业或者大众也日益投入到文化创意产业的发展队伍中，使得新加坡文化创意产业在短时间内迅速成为新加坡的支柱产业之一。

一、产业起步期，该阶段主要在 20 世纪 80 年代末期

新加坡政府于 1988 年成立文化和艺术咨询理事会（ACCA）来负责统筹协调文化创意产业发展，其旨在将新加坡建成一个富有文化朝气的社会。紧接着，文化和艺术咨询理事会于 1989 年发布国家艺术发展报告书，这被外界视为新加坡文化创意产业发展的重要拐点，旨在对外界表明政府在国家经济发展稳定的基础上加强文化产业的建设理念。该报告书首先强调国家发展文化产业的重要性，具体包括五个方面：（1）赋予国家个性；（2）开阔视野和增强对艺术的接受能力；（3）提高生活质量；（4）加强社会凝聚力；（5）为旅游和娱乐业服务。其次，报告书指出发展文化产业的必要性，特别强调当前新加坡文化产业发展所面临的问题，包括资金投入不足、专业技术人才匮乏、文化设施不全以及公民教育机会不均等等问题。最后，报告书认为新加坡政府应进一步简化文化企业的申请手续，加强文物资源等事务方面的协同工作。应该说，该报告书的出台是一个标志性事件，不仅直接促成了新加坡国家文物局、新加坡美术馆、国家图书馆、亚洲文明博物馆以及国家艺术理事会的成立，也为新加坡文化创意产业明确了发展方向。

二、发展规划期，该阶段主要处于 20 世纪 90 年代同时也是新加坡文化创意发展最关键的十年

新加坡政府于 1990 年撤销文化部，其职能也相应移交给社区发展部和信息艺术部，这也更符合新加坡城市国家小而精的国情，更易发挥机构作用。同时，新加坡政府又分别于 1991 年和 1993 年成立国家艺术理事会和国家文物局，统一归属于信息艺术部，并统筹规划文化相关场馆的建设。也是在这一时期，新加坡美术馆、国家历史博物馆、音乐艺术馆等多个艺

术场所相继建成，从 80 年代仅有 2 个艺术场所增加到 1998 年的 26 个艺术场所。同样，受 1998 年亚洲金融海啸的冲击，新加坡经济也进入发展瓶颈期，迫切需要找到新的经济增长点。因此，在 1998 年，新加坡政府出台了《创意新加坡》计划，将文化创意产业提升到 21 世纪战略产业的高度，作为新加坡未来经济发展的新引擎。自此，新加坡文化创意产业在实践中上升到国家战略的高度。

三、蓬勃发展期，这一阶段从 2000 年开始至今

新加坡文化创意产业自进入 21 世纪以来，无论是发展规模还是发展速率都呈现出了快速发展姿态。出台于 2000 年的新加坡《文艺复兴城市计划》(Renaissance City Plan) 描述了 21 世纪新加坡文化创意产业的发展特色。该规划计划周期为五年时间，即从 2000 年到 2004 年，目标是把新加坡发展成为亚洲主要文化城市和世界级文化中心，乃至成为"有特色的全球文化城市"，勾勒出新时期新加坡文化创意产业发展的前景及发展策略。为此，该计划在目标愿景上细分为几个阶段目标，近期目标是近十年赶上中国香港、格拉斯哥和墨尔本，长期则是力争成为像伦敦或纽约那样具有全球影响力的城市。在战略设计上，该报告提出新加坡文化创意产业发展的六大战略，着重加强新加坡青年一代的艺术教育工作，提升社会公众的艺术修养，形成稳定的文化艺术受众群体。同时，逐步加大政府对文化产业的投资力度，建立旗舰文化艺术公司，为培养文化创意人才提供良好的文化基础设施，完善文化艺术管理人才及技术人才的培养机制，以便有效进入国际舞台，强化国家之间的文化联系。此外，新加坡政府还积极鼓励文化企业的国际合作，创办有活力的文化艺术国际节，催生艺术文化的"文艺复兴"经济，强化文化营销和文化品牌塑造，打造文化旅游带，使新加坡在全球范围内成为因文化艺术而为大众所接受的工作、生活和休闲的好去处。从该计划的内容可判断出新加坡政府文化产业发展理念已由早期的文化硬件基础设施建设逐步转为文化创意产业的软件建设，也逐步意识到创造力在未来经济发展中将处于核心位置，因此发展文化产业除了其所带来的直接经济效益之外，还在于其能充分挖掘出人的创造潜能，而这

无疑为未来经济的可持续发展奠定了基础。

2002 年，新加坡政府结合"再造新加坡"战略规划要求，积极推行"艺术无处不在""巧思妙想计划""艺术之旅计划""知识新加坡计划"等计划，由此形成了文化建设的新高潮，从而形成富有成效的"文化资产"，进而提升了整个国家竞争软实力，实现了打造创意新加坡的目标。其中，"文化资产"的内涵主要涵盖三个层面：一是新加坡的创意潜能；二是全体国民对于文化创意产业的认知程度及从业能力；三是强化情感纽带意识，形成国家认同感。与之相应，新加坡政府也通过推行"艺术无处不在"规划，旨在通过一个较长的时期，将艺术传播到新加坡的每一个角落，尤其是将本土艺术融合到人们的日常生活中，以此借艺术来激发人们的创造灵感。"知识新加坡"计划则通过提供便利的、收费低廉的图书馆服务，创造出一个浓厚的社会求知环境，以此来培养稳定的受众群体。同时，为更好地催发新加坡文化创意产业相关行业的发展，新加坡政府还推出"巧思妙想计划"（Design Singapore），以此来推动艺术设计等相关行业的发展。而为了刺激新加坡文化旅游业的发展，新加坡政府则推出"艺术之旅"计划，重在突出新加坡多元文化形象，形成艺术产业发展的新引擎。总体而言，新加坡所提出的"文化资产"理念，实质上是在进入 21 世纪以来不断高涨的经济全球化浪潮所形成竞争趋势日益国际化的大背景下，新加坡政府文化政策的战略调整。"文化资产"理念的意义不仅在于其进一步明确了文化艺术的社会功能，强调了其导向性意义，同时也是结合新时期特殊背景下进一步明确新加坡文化产业建设在国家总体发展中的核心目标，其最终目标在于通过"文化资产"的培育来提升整个国家的综合竞争力以及民众的创新能力，从而塑造出创意新加坡的历史地位。

长期以来，科技制造能力也是新加坡经济的一大核心优势，将艺术、科技与经济相结合起来，形成文化创意产业的竞争优势已然是 2000 年后众多发达国家的战略对策。为此，2002 年 9 月，新加坡政府通过成立创意工作小组，并颁布了《创意产业发展战力》，将新加坡文化创意产业发展重点明确为三大领域，即文化艺术、设计产业和自媒体产业，并针对各个领域的特色提出了具体发展目标，包括"文艺复兴城市""全球文化和设计业中心""全球媒体中心"，从而树立起"新亚洲创意中心"的声誉。紧接着，围绕着三大领域目标，新加坡政府分别制定了非常翔实的战略实施规划，比如《文艺复兴城市2.0》《自媒体21》和《设计新加坡》，规划的时间范围基本都为2004~2008年，目标在于通过几年的努力，将文化创意产业增加值占GDP的比重提升到6%。而到了2012年，以上三个规划又推出了升级版，比如《文艺复兴城市3.0》《新加坡媒体融合计划》以及《设计新加坡二期》，强调在2015年实现增加值所占比重达到12%，并对2020年进行了展望。

在这一阶段里，新加坡文化创意产业的快速发展也有赖于文化创意产业管理机构更为健全，管理机制也更为灵活和富有针对性。如2003年，新加坡政府就先后成立了艺术设计理事会来辅助新加坡设计产业的发展，成立了媒体发展局来专门负责传媒产业的发展，现归属于新加坡通信信息部。在管理架构上，这些文化产业的政府管理部门运作模式也呈现出市场化特点，比如媒体发展局和设计理事会虽然由国会通过专门立法设立，董事会成员也是各个政府部门委任，董事会主席是最高领导人，不仅仅是一个行政管理机构，同时也具备较为完善的公司治理架构，也有着首席执行官、财务主管以及运营部门经理等等。因此，这种典型的政府市场化运作模式，既便于接受政府和公众的监督，同时也富有较高的办事效率。

第二节　新加坡文化创意产业发展现状

自新加坡建国以来，新加坡经济发展战略主要是实行以传统制造业和服务业为主的投资引导型经济发展战略，这是引导新加坡在短短几十年里跻身于发达国家的战略支撑。但受到1998年东南亚金融危机的影响，新加坡政府为刺激经济复苏，急需一个新的经济增长支撑点，在此背景下，文化创意产业被列为新加坡新世纪经济发展的战略性支撑产业，由此也就推动了新加坡文化创意产业进入快速发展时期。而随着创新驱动力经济时代的来临，新加坡政府也随之意识到未来社会发展的动力主要是来自民众的创造思维，来自那些能够充分发挥自身想象力、创新力及知识来引发新的社会发展理念进而创造新价值的人。可以说，涵盖艺术创新、商业模式创新乃至技术创新的多维创造力是未来社会发展的基石。因此，新加坡政府在发展文化创意产业的同时也注重文化艺术与科技的有效结合，并融合到社会经济发展进程当中，实现文艺风尚培育、文化人才培养和设计创意能力提高的有机结合，重点挖掘创意设计能力和意识创造力的培育，从而打造具有可持续性的创意产业生态系统。在此背景下，新加坡文化创意产业所打造出的"全球文化和设计中心""新亚洲创意中心""国际化媒体城"等相关角色慢慢形成新加坡的特色，从而在当前国际竞争环境日趋激烈的创意经济时代下，树立起自身的优势和特色。总体而言，经过多年的有效规划和有序引导，新加坡文化创意产业规模已然形成了一定的集群效应，基础设施建设也日趋完备，文化产业国际竞争力不断提升。

一、文化创意产业经济支撑效用不断显现

新加坡政府于 2003 年通过信息通讯艺术部组织相关领域的研究专家撰写了《新加坡创意产业的经济贡献》研究报告，对 2000 年以来新加坡文化创意产业的发展情况进行概括梳理，并进行了未来十年的发展展望，着重指出 2000 年以来文化创意产业对于新加坡经济社会生活的各个领域影响不断增大。据新加坡统计信息部归纳整理，新加坡文化创意产业增加值已由 2000 年的 29.77 亿美元上升到 2010 年的 118 亿美元，所占 GDP 比重也由 2000 年 1.9% 上升到 2010 年的 3.8%。文化创意产业的从业人数也由 2000 年 4.7 万人增加到 2010 年 15 万左右，占 2010 年新加坡整个国家就业人数的 4.8%。具体到文化创意产业各个子行业中，2010 年艺术产业的增加值为 12.8 亿美元，就业人数为 2.5 万人；设计产业增加值为 39.2 亿美元，就业人数接近 5 万人；电视传媒产业则达到 66 亿多美元，增长速率以年均 25% 的速度增长，从业人数也接近 7 万人左右。总体而言，新加坡文化创意产业的效用价值不断显现出来，已然成为新加坡经济发展的主要助

推器。①

二、文化创意产业规模不断增大，集群效应不断增强

新加坡文化创意产业主要涵盖新加坡文化艺术集群、设计产业集群和传媒产业集群三大产业集群领域，其产业发展已然具有一定的规模。据新加坡政府统计，在新加坡注册的文化艺术产业集群里的艺术企业有856个，是2000年的5倍多，各类型文化艺术活动达3万多场，与表演艺术相关的活动也达到近九千场，涉及盈利的演出有接近五千多场，文化艺术表演运营收入达62亿美元；在传媒产业集群领域，据新加坡媒体发展局统计的年度报告显示，2011年新加坡全国电视广播公司有12家，但提供的电视频道则达到400个，涵盖各类中英文频道。其中新传媒旗下就拥有着众多频道，包括亚洲新闻台、奥多频道、朝阳频道、U频道等，朝阳频道收视率最高，达到13%左右，而五频道则是纯英文频道，节目内容主要是以娱乐及时尚节目为主，八频道和U频道是华语频道，八频道依托本土风情资源，全天候播出新闻及娱乐节目，U频道则主要面向年轻一代的受众群体，重在发布具有创新意义的娱乐流行节目。亚洲新闻台则主要以播放实时国际新闻为主，并在全世界多个国家设立常设机构，以维持新闻的实时有效性。目前全世界约有上百个国家能够收看到该电视台的节目，基本上实现全球覆盖。应该说，自新加坡政府于2014年提出"智能建国"战略后，希望通过技术创新，无缝对接电视传媒，使得民众过上幸福而有意义的生活后，政府一切创新活动就围绕着数字化升级改造进行。因此，新加坡在2013年就完成了电视模拟信号转型为数字化信号，基本实现了全岛数字化。此外，新加坡版权行业也发展迅速，2010年注册出版机构有550多家，产值在2011年就达到12亿多美元，提供了接近9 300多个就业岗位。数字传媒产业规模也不断增强，自2007年开始就以年均12%的增长速率快速发展，渗透到经济社会生活各个领域。在涉及的产业集群领域当中，新加坡广告业、建筑业以及时装业当中创意设计在国际市场中同样具有很

---

① 根据新加坡统计信息部发布的数据整理所得。

高的知名度，所占市场份额也不断增长。①

三、文化基础设施日趋完备，具备完善的产业发展基础

相对于其他区域，新加坡历来就拥有世界级的城市基础设施，而为了发展文化创意产业，新加坡政府进一步建设了各种现代化文化艺术场馆，文化产业基础设施不仅数量众多而且门类丰富，非常完备。截至目前，新加坡共有各类型博物馆、艺术展馆 68 个，其中文化馆 10 个，军事科技馆5 个，各种性质的历史博物馆 18 个，生活用品博物馆 5 个，动漫展馆 5个。而 2002 年 10 月建成的滨海艺术中心是目前亚洲首屈一指的艺术表演场地，不仅是全球性艺术城市的标志性建筑，也是当地旅游胜地。滨海艺术中心拥有 1 600 多个座位的音乐厅，245 个座位的小音乐厅及拥有 2 200多个座位的大剧院，还拥有小剧场及可容纳 400 多人的剧院。该中心使用频率较高，每年平均演出 3 000 多场次，年收入可达一千多万新元，而且还承担公益活动，基本每个晚上都有免费开放的演出活动，每年支出有两千多万新元，不足部分由政府进行补贴。作为国际知名旅游胜地，新加坡的艺术城市不仅吸引着众多国际知名艺人前往新加坡举办亚太巡回演出，其所建成的金沙酒店、圣淘沙综合娱乐城和野生动物园等也吸引着众多海外游客前往旅游观光，这也带动了与其配套的酒店、餐饮产业的迅速发展。据统计，目前位列全球排名前二十位的酒店集团基本都有在新加坡开设酒店，其中包括希尔顿、喜达屋、洲际酒店集团、阿联酋的 Jumeirah 集团、四季酒店、雅高和万豪国际俱乐部等 9 家在新加坡设立了区域总部。②

此外，新加坡政府也注重文化创意产业初级人才的培养，尤其重视技术技能和创新思维的培育，以便使文化创意产业竞争力具备可持续性。新加坡政府在 2002 年就建立了数学、科学和艺术的专科学校，进行了学生分类别教育，而后依托"再造新加坡委员会"建立中等教育水平的艺术学校。在高等教育中，新加坡各所大学均有设立艺术或与艺术相关的课程，国立大学则成立了杨秀桃音乐学院并设置戏剧、建筑和工业设计等学位课

---

①② 根据新加坡统计信息部发布的数据整理所得。

程，南洋理工大学设有大众传媒学位课程。一些理工学院和艺术学院还设有与艺术、设计和媒体有关的必修课程。甚至一些私立高校也设立了与艺术相关的课程，例如，南洋艺术学院和拉萨尔—新航艺术学院。当然高等教育更多是面对高层次的综合人才，而艺术人才往往会呈现出偏科特点。早期新加坡中等教育由于在艺术教育方面投入不足，主要在于师资力量存在较大不足，虽然在初中以及高中阶段设置艺术课程类的会考科目，以便对艺术感兴趣的学生能够选择，但这种艺术或者音乐精选课程在学校间开展不多，仅限于一些特选中学或者几所指定的初级学院。这也就容易导致一些富有艺术天赋的学生被忽视，甚至天赋就被埋没了。为此，新加坡政府通过财政投入八千多万新元，成立一所专门的艺术学校，每年招收1 200多名学生，专门培养艺术类学生。同时，也跟高中阶段进行对接，即毕业后也可接受高等学校的艺术教育，也可直接进入社会领域从事艺术工作。在电视传媒技术领域，新加坡目前主要有两家付费电视运营商，即新加坡星港公司与新加坡电信公司，两家公司的市场份额之和超过90%。星港公司目前是新加坡 IPTV 市场的领导者，不仅提供付费电视业务，也提供互联网、移动通信及固话业务。同时，近些年来，随着网络技术的不断普及，星港公司于2019年停止了运营有线电视和有线宽带业务，以此升级业务结构，实现技术更新换代。自此，新兴媒体与网络电视逐渐在新加坡普及起来。新加坡电信业比较发达，普及率很高，宽带业务普及率达到118%左右，而手机的渗透率更是高达150%左右。依托发达的电信技术支撑，新加坡网络电视发展迅速，规模也在不断扩大，无论是用户规模还是营业收入都呈倍数增长，2016年其用户为77万，而到了2020年估计就会达到275万左右。与此同时，业务收入方面也呈暴涨态势。2016年新加坡网络电视业务的营业收入仅为1.3亿美元左右，到2019年，就翻了一番，达到2.6亿美元，预计到2023年会达到4.6亿美元。当前新加坡网络电视平台达到13个，不仅有其国内的公司经营平台，也有境外机构旗下的网络电视平台。

四、文化创意产业国际竞争力呈逐年上升趋势

新加坡的国家综合竞争力一直位列全球前几位，据世界经济论坛近几

年所提交的各年度《全球竞争力报告》评估，新加坡全球竞争力一直稳居前三位，营商环境也位列前两位，这也就为新加坡文化创意产业国际竞争力提升奠定了发展基础。一直以来，新加坡的广告设计、出版印刷业都占据了较大的市场份额，其文化创意产品也具备较强的国际影响力，传媒产业竞争力也享誉全球，不仅有着免费的电视公司和广播机构，包括新加坡报业控股报业传讯、新传媒广播、新加坡联盟传讯私人有限公司、新加坡武装部队电台、国家艺术理事会、英国广播公司世界服务；也有专业付费电视机构，即由新加坡星和电视电缆公司独家经营来负责职业运作。新加坡报业体现了新加坡中西融合特点，不仅有 5 份英文报纸，3 份中文报纸，以及 2 份马来文报纸。其中除《今日报》是由新传媒报业出版外，其他报纸都属于新加坡报业控股集团。随着科技的不断推陈出新，新加坡传媒产业集群也逐步转向数字媒体产业，其中动漫游戏产业发展迅速，促使其传媒产业跻身于世界一流行业之列，同时也吸引着众多世界知名数字媒体公司纷纷入驻新加坡，例如，包括日本电玩制作公司光荣—TECMO、美国卢卡斯电影公司、英国著名视觉特效工作室 Double Negative、艺电（Electronic Arts）和欧洲最大游戏工作室 Ubisoft 等，这些公司的入驻进一步提升了新加坡数字媒体产业技术水平。

第三节　新加坡文化创意产业的经验借鉴

如前文所述，美国、英国的文化产业秉承着西方固有的区域文化模式，而新加坡的文化创意产业发展策略则有所不同。由于地处东西方交融集散地，新加坡文化创意产业在其发展之初，就重在加强与世界各国沟通，推广多元化艺术，不仅有着西方发达国家文化理念，也有着各个发展中国家乃至不发达国家所具有的独特文化产品，涉及领域广阔，包括广告、建筑、新传媒以及设计等领域。近几年来，新加坡企业的文化创意产品市场份额不断扩大，在全世界范围内享有很高的知名度。自 1998 年出台《创意新加坡》规划之后，新加坡政府逐年加大对文化创意产业领域的投入。在行政架构方面，新加坡政府也在跟随着文化创意产业的发展而设置相应的管理机构，而且针对不同的行业设置专门的管理机构，如 2003 年在新闻、通讯和艺术部内就增设了专门负责协调创意产业发展的机构创意产业司。传媒、设计和艺术的创意产业开发、规划分别由新加坡新闻、通讯和艺术部下属的法定机构国家艺术理事会、新加坡设计理事会和媒体发展管理局来分别组织实施。此外，为营造良好的文化创意产业经营环境，新加坡政府在推出一系列具体措施来吸引全球资本来新加坡投资的同时，政府还致力于帮助在新加坡注册成立的各类创意公司积极开拓海外市场。为此，新加坡政府专门成立文化创意产业行动委员会，具体由各行业主管部门和社会团体组成，并从 2003 年开始以年均 1 亿新元的额度投资于文化创意产业，并注重对传媒产品、设计及艺术产品的开发。而且，新加坡政府也注重对文化创意产业行业协会的规划，十分重视创意社群组织的发展，具体包括 500 多个民间艺术表演团体，对国家艺术理事会划拨一定的经费给予支持，对于一些具有公益性质的表演团队基本通过补贴、剧场补贴的方式进行扶持。总体而言，新加坡文化创意产业的行业发展经验基本可以概括为以下几点：

一、文化产业规划先行，定位高瞻远瞩

相比于韩国、日本，新加坡是一个城市国家，受制于国土面积狭小、资源匮乏、土地资源严重紧缺等不利因素，新加坡政府很早就意识到其经济结构应追求更为软性的一面，因此很早就意识到文化创意产业的经济"面包器"作用，从而成为亚洲第一个将文化产业上升为国家战略的国家。如前文所述，新加坡政府早在 1989 年就已在文化与艺术等相关领域投入更大关注及资源。而为应对 1998 年亚洲金融危机，新加坡更是将文化产业的国家战略提升为 21 世纪的战略产业，并提出应把新加坡建设成为亚洲最主要的城市中心及世界级的文化中心的目标。在 2002 年后，新加坡政府就围绕着文化创意产业的不同子行业分别制定不同的战略规划，并相应设定不同的战略决策及发展目标，全方位确立了文化创意产业的战略核心地位。应该说，新加坡政府对于文化创意产业的引导发展是有序有方位的推动。

在战略层面上,通过制订规划方案引导行业有序发展。在战术实施环节方面,则是着力营造文化创意产业发展的良好从业环境,不仅给予资金、政策方面的支持,也通过提供公平、透明的市场竞争环境,来吸引更多人才从事文化行业。可以说,在新加坡文化创意产业发展历程中,新加坡政府不仅起到引导产业可持续发展的职能,也为文化创意产业塑造了良好的发展环境。

二、政府间接调控,有序扶持文化创意产业

作为新兴行业,文化创意产业有其自身的发展规律及演变方向,政府支持产业发展的时间和空间都是有要求的,如果时机不对,则会起到反效果。因此扶持文化创意产业发展并不是盲目的投入资源及政策就行的,这也就解释了近几年我国各级地方政府在扶持文化创意产业发展中,无论是资金投入还是政策倾斜等方面,都下了很大功夫,但效果不佳,往往到最后都变成了房地产业。相比之下,新加坡政府在助推文化创意产业发展方面,在运用及管理资金等方面则取得相对均衡的姿态,政府着重发挥着引导性作用,有序营造出产业的良好发展空间。

相比于欧美国家宽松的管理理念,新加坡政府的管理理念一直都以严谨的治国风格而著称。进入 21 世纪之后,全球经济社会发展进入新的时期,特别是伴随着全球化倾向日趋明显催发着政府管制转向宽松化的管理模式,新加坡固有严谨的管制理念也悄然发生变革,尤其在文化艺术方面管制程度更为宽松。如以 2000 年以前,新加坡传媒行业,包括报业和广播影视业基本由新加坡报业控股和新传媒集团控制,而且限制两个公司经营范围,不准进行交叉经营。随着全球传媒行业并购热潮的出现以及影视行业规模化、多媒体融合竞争挑战日趋激烈情况的出现,新加坡政府也逐渐放开了管制要求,允许两大媒体集团互相进入对方的业务领域,同时进军互联网领域,这也标志了新加坡传媒行业开始进入全面竞争的阶段。虽然政府放开了管制,引入了竞争机制,但新加坡政府在社会经济及文化发展方面的主导作用并没有削弱,而是进行了有序引导。如以 2000 年新加坡政府所推出的以《文化复兴城市》为标志的新世纪文化发展战略,就明确体

现出政府的宏观引导作用。该战略中政府规划 5 年内划拨 5 000 万新元来扶持文化产业的发展，推动"文艺复兴城市"的实现。据统计，在文化创意产业资金投入方面，新加坡政府基本以年均 10% 的增长速率进行扶持，如 2006～2010 年，新加坡经济发展局投入了 5 亿新元发展数字媒体产业，并在 2011～2015 年间再投入 5 亿新元。在 2016 年新加坡财政预算中，政府计划每年投入 5.26 亿新元到文化艺术产业，该计划将一直持续至 2020 年。因此，类似海滨艺术中心、新加坡美术馆、亚洲文明博物馆、新加坡艺术之家等新加坡独特的标志性建筑也是在政府的扶持之下实现的，成为新加坡与世界其他国家文化交流的重要平台。此外，新加坡政府还注重文化创意产业的可持续性发展，注重培养文化创意产业的消费群体和人才梯队建设，为新加坡文化创意产业进军国际舞台，展示新加坡文化创意产品起到强大的推动作用。而后续的《设计新加坡》和《文艺复兴城市2.0》等规划则推出了更为优惠的政策来扶持文化创意产业，也进一步刺激和鼓励民众追求层次更高的文化产品。对于从事文化创意产业的私营企业，新加坡政府也通过公共财政补贴来扶持，如实施"艺术百分比计划"，即政府出资一部分，制作、购买和维护公共场所艺术作品，以推动公共艺术发展。而对于一些还处在萌芽阶段的文化创意，新加坡生产力、标准与创新局通过专业评估，对非技术性的但有好的商业价值和增长潜能的创意初创企业给予每个 30 万新币以下的资助等，并带头使用私营企业一些优秀的文化创意产品，在公众场合和公众节日积极采用艺术和文化作品来装扮和设计。在营造产业发展氛围方面，新加坡政府实施了"创意社区"计划，将艺术、文化、设计、商业、技术等整合进社区的发展计划，来激发居民的创造力和激情。

三、注重文化创意人才的培养和引进

文化创意产业的国际竞争力有着硬性指标和软性指标之分。文化创意产业的基础设施是产业发展的硬件指标，而人才、产业发展软环境则是软件指标。新加坡政府除了塑造完备的文化创意产业发展的硬件环境之外，也重视在文化创意人才方面的投入，尤其注重软环境建设及软力量的培

育。文化创意产业的发展不仅需要文化基础设施的支撑，更需要创意人才的创新思维，因为只有通过创意人力资本的充分投入，催生创意阶层的崛起，才是文化创意产业发展的根本动力。与欧美国家雄厚的硬件资源相比，新加坡由于自身资源的匮乏及地理特点，决定了其只能通过大量投入软环境建设和软性人才的培育，才能弥补天然的差距，只有在文化创意产业教育方面大量投入精力建设，才能夯实文化创意产业发展的基础。因此，新加坡政府自 1993 年开始，就在整个国家教育体系中，逐步建立起创意人才团队建设规划，从高等教育、继续教育再延伸到整个研究机构、网络整个流程来培养创意意识，同时也注重研究成果社会转化，即培养企业家的训练团队及技能团队建设，实现创意人才培养的产业化，有效对接社会需求。如新加坡政府所启动的艺术教育项目，就通过区分创意才能的不同层次，将艺术、设计及传媒相关内容区分为不同等级融入教学内容中，形成从小学教育开始的渐进式的创意产业教育体系。在高端人才培养方面，新加坡政府在 2007 年就出资 8 000 万新元建立了一所专门艺术学校，每年招收千名学生，同时还积极推进与国际顶尖艺术研究机构的合作，包括与著名的伦敦皇家艺术学院、洛杉矶巴沙迪那艺术中心、美国麻省理工学院媒体实验室等合作培养学生，在新加坡国内知名高等学府也纷纷开设艺术设计类的课程，建立媒体实验室，培养文化创意产业的高端人才。从 2013 年起，新加坡传媒产业的主管部门就连续投入两千多万美元实施"文化创意人才资助计划"，以便形成文化创意发展的有效人才支撑。同时，也通过降低使用外国劳工税、提供高额助学金吸引海外留学生、放宽跨国婚姻的政策限制、完善国外人士社保体系来招揽、吸纳其他发达地区的文化创意人才入住新加坡。总体而言，新加坡政府不仅营造出健康向上的人文环境，在法制建设方面也形成了公正透明和规范诚信的市场环境，在社会治理方面呈现出廉洁高效的治理环境和安定团结的社会环境，在居民生活环境方面也着重优化生态的绿化和人口的优生优育，从而充分提升本土环境的软性竞争力，包括文化力、科技力、开放力及人才力、社会凝聚力等等，有效提升了新加坡整个城市的吸引力，从而更好地留住了人才。

在文化创意产业知识产权保护方面，新加坡政府也非常注重对此类人才的培养，依托其于2003年创办的创意产业知识产权学院进行针对性培训，并形成新加坡特色样本。一方面其注重持续性培训，在尽可能短的时间里面向更多的群体提供创意产业知识产权学习培训机会，不仅面向高等学校、科研机构以及相关创意产业从业者，课程涵盖知识产权相关课程，不仅包括基础类课程，也包括知识产权管理意识课程，给学员一个充分的学习机会，同时允许学员可根据自身专业特点及兴趣爱好来选择性学习，以此提升自己的专业技能；另一方面，拓展知识产权的研究领域，扩大创意产业知识产权的涉及领域，充分发挥知识产权高融合性特征，就某些社会热点话题进行充分研讨，吸引更多群众参与，从而提升整个社会知识产权维权意识。此外，新加坡政府也专门开设创意产业知识产权业务培训的线上辅修网络课程，使得一般民众学习的时间更加方便，同时建立各种有关创意产业知识产权的业务资格考核，甚至设立等级考级制，颁发相关的资格证书，以此来激发民众学习的积极性。

四、文化资源的多维整合开发

新加坡虽然是一个国土面积狭小的城市国家，但却是一个多民族的社会，文化资源也呈现多元文化融合交流的状态。在整个新加坡接近六百万的人口中，华人占的比例接近65%，其他还有马来人、印度人和欧亚裔等不同族群。各民族在长期和平共处的生活中形成了多元的各具特色的文化，这种多元文化的特点也就使得新加坡具有很强吸纳和包容外来文化的能力。当然，新加坡的主体文化主要还是华人的民间传统文化，即源自中国传统汉人文化为主体的民间信俗文化，同时也在与其他种族文化的互动交流中不断演化和发展，最终形成了独具特色的新加坡多元文化形态。可以说，新加坡独特的文化是在原有的汉文化继承和发展基础上，吸收和借鉴外来文化，整合了多元文化资源，进而发展出本国的特色文化。在文化创意产业的内容构成方面，既有经典且有神韵的儒家文化，也有着现代感十足的西方文化。在语言设置方面，有着英语、汉语、马来语、泰米尔语，且都是官方语言。在节假日设置方面，有着各民族的节日安排，如华人新年、佛诞日、开斋节、哈芝节（宰牲节）、圣诞节、排灯节等；在城市建筑方面，既有乌节路等街道和古老房屋及各种风俗，也有以全球性艺术城市的象征滨海艺术中心等为代表的现代建筑。可以说，这种多民族文化融合共存，无不展现出新加坡文化闪亮的自身特色，并成为文化创意产业的巨大亮点，创造了巨大的经济效益。

对于文化资源的整合，新加坡政府不仅在于充分挖掘其经济价值，同时也在想方设法推动文化"走出去"。新加坡政府积极通过资助各个艺术团体或者艺术家将自己的艺术作品带出国去，积极办展或参与国际文化艺术交流，以此达到传播新加坡文化价值理念，提升新加坡国际形象的目的。自新加坡建国以来，新加坡政府就十分注重文化艺术的社会价值，将艺术发展纳入国家发展规划之中，希望通过艺术培训来提升整体民众素质，进而塑造整体国家的外在形象。因此，新加坡在20世纪80年代末就通过成立国家艺术委员会和新加坡国际基金会，积极促进国际艺术交流合作，通过分享文化理念、先进技术与管理经验，加深世界各国对新加坡的认识和理解，在世界艺术舞台展现新加坡文化价值，同时也让新加坡民众既有国家的归属感，同时也有全球化视野，并融入世界文化潮流中。为了让更多的艺术作品走出去，新加坡政府通过制定一系列的扶持计划，启动国际发展津贴计划来资助国内艺术团体前往世界各地参加重要艺术展演，以及在国外举办大型的以新加坡文化艺术为主题的展演。例如，在2005年，新加坡国家艺术委员会就在政府的支持下，与多个民间机构合作，耗资200多万新元，在伦敦举办与新加坡相关的文艺表演，甚至策划出大型的"新加坡季"系列演出，成功在英国重塑了新加坡的国际形象。而在2010年，新加坡又在法国巴黎进行了耗时两个多月的"新加坡表演艺术展"，展出各种独具新加坡特色的文化活动，包括新加坡本土电影、民族音乐等等。到了2015年，新加坡国家文物局与法国本地艺术学院合作，策划了"新加坡文化艺术节在法国"的系列活动，并深入法国7个城市中展演70多个新加坡文化节目。在积极推动文化"走出去"的同时，新加坡政府也在积极搭建艺术交流平台，建设各种国际艺术的场馆，提升展馆硬件配置能力。比如新加坡的国家美术馆于2015年开幕，总共耗资5.3亿新元，经过 10 年时间的筹备、设计，通过改建高等法院和前政府大厦而成。新加坡政府的国家美术馆目标在于规划为"全球最大的东南亚艺术公共珍藏馆"，馆内收藏有东南亚十多个国家的藏品，配有多种官方语言，其目标在于提升其本身国际地位。

第九章

长盛不衰——德国"会展王国"的
演进发展趋势

　　会展，也称作展览会，其本身是一种社会交往活动，是人与人的一种社会联系，也是一个国家或区域发展到一定规模后所形成的一种必然产物。随着社会的发展，会展从一种单纯的社会交往形式演变成一种经济产业，即会展产业。会展业，其经济学的意义可以解释为生产提供与会展相关的产品或者服务的经济行为，因此也可称为会展经济。政府部门或者专业展览企业依托现代化会展场馆及相应的配套服务体系，通过举办多种形式的展览活动及会务活动，吸引众多参展人员或组织、专业消费者或者普通老百姓前往进行参观访问、商务交流或者文化交流等，从而产生直接经济效益，也衍生出众多间接经济效益，带动周边相关产业及城市经济的快速发展。从会展经济的产业链条来看，会展产业的产业范围包括：一是组织、策划、运营管理会展活动及提供相关服务的企业，比如中国国际展览中心集团、德国麦肯锡会务集团等专业展览公司；二是会展场馆运营方，会展活动所依托的场地种类多样，既有传统的职业会展展馆和大型酒店，也有体育馆以及现代科技元素较为浓厚的线上展馆等都可以作为会展场地出现；三是会展产业的相关配套服务，例如，住宿、餐饮、交通、设计施工等种类繁多的会展服务公司。从会展经济的效益来看，会展经济不仅能够产生直接的经济效益，也会产生影响深远的社会效益以及文化效益。经济效益主要体现在会展活动所带来的商务成交额、展览门票收入及会展活动辐射到其他行业产生的收益等，一般来说，会展活动所产生的辐射效益可带来多达9倍的收益值。社会效益主要体现在会展活动所引起的城市基础设施建设得到短时间提升，城市知名度大幅度提升，文化效益则主要体现在依托会展活动传播当地文化，提升文化传播力度等等。相比于其他行业，会展业综合性和产业互动性较强，具有明显的区域特色，尤其是与城市旅游业、交通业、住宿餐饮业等相关产业联系十分密切，素有"城市面包器"之称。一方面要举办会展活动，需要依托高质量且高效率的城市配套服务作为支撑；另一方面通过举办大规模的会展活动，不仅能够推动城市基础设施建设，也会提升城市整体服务水平，促进相关产业的发展，往往使得区域特色得到进一步发挥。例如素有"展览之都"美称的法国巴黎，就是着重打造其时尚之都的特色。总体而言，会展产业并非是一个个体产业，而是涵盖多种形态的综合性产业。可以说，其既属于服务业，也属于生产性及消费性服务业。因此，无论是学术界还是政府部门，都围绕着会展经济进行了充分的研究和实践。

第一节　国内外有关会展经济的研究概况

近几年，我国会展理论研究取得较大进展，通过对中国期刊全文数据库和万方数据库中有关会展的论文进行检索整理，截止到 2020 年 8 月的统计结果如下：有关会展的期刊论文有 12 407 篇，其中涉及会展经济的论文有 1 038 篇。有关会展的硕博论文达 896 篇，其中涉及会展经济的有 296 篇，但目前博士论文专门围绕会展经济问题进行研究的文献还较少。对于会展经济的理论研究主要是从 2000 年开始逐步深入，而到了 2007 年特别是随着 2008 年北京奥运会的召开以及 2010 年上海世博会的临近，会展理论研究的论文篇数逐步增加，[①] 研究视角也日益深化及新颖化、细化。通过归纳可以发现大致可以分为以下几个方向：第一个方向是关于中国会展产业的综合性研究，既有结合国际贸易理论中的比较优势理论来对中国会展业发展中存在的后发潜在比较优势的研究，还有专门围绕中国网络会展

---

① 方忠．会展经济理论的研究述评与展望［J］．宁波大学学报（人文社科版），2009：5.

的发展模式的研究；第二个方向是关于会展业区域性问题研究，其中主要从两个方面来研究此问题。一是以我国经济区域作为研究背景，二是关于我国各省份会展业发展问题研究；第三个方向是把会展与相关行业联系起来进行实证研究，同时探讨了会展旅游问题，主要是结合城市特征来进行具体研究；第四个方向是关于会展业竞争力的评价及相应指标体系问题的研究，主要是从两个方面展开研究的。一是关于会展旅游竞争力研究，二是关于城市会展竞争力研究；第五个方向是关于会展产业链问题研究，既有研究会展业对区域产业结构表现的作用机制及约束因素，也有从会展产业链规律入手来分析会展产业链整合模式，也有学者应用 SCP 分析框架建立会展产业"市场结构—市场行为—市场绩效"分析模式，对我国会展产业组织进行深入研究。第六个方向是关于会展业具体运作情况研究，包括会展业成本体系、会展绩效评价以及会展物流、品牌营销问题都均有涉及。

国外对于会展产业的研究大多从会展实践的角度来进行，也有对会展的经济效益进行实证测量。笔者通过 World Scientific 全文数据库检索有关"Exhibition/MICE"等的信息，截至 2020 年 8 月共收集相关论文 20 314 篇，其中涉及会展产业理论研究的论文有 2 136 篇，较多集中于实务分析。如麦卡布（McCab）的论文 *Strategies for Career Planning and Development in the Convention and Exhibition Industry in Australia* 就针对澳大利亚会展产业就业者情况进行分析。该论文通过对 126 个供职于会展业的职员进行问卷调查，结果发现会展业的职员大多受过良好教育，而且女性居多，并且往往都有一个相对成熟的职业规划。理查德·吉尔和韦斯利·哈特曼（*Ricard Gil and Wesley R. Hartmann*）的论文 *The Role and Determinants of Concession Sales in Movie Theaters：Evidence from the Spanish Exhibition Industry* 通过详细的 weeklymovie 剧场数据对电影展览业的影响力进行了翔实的分析。路易斯·鲁巴卡巴 – 本梅约和胡安·瓜德拉多 – 鲁拉（*Luis Rubalcaba-Bermejo and Juan R. Cuadrado-Roura*）的论文 *Urban Hierarchies and Territorial Competition in Europe：Exploring the Role of Fairs and Exhibitions* 则针对展览业在城市区域竞争力中所扮演的角色进行了论述。

凯、李娟和安德鲁（Kay. Li Kuen and Anderw）的论文 *International Exhibition Organizers in China and Their Performance* 通过运用描述研究设计与探索性因素，从展览组织者的角度来分析如何构建会展业战略规划，并以中国会展市场作为案例展开论述如何进入中国展览市场。此外值得指出来的是休·皮齐和克里斯·赫克萨姆（*Hugh Pizey and Chris Huxham*）在 1990 *and Beyond Developing a Process for Group Decision Support in Large Scale Event Planning* 中提到用群体决策支持系统对于会展进行研究，即用决策技术方法来研究大型展会如何抓住各个时间段的机会，进而提高展览会对产业链上的各个部门的影响力。这种方法对于今天会展业仍具有一定参考价值和借鉴意义。

国外关于会展方面的研究专著大多出现在 20 世纪 90 年代，代表性作者有富兰克、克里斯汀·克林斯曼、卡林·韦伯、米尔顿·T. 阿斯道夫等。他们的著作大多集中于研究会展商务运作、后续工作、前期策划、会展营销等方面。如米尔顿·T. 阿斯道夫和詹姆斯·R. 阿比合著的《会展管理与服务》把饭店行业与会展业结合起来，特别是为那些目前从事于饭店行业的人士提供了鲜活的例证，并探讨会议布展的各个层面的因素构成。卡林·韦伯所著的《会展旅游管理与案例分析》从北美洲、欧洲和亚太地区 3 个举办展会和会议的主要地区，通过讨论和对比，来分析会展业的经济贡献，并展望全球会展业的发展情况。此外为了宣传世博，研究世博，举办好 2010 年上海世博会，上海世博会信息中心组织出版了《世博信息丛书》，分批推出了相关译著，比较有代表性译著包括由克劳德·塞尔旺和竹田一平合著的《国际级博览会影响研究》和马塞尔·加洛潘所著的《20 世纪世界博览会与国际展览局》。前者以实际数据为基础，以简洁明了的方式向博览会举办者和参加者提供了极其有用的基本信息，这对于人们更好地评估国际博览会性质和价值提供了一项重要工具。后者则详细地描绘了博览会辉煌的历史，并介绍了博览会组织问题、主办国与参展国的关系，揭示了它们各自的动机与目标、重要经济和财政筹码，以及博览会作为社会现象所产生的影响，也勾勒出了未来博览会的理想发展方向。总体而言，从当前会展经济的前沿研究中，我们可以发现当前会展经济研究至少存在着以下几个较为明显的趋势①：其一，会展竞争力研究越来越受到重视。过去几十年，全球竞争趋势明显加剧，很少有产业停留在不受竞争侵入的平稳状态。随着我国加入 WTO 的各项协议的履行，参与国际竞争程度将不断加深，各行业所面临的竞争压力也越来越大。会展业作为新兴产业，同样面临着巨大竞争压力。特别是随着会展市场开放步伐的加快，高水平的国际会展大量涌入国内，因此研究如何提高国内会展业的竞争力成为当下众多学者关注的重点。当然对于竞争力的研究也在逐步深入。在传统的会展竞争力研究中，要么是会展跟城市竞争力研究结合在一起探讨，要么是把会展与旅游行业竞争力联系起来，这些都不是以会展作为中心。而当下学者更多是关注对会展竞争力本身的研究，如建立会展竞争力指标体系或通过计量模型来分析会展竞争力状态。其二，城市与会展关系研究越来越深入。会展业素有"城市面包器"之称，意在其给城市其他行业带来可观的经济效益和社会效益。以往对于城市会展的研究更多停留在会展与城市的关系或会展给城市带来哪些效益上。随着会展业在我国日益成熟，研究视角开始转移到对会展业给城市创造的效应的具体分析上，因此，当前会展与城市中其他行业的关联度研究成为众多学者研究的一个热点，因为通过此关联度研究可有效地找出该城市会展欠缺之处。其三，会展秩序与规范越来越受到关注。克劳德·塞尔旺在这方面的研究为后续的研究作出了重要贡献。他从主办国与参展国的角度，全面系统地收集与分析了 1958~1993 年间举办的历届世博会有关数据，并判断各届世博会的影响及作用。他认为要发挥世博会的效应，关键取决于世博会秩序是否规范和健全。一套规范而健全的秩序能有效地降低世博会的制度成本。最后，研究会展未来走向。中国作为一个新兴的发展中国家，巨大的需求空间吸引着众多跨国大型企业来中国寻求市场。这既给中国带来发展机遇，也给中国各个行业带来竞争压力。但一些外资较早进入的行业对于竞争并不畏惧，因为这些行业早已纳入经济全球化的进程之中。在西方国家，一些大型的专业性会展往往是产品或技术市场盈利前景的"晴雨表"，金融

---

① 方忠. 会展经济理论的研究述评与展望［J］. 宁波大学学报（人文社科版），2009（5）.

机构也会依据会展第一线的精确反应来决定相关的融资力度。可以说，会展活动已成为西方国家促进经济发展的普遍理念。但在我国会展仍是一个新兴行业，无论是资金、技术还是理念、所面临的压力也比较大。因此，会展经济研究的未来进展将不会仅仅局限于上述文献介绍的几个方面，其研究视角将越来越开放。

第二节 德国会展业的演进历程

自英国于 1851 年举办第一届世界博览会以来，会展作为一个产业发展至今已然走过上百年了。此后，随着英国工业革命引发了整个欧洲大陆的技术革新，也带动了整个欧洲经济的迅速发展，成为当时世界经济的中心，同时也促使欧洲会展逐步走向产业化、规模化。经过一百多年的发展，欧洲会展业已然成为世界展览经济的领军者，也塑造了以德国为代表的经济实力强大、会展规模庞大的欧洲会展。根据国际会展协会（International Congress and Convention Association，ICCA）相关统计数据，从 20 世纪 60 年代开始，到 2012 年，全世界共举办了接近 18 万个国际会议，增长幅度非常快。如 1963 年全球共举办了 1 795 次国际会议，而 2012 年全年就举办了接近六万多场国际会议，占比由 1% 提到 31.6%。从区域来看，在全球会展市场中，欧洲会展占有率也最高。以 2016 年的数据来分析，全球会展市场中，欧洲会展的占有率就高达 60%，排名第二的亚洲占有率只有 14%，而排名垫底的非洲仅仅是 3%。可见，世界会展经济发展存在着严重失衡的状态，欧洲各个国家依托其科技创新、交通通信和服务产业的明显优势，在全球会展产业发展中处于绝对的主导地位。美洲的会展主要是集中在美国，其他国家的会展经济规模不是很大，尚处于起步发展阶段。同样，大洋洲的会展业主要集中在澳大利亚，会展经济主要与澳洲的旅游业形成相互支撑，呈现出明显的上升态势。2000 年以后，随着经济全球化趋势不断增强和亚洲经济崛起，亚洲各个国家的会展经济发展迅速，整体水平有了质的飞跃。其中以日本、韩国、中国、新加坡为代表的东亚和以阿联酋为代表的西亚,凭借自身有利的地缘条件、便利的交通基础设施和庞大的消费市场,已然成为当前国际会展业的新生力量和后起之秀,形成了与欧洲会展业、美洲会展业相互抗衡的势头。相比之下,德国素有"会展王国"之称,其会展业发展历程差不多有着八百多年的历史,发展到现在,每年举办的大大小小的会展不计其数,其中规模达到国际上大型博览会标准的会展就占到全世界博览会数量的2/3。德国贸易会展业协会(AU-MA)是德国当前专门管理及统计会展相关业务的职能部门,类似组织展览公司的员工培训,组织培训课程设计及提供相关行业数据,以便引导会展业可持续发展。据AUMA统计,德国每年举办的国际性博览会约为150多个,参展商接近二十万家,其中海外参展商占总展商数的52%左右。如果说欧美会展业引领世界会展市场,那么德国则是欧美会展的中心。

欧洲会展产业的发展最早可溯源于欧洲的古代集市,甚至更早可追溯至古希腊的奴隶交易市场、城邦代表大会等等。而后出现各类型的特许集市的形式和定期式的会展活动。大规模的欧洲集市出现在11~12世纪,其中比较出名的是伯爵区域"香槟地区"的展览贸易,到了晚期基本形成了较为完整的展览贸易网。德国会展活动最早可追溯至中世纪早期的集市贸易。在中世纪欧洲时期,宗教活动相对比较频繁,而为了配合大型宗教活动如期展开,一般在宗教活动的同时也会举办一下集市,当然这些集市大多是要经过各王国或贵族的授权才可进行的,从而保障各宗教人士在举办各种活动的同时得到生活所需,进而在此基础上引发出各种贸易活动,因此到了1150年就出现了德国最早的贸易展——法兰克福贸易展。到了中世纪晚期,除了宗教活动之外,会展活动开始走向一些平常节假日当中。如德国的圣诞集市。圣诞集市起源于中世纪晚期,至今已有八百多年历史,直至今天还会定期举行。圣诞集市往往是在圣诞节前夕,在当地市政大厅前面的广场铺设摊位,出售与圣诞节有关的食品、手工艺品或者饮食等等,还有各种圣诞树装饰品。除此之外,德国的莱比锡商品交易会也是中世纪晚期欧洲商品交换的集中地,在16世纪初,其发展达到了顶峰。到了19世纪近代,随着工业革命的兴起,欧洲交通技术日趋更新,尤其是铁路的出现促使了交通的便利化,加上工业技术的革新,带来了生产力的迅猛发展，无论是市场信息需求程度还是企业的营销渠道需求，都进一步诱发了德国现代会展业发展的萌芽。而经过第二次世界大战的洗礼后，虽然战争给德国带来了重创，但第二次世界大战后的二三十年时间里，德国经济经过了持续多年的快速增长，国民生产总值也先后超过了法国和英国，一跃成为当时仅次于美国的世界第二大贸易国。在强大的经济支持下，德国的会展业得到充分的发展，涌现了类似莱比锡、法兰克福、科隆等享誉世界的展览会，并建立一些现代化展览中心会场。依托这些展览会，德国工业成果得以面向全世界展示，从而进一步带动了德国出口贸易的增长。随着展览会数量的不断增多，规模不断扩大，德国政府部门统筹成立了德国贸易会展业协会，代表德国展览经销商、参展商以及属于协会内各服务类型企业整个行业的利益。但随着德国经济的进一步发展和行业分化日益明显，原先的综合性展会弊端不断显现出来，因为行业众多导致展会组织工作越来越混乱，展商和观众的需求日趋多元化，综合性会展显然无法对接行业发展需要。因此，到了 20 世纪 60 年代，原先的综合性展览不断细化，专业性展览则越来越多，久而久之就取代了原先的综合性会展市场，内部会展市场也逐步规范起来，有效规避了恶性竞争，初步形成了现代德国会展的雏形。进入 21 世纪后，德国展览业无论是规模还是品质上都得到了进一步提升，已然成为世界会展业的领军者。当今具备承办国际博览会能力的世界十大会展公司里，来自德国的会展公司约占一半以上，比如著名的法兰克福会展公司、汉诺威会展公司等等，都是排名世界前十的展览企业。在展览会方面，德国所举办的展览会不仅数量是最多，一般每年差不多要举办一两百个国际展览，而且在展览会的品质上，德国也是有优势的。例如，当今世界 210 个专业性国际贸易展览，在德国举办的差不多有 130 多个，占比远超其他国家。

　　总体而言，进入 21 世纪之后，德国会展发展空间更大，呈现出高质量、高知名度和高数量的品质特征。一是德国拥有众多享誉全世界的专业会展城市，不仅有被业界称为"国际会展之都"的汉诺威，也有号称世界上最古老的会展城市，会展历史跨越 700 多年的法兰克福等等，当然也包括类似科隆、莱比锡、斯图加特和柏林、汉堡等等这些新兴会展城市，且专业性很强，具有各自的特点（见表 9 - 1）。这些会展城市依托各自所在区域成熟的产业生态和完整的产业链条，吸引着全世界各个厂商积极参展，从而引领着世界会展潮流，国际影响力不断得到显现。二是在展览基础设施方面，德国也具备完整的产业配套设施。当前拥有大大小小 70 多个国际会展中心，其中有不少属于世界"重量级"的会展中心，大型会展中心有 25 个，超过 10 万平方米的展览中心接近 10 个。与其他国家相比，德国的会展管理体制较为缜密，一般会展公司都会直接经营会展中心，两者大都密不可分。因此，会展中心往往会见证一座城市的兴衰。比如排名世界第一的汉诺威博览会中心，位居第二的法兰克福展览中心，排名第五的科隆国际博览会中心等等。其中汉诺威展览中心曾两次承办过世界博览会，其中心参展面积高达 49.6 万多平方米。此外，德国会展拥有众多知名的品牌展会，其往往依托其产业优势及名牌效应积极打造品牌展会，从而扩大其国际影响力，树立其专业权威性。比如，汉诺威信息技术展，至今已有 50 多年的展览历史。同样，法兰克福的汽车展、柏林国际旅游博览会、慕尼黑国际建筑机械博览会以及科隆的五金展览会，也是享誉全世界的知名博览会。可见，德国的博览会虽然数量众多，但多为国际性且专业性的展会，对展商有着严格的筛选机制且分类，而且多数展览会都有专业观众与普通观众之分，而且要求观众购买门票。以 2013 年为例，在德国举办的 160 场国际性质的展会就吸引了总共超过 1 000 多万的参展商及观众，单单门票收入就是一笔可观的收益。此外，除了门票收入之外，销售展位、赞助广告费用等等也是众多展览会的主要收入来源。因此，德国的展会经济收益普遍较高。在世界收入最高会展公司中，排名前十的德国会展公司占到一半。在德国众多会展公司中，接近一半的会展企业是有能力举办大型国际展会的。

表 9 - 1　　　　　　　　　德国各会展城市的展会内容

城市	主要展会内容
汉诺威	国际工业博览会及专业卡车展览
法兰克福	国际汽车展及书展

续表

城市	主要展会内容
柏林	国际航天航空展及国际旅游博览会
科隆	国际食品展销及装饰家具展览会
慕尼黑	建筑工业展及国际体育用品展销会
杜塞尔多夫	国际时装展及国际印刷工业展

第三节　德国会展业的发展优势

如上所述，德国的会展业在全世界博览会中有着非常突出的地位，而且德国会展业本身有着悠久深厚的历史文化，整体规模及数量、质量都非常高，而这也就体现出德国会展业与众不同的特点，形成德国会展业长盛不衰的优势所在。

一、政府培育和市场主导相结合的会展经营模式

相比于其他国家的大型会展管理体制，德国会展业的经营体制有着独特的经营模式，即政府引导培育和市场主导经营相结合的管理体制，政府、企业及行业协会各尽其责，职能区分明显，运行机制相对比较顺畅。德国的展览企业大都是由政府所掌控，会展业的管理模式则采取企业管理方式。在德国的展览活动中，展览企业不仅是展览活动的组织者，也是展览场地的管理者。政府在整个会展活动中则是"助推器"，有所为有所不为，发挥着其特殊的作用，更多是依托市场来进行协调管理，会展企业是自主经营、自负盈亏。德国政府比较注重对展览馆的基础设施投资建设，德国的大型会展场馆基本上是由政府主导投资兴建，交通等会展配套基础设施也基本上是由政府来完成兴建的。因此，德国大型的会展公司的控股股东一般是德国政府，其他一些会展组织或者经济协会组织等等大都是以参股的形式进行合作经营。比如法兰克福展览公司，就是由法兰克福政府和黑森州政府分别控股 60% 和 40%。同样，位于汉诺威的德国展览公司是

由汉诺威市政府控股。可见，德国大型的展览中心大部分是由政府控股，但政府却不直接干预场馆的经营活动，展览中心则是通过租赁或者委托经营的方式由专业公司来负责经营，同时政府也直接从展览中心赚取的利润中分成，并通过税收的方式获取收益，从而减轻了会展经营方的资金压力，也可保证了国有资产的增值保值。除此之外，德国政府都会通过制定相关政策，比如"官方出国参展计划（AMP）"活动，对出国参展，从事推广活动的企业给予资金支持。据德国联邦经济科技部统计，每年德国政府给予参展公司的财政资助可达几千万欧元。除了资金直接资助之外，德国政府对于参展商及会务组织者也出台了相关鼓励性政策来提升各地经销商的参展积极性。比如持有特定公司标志的参展商，参观门票可免费获取或者给予更为便捷的交通服务。

此外，德国会展的管理模式除了政府的有效支持之外，行业协会优势也十分突出。当前，德国的"贸易展览行业协会"也被称为德国会展行业协会，其前身是成立于 1907 年的德国工业永久委员会，直到 1934 年才更名为"德国贸易展览行业协会"，并一直沿用至今。该协会在德国本地从事会展业务的企业中具有深远的影响力，由参展商、展览会组织以及众多的专业买家共同组成，组织协调了德国国内外几乎所有的展览活动。在业务方面，AUMA 主要负责大型展览会的推广安排、政策信息宣传、行业数据统计及相关协调服务安排等业务。由于德国几乎所有的会展公司都是 AUMA 会员，因此 AUMA 在办展定位方面就有了第一手资料，能够精准定位各个会展公司的办展诉求，有效避免了重复办展的弊端，即使有些内容相似的展览，也能够进行区别对待。比如汉诺威信息技术展与柏林的消费电子展览，虽然都是有关电子消费品的展览，但前者是面向采购商等专业消费群体，而后者则主要是面对游戏产品爱好者等终端消费群体。同样，作为 AUMA 旗下的德国会展数据自愿审计认证组织（FKM）主要是制定会展业的相关展览数据统计标准及行业规则，同时也聘请专业审计机构或会计师事务所来专门对展览会相关数据进行严格复核，包括对参展商数量、展会观众数量及展览中心面积等等进行严格审核，甚至对有些指标会进行深入具体的分析。比如针对展览会的观众群体，FKM 不仅仅是审核数量，还开展观众结构分析，包括观众的职务、来源地、专业性程度以及参展频率等等，以此来判断展会受关注的真实性。一般德国展会在推广的时候都被要求注明"是否经过 FKM 审核"，以此来保证德国展销会的严谨性。对于行业分析员来说，FKM 提供的有关观众群体数据比展览会组织者提供的基本数据更为客观和真实，透明度也更高。自 2009 年开始，FKM 组织继续优化该组织架构，简化统计规制，提升测算效率和精准度。当前，FKM 已然成为德国会展活动的品质的保证，同时也吸引着海外众多企业加入该组织。因此，一般德国展会在推广时候都被要求注明"是否经过 FKM 审核"，以此来保证德国展销会的严谨性和权威性。

德国会展业的快速发展主要得益于其拥有较为便利的交通、稳定的会展专业人才队伍和完善的配套设施。当前德国拥有的大型会展中心接近三十个，展厅面积达到 360 多万平方米，而且还在不断扩大。德国会展展馆设施建设不仅有着成熟的规划，而且各展馆的功能分类也较为清晰，配套设施建设也能够形成一体化。一是完整的规划建设。德国会展展馆规划一般涵盖城市区域分布规划、展馆内部结构设计规划以及相应的周边配套设施规划。作为会展业的领军者，德国几乎各个城市都有展览中心，虽然会展城市众多，从事会展业务的企业也有很多，但各个城市会展展馆主题和特色泾渭分明，整体并不凌乱，几乎没有重复小展或者多头办同一个展览的情况。可见，德国政府对展馆建设规划是循序渐进、因地制宜的，各个城市建设是协同配套、有序推进的，形成一个"以行业分工为主、地区分工为辅"为原则，致力于面向全球的会展生态化网络。而且，德国各个展览中心在建设方面同样也是富有特色、精品众多。如杜赛尔多夫展览中心在设计上就专门考虑了各种大小规模的不同展会，其中规模最大的 6 号馆的单层展厅面积就达 24 万平方米，最高处有 26 米，可适应一定规模的国际展览会。还有慕尼黑新展览中心则凸显出其富有逻辑性且实用的特点。其展览馆内没有固定隔墙，高 11.6 米，面积达 1 万平方米，是一种单层无柱单元模式，展厅内不同方位具有同等吸引力，便于参展商辨识，同时展厅两侧设有 5 个疏散出口宽阔的供货大门。二是会展展馆设施完善，相关配套基础设施相对齐备。德国展览业能够举办众多大规模的国际会展主要依赖于其拥有完善的高质量展馆。当前德国众多展馆有着各式规模，大多数场馆的室内面积超过 10 万平方米，也有规模在 5 万平方米左右的地方性小规模场馆。当中既有以莱比锡展览中心为代表的新建大规模展馆，也有以杜赛尔多夫展览中心为代表的旧馆更新型展馆，还有众多以科隆会展中心为代表的生长发展型展馆。虽然展馆类型众多，但基本上场馆设施都能够符合国际会展办展要求。一是不但大多数场馆的设计能够充分考虑到规模大小、层次不一的各类展览会议的实际需要而且展馆内部也可进行灵活分割，而展馆外部既可做展览也可作为停车场等等；二是会展中心周边一般配有相应的酒店、餐饮、物流等相关的服务企业和配套设施，能够满足参展商及观众的多样化需求，实现会展活动与配套设施的完美衔接。例如，法兰克福展览中心，就类似一座"城中城"，住宿餐饮、物流快递、翻译及银行等各项业务齐全，能够实现"一站式"服务，便于参展商的个性化需求。三是展览中心周围交通便利，出行方式多样。德国展览中心一般位于交通枢纽中心，各地参展商均可通过火车、地铁及公交等方式直达展馆，甚至有些展馆就建在飞机场或者火车站附近。例如，慕尼黑中心展馆就位于高速公路旁边，距离慕尼黑机场仅仅 30 分钟车程。法兰克福展览中心距离火车站仅仅 10 分钟路程，而且多条城市轨道交通、高速公路均可直达中心。此外，为了方便国外参展商和观众认知需要，德国还会开通动态交通指南系统，在各种交通枢纽之处设置各种指示路牌，甚至开辟高标准的专门通行路线。

二、具有明显的国际性和专业性优势

会展业是一个具有较强辐射效应的产业，这也是众多国家发展会展业的初衷。同样，德国政府通过着力发展会展业来提升德国对欧洲周边国家的辐射力，使德国成为全欧洲消费市场的主要来源地。而且近年来，德国政府不断挖掘会展业的发展潜力，呈现出强硬的国际拓展能力。例如，德国政府通过整合外部资源，积极拓展国际市场，不仅吸引传统欧洲国家，而且也在着力开发新兴市场，尤其是对具有强大的消费潜力及经济发展空间巨大的国家进行市场开发。总体而言，德国会展业具有宽阔的国际视野，不仅鼓励本国企业走出去，积极参与国外展会，同时也通过其专业性优势来吸引他国参照商来办会。一方面，德国政府积极组织开展国际性招商，以高质量、高品质的展会来吸引国外企业赴德国办展。自 20 世纪 60 年代开始，德国会展业就积极布局全球，面向全球推广展会内容及业务，成效明显，逐步形成优势。从 20 世纪 70 年代开始，在德国所办的国际性展会上，专业性展销会上国外参展商比例就高达 30%，而一般性展览上这个比例更是高达 50%，同时约有 30% 的观众来自国外。进入 21 世纪后，"中国元素"逐步进入德国会展中。中国也成为德国的十大参展国之一，每年大约有 6 000 多家中国参展商前往德国参展。从贸易方面来看，德国玩具来自中国出口的商品所占比例高达 51%，中国玩具公司也是当今世界最大玩具博览会——纽伦堡博览会上最大的参展团。同时，每年柏林举办的国际娱乐电子产品和家用电器博览会海外展团中的专业客户，来自中国的比例同样也高达 46% 左右。另一方面，德国工业也依托会展走向世界，即德国政府通过组织国内会展公司积极"全球办展"，对外着力营造"德国制造"形象。一般而言，德国政府对于赴外办展的企业实施给予相应的政府补贴等相关政策扶持措施，同时主动疏通渠道，方便德国国内企业与国外企业进行有效对接，因此德国企业赴外办展的积极性非常高，尤其是进入 21 世纪后，在经济全球化背景下，德国众多著名展览城市纷纷瞄准海外，纷纷走出去办展。据 AUMA 统计，德国展览协会成员出国办展的比例自 2000 年后以年均 10% 的比例增长。当前国外办展已然成为德国会展业的业务量及利润的主要增长点，德国每年在国外举办展会大约有 250 多场左右，2011 年德国海外参展展出面积约为 280 万平方米，参展商达 9.3 万家，吸引观众 630 万人次。其中，德国在中国举办展会 71 场，展览面积超过 130 万平方米，参展商 4.1 万家，吸引观众 280 万人次。① 德国会展公司在国外一般建立有大约 420 多个办事处，业务扩展到 108 个国家，在中国上海、广州均设有办事机构，还建立了 13 个子公司或者合资公司，其中以中国为中心的亚洲市场是目前德国会展业的主要关注重点，中国甚至是德

---

① China Now Biggest Exhibitor at German Trade Fairs，http：//www. auma. de/_ pages/e/06 _ Press/0601_Press Archive/press13/gb – presse15 – 2013. html.

国海外办展最多，市场最大的海外国家。例如，慕尼黑国际展览集团甚至将电子元器件博览会移至上海举办，法兰克福展览有限公司将国际消费品展览会同样也成功移植至亚洲。

三、德国会展业的区位优势和国内产业优势突出

德国地处欧洲中心位置，具有得天独厚的地理优势，凸显出德国会展业发展的良好契机及空间。由于地处欧洲中心，高效率的海陆空交通体系，使得展览会能够在短时间内实现大量客流及物流量的集散效应，从而使得德国成为欧洲大陆会展市场的中心。当然，德国之所以能够成为"全球会展中心"，除了区位上的优势，还得益于其历史和产业优势。从会展业的演变历程来看，真正意义上的现代会展业可追溯至 1894 年的德国莱比锡博览会，距今已有 120 多年，但从德国会展历史来看，其会展发展已有800 多年的悠久历史，可见德国的会展业具有厚重的"历史沉淀"感，显然是国际会展业的先行者。例如，法兰克福城市有关会展的纪录为 1150年，享誉全世界的科隆五金展作为世界最早的专业展创建于 1947 年等等。可见，德国能够成为展览王国，显然与其悠久的会展历史是分不开的。此外，德国的产业优势也是吸引全世界各地参展商前往德国办展的一个重要因素。当前，德国经济是欧洲大陆的核心，对欧洲各国具有较强的辐射力。德国工业享誉全世界，德国展览会是德国企业走出去或者行业发展的重要窗口。成熟的工业链条是德国会展业的重要支撑，也为德国会展业发展夯实了基础。比如汉诺威的工博会，就是依托汉诺威高度发达的工业制造业，尤其汉诺威是德国的电子、机械乃至汽车等产业中心，产业链条上的企业一应俱全。而且会展业本身是一个系统运行的产业，需要各个产业共同支撑、相互支持，例如，住宿餐饮、交通运输业等相关行业的支持。因此，成熟的旅游业及高效便捷的交通基础，都为德国国际会展的成功举办奠定了基础。同时，德国会展业为参展商提供的服务也体现出其"精细化"管理的特点。一方面，在展览馆设计方面，体现出其"以人为本"的原则。比如科隆展会所提供的会刊可以让从未涉足科隆的参展商或者观众对展会的内容及在科隆的"衣食住行"一目了然。一些大的展馆可配合展

览业务内容进行大小分割，使用起来十分方便。另一方面，除了提供一些基本服务之外，德国会展业还会主动为来自国外的参展商提供展览台形象设计或者参展品宣传等服务，而且也会通过对会展市场发展所需要的数据进行收集，提供精准的分析与研究，并及时反馈给参展商或者观众消费群体。例如，2010 年举办的德国汉诺威消费电子展，就好比一座"城中城"，涵盖住宿、饮食休闲、医疗等各项业务。

四、会展专业人才优势突出

德国会展业的迅猛发展离不开其成熟的会展专业人才培养体系，有着一大批高素质、高质量的文化产业人才投入会展业中。德国不仅有着数量众多的文化产业专业性的传媒院校，而且大部分综合性高校都开设有与会展业相关的专业，比如莱比锡大学、科隆大学、美因茨大学等等，从而可以为德国会展业输送高质量的会展专业人才。其中比较著名的西门子媒体学院就是一所致力于培育职业会展人才的学院，其毕业的学生大多成为德国众多展览中心的高层管理者和组织者。此外，一些协会组织或者企业也会参与会展人才的培养。如德国贸易展览业协会就制定出一整套完整的专业人才培训内容，通过组织学员调查实践、业务培训等方式提升会展专业技能，并进行资格审核认定，树立起其培训方式的权威性。可见，德国对于其会展专业人才的培养、考核和认证已然建立起一套非常严谨且专业的培养体系，为德国会展业储备了丰富的人才资源，从而保证了德国会展业一直处于良性的发展情境之中。

第四节　中国和德国的会展产业的生态化比较

我国会展产业发展历程相对较为短暂，但经过三十多年的发展，我国会展业已然形成一定的规模，在区位分布上已形成以北京为中心的环渤海会展经济产业带，以上海为中心的长江三角洲会展经济产业带，以广州、香港为中心的珠江三角洲会展经济产业带，以成都、昆明等城市为龙头的中西部会展经济产业带。① 会展产业的生态化发展是实现会展产业可持续发展的重要途径，即会展产业要实现长足持久的发展，就应基于自然生态的整体资源循环的理念去实现会展与生态资源的协调发展。那么在会展产业发展中，应着力营造会展产业的生态化运行系统，在自然生态学的循环利用思维下重构会展业运营产业链条，提升资源开发、运用和整合能力，从而减少会展活动所造成的能源损耗，实现会展业的可持续发展。我国加入 WTO 后，随着我国会展市场的进一步开放，大量国外企业涌入，国内会展企业面临的竞争压力与日俱增。即使会展业是一个利润巨大的行业，但随着会展业的行业容量不断增大，其利润空间也会缩小。因此为了应对竞争，尤其在当前利益的驱使下，当前会展业呈现出一种无节制、无规划的发展局面，即重复办展、低水平办展；会展设施大量重复建设、浪费；会展设计搭建中的大量耗材造成环境污染等等。②

一、中德会展场馆规划的生态化比较

毋庸置疑，没有相应的会展设施，特别是展馆，会展业肯定得不到很大的发展。但这并不意味着可以无节制地建造会展场馆，因为随意扩建场馆只会造成资源大量浪费以及生态环境的破坏。国外一些会展业发达的国家往往从生态系统角度去设计场馆，重视场馆的应用技术、功能和实用性。一些新型会展中心设计大都以空间规模大、布局简洁合理为主；展厅设计通过应用尖端技术与新结构来达到生态环保和节能的效果。如罗马 Palazzo dei Congressi 展览中心的建筑结构就以简约实用和匀称而闻名于世，其最大特点就是让各个环节都发挥作用，不浪费资源（见表 9 - 2）。相比之下，德国建筑的生态化构建更是享誉全世界。德国展览中心无论从场馆设计与材料选择，还是场地运用，无不体现出其生态化倾向。在场馆设计之初或者在建设过程中，德国会展管理者都强调应更好地利用光线、水力、太阳能等因素，体现出其强烈的环境责任感和绿色环保意识。例如，慕尼黑新展览中心的场馆约有 17% 的面积为绿色所覆盖，10% 的能源为太

---

①② 方忠，张华荣. 会展产业的生态化解读 [J]. 西南民族大学学报（人文社科版），2009 (4)：223 - 226.

阳能装置提供。德国汉诺威会展中心以可持续发展理念为宗旨，使用可再生建材资源来建造场馆。整个会展中心从展厅到道路、草坪无不体现着生态文明的气息（见表9-3）。

表9-2　　　　　　　　　罗马 Palazzo dei Congressi 场馆信息

一楼建筑	礼堂可容纳790人面积750平方米	沙龙及活动仪式场所1 450平方米	可容纳1 700人
二楼建筑	办公室、会议室展览中心、走廊通道	占面积1 980平方米占场馆面积460平方米	可容纳50~250人
三楼建筑	露天电影院餐饮、接待、娱乐的接待大厅	占地面积920平方米占地面积2 275平方米	
地下室	会议室、餐饮区385平方米	展览中心走廊通道760平方米	服务区域800平方米

资料来源：过聚荣.中国会展经济发展报告（2008）［M］.北京：社会科学文献出版社，2008：138。

表9-3　　　　　　　　　汉诺威会展中心设计信息

展厅	屋顶和墙面大量使用由木板夹防潮层、保温层和加固层等构成的环保材料
广场花园	规则式种植黑松，放置条石块及碎石铺装，形成规整式广场景观
走廊通道	以沙石软铺装为主，地形的微高差处用钢板界线，填沙至设计标高，钢板道牙施工简便、耐久、线条精美
停车场	用软铺装，石板中心做防滑处理，道路分隔线用可渗水弹街石，场地较低汇水处，每隔3米去掉一块石板，做成渗水坑，让雨水充分渗入地下
展馆边缘地带	游人较少处的草坪，不做修剪，任各种野花自然生长

资料来源：根据2000德国汉诺威世博会相关资料整理。

在悠久的会展演变进程中，德国会展业自南向北形成了慕尼黑、斯图加特、纽伦堡、法兰克福、莱比锡、杜塞尔多夫、柏林、汉堡等各具特色的会展城市，每个城市都在依托自身的行业优势，成立具有城市行业特点的大型会展公司。而这些会展公司一般都举办过在世界会展业中有着较大影响力的品牌展会，在行业中有着明显的引领作用，体现出德国会展城市规划的"生态性"。可以说，在德国展览贸易委员会的统一规划协调下，德国会展业的展馆建设逐步推进，区域分布明显，功能界定清晰，很少有重复建设现象，基本形成以行业分工为主，城市分工为辅的会展区域布局，并以此为支撑面向全球进行有效的资源配置。①

自 2008 年北京奥运会及 2010 年上海世博会召开后，我国会展场馆建设一直都保持较热的态势，据不完全统计，2007 年后，全国各地正在建设或规划建设在三年内建成展览场馆的面积以年均 20% 的速率在增长。北京、上海、天津、重庆 4 个直辖市在建或拟建的场馆面积超过 60 万平方米，在中西部地区的场馆建设投入则更为巨大，如太原国际会展中心和甘肃会展中心的总投入均超过 10 亿元人民币。尽管会展经济能够显著地拉动本地经济的发展，但并非各地都适合发展会展经济，而且会展场馆建设并非就是会展经济建设的全部。会展经济本身有其自身的经营模式，不是简单地盖一座展馆，就能够带来巨额的经济收益，以会展场馆的经营特点来分析，一个场馆的利用率达到 60% 的时候才能实现较佳的市场效益。② 但当前我国会展场馆的运行绩效却呈现出两极分化的现象。上海、北京等地一批少数场馆呈现出供不应求的状态，而大多数的场馆平均使用效率只有 15%，闲置率高并且经营困难。有的场馆建设奢华但一年也举办不了几次大型展览会。可见这种兴建场馆的冲动只会造成大量资源的浪费，久而久之对周边环境也是一种破坏。会展场馆的选址是一个十分严格且科学规划的系统，要经过科学论证。会展中心城市不仅本身要有相应的经济辐射力，同时也要有相应腹地经济优势、生产要素配置、旅游资源优势及完善的交通基础设施等相应的会展资源配套。总体而言，当前我国会展场馆规划建设较为混乱。一方面，区域结构设计错位情况较为突出。一些城市盲目建设一些地标会展中心，只是关注到会展产业对城市发展的影响，而未

---

① 魏爱苗. 会展业——德国服务行业的一朵奇葩 [N]. 经济日报. 2009 – 01 – 15（15）.

② Dwyer, L.（2002）. *Economic Contribution of Convention Tourism：Conceptual and Empirical Issues*. In K. Weber & K. Chon（Eds.），Convention Tourism ［M］. NewYork：The Haworth Hospitality Press.

深入分析城市资源条件、产业结构及市场环境，造成场馆闲置情况严重。另一方面，会展场馆结构设计不合理。一些相近的城市重复办相同内容的展览，甚至同一城市内也会重复相同内容的展览，未能实现会展资源的优化整合，反而会造成会展行业的恶性竞争情况严重。因此，未来我国会展场馆建设应走生态化规划道路，应使场馆建设跟当地生态环境相协调，并结合当地经济特色项目，把场馆、商业、酒店、娱乐以及其他会展设施综合起来考虑。[①]

二、中德会展产业链的生态化规划比较

所谓产业链是指围绕某一行业，通过生产要素的流动来确定各行业之间上下游的供应关系，并进而确定各行业的投入产出的价值比。产业链的形成往往是企业之间在市场竞争中自发形成的一种对应关系。相比于其他行业的产业链，会展产业链是一个跨行业跨区域的复杂产业链，会展产业链的复杂性根源在于其对其他行业具有较强的带动性（Dwyer L., 2002）。近几年我国高速发展的会展业之所以对其他行业具有如此巨大的"牵引力"，主要在于我国国内市场巨大的"经济需求"以及国际市场踊跃参与。但伴随着网络技术日新月异的更新以及我国经济国际化步伐的不断加快而产生日益多样化的社会需求，会展活动将越来越复杂，产业链条将越来越长，产业带宽将不断增加，业务创新的难度也将越来越大。因此要实现会展产业的可持续快速发展，就必须提高产业生态资源的整合能力，即整合和协调包括上游环节及下游服务环节在内的整个产业链条，实现产业链的合理结构化。

作为服务性行业，会展产业链是以会展运营为核心，由会展主办企业、展馆企业、展览服务企业、相关服务企业部门、参展企业部门和参观者等多个部分共同组成的链状价值创造过程。可以说，会展服务所涉及的各个行业之间都存在着横向协作关系。会展组织者通过购买上游一些产业如酒店业、餐饮业、旅游业、交通运输业、邮电通信业等众多企业产品，

---

① Lowe E. Creating by - product Resource Exchange：Strategies for Eco - industrial Park ［J］. *Cleaner Production*，1997（5）.

而后通过资源整合提供给下游的参展企业和观众一个交流平台。而会展产业竞争力的强弱直接反映在会展服务的质量高低上，这就跟会展服务分工程度及产业配套性是否成熟紧密相关。当然会展服务分工越细，那么所涉及的上游行业也就越多。而这就给会展举办地增加了难度。如果会展举办地配套性较差，就有可能导致会展产业链出现中断，因此有必要把一些上游行业供应商分流出去。因此，按照是否必须由会展举办地配套产业链的原则，可把会展上游产业进一步区分为产业内链和产业外链。产业内链所指的是会展举办地必须配套的产业，而产业外链所指的行业可依据效益优先原则在更大范围内选择供应商。[①]（见图 9 - 1）

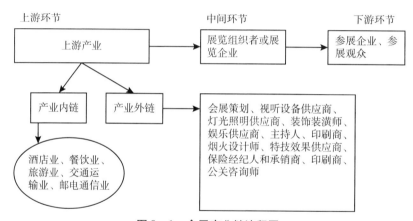

图 9 - 1 会展产业链流程图

作为国际会展业的"龙头老大"，德国会展业从产业上游到产业下游，上至各级各区域政府、各级行业协会的管理，下至各地会展企业、参展商、各种类型的观众群体的协调及会展专业人才的培养等外部支持，已经基本形成了一套严谨的、功能齐全及核心功能凸显的会展产业体系。[②] 可以说，在会展产业链的生态化构建方面，德国无疑是取得了明显的成效。

① 方忠，张华荣. 会展产业的生态化解读［J］. 西南民族大学学报（人文社科版），2009（4）：223 - 226.

② 郇公弟，辛华. 德国因何成为全球会展业"头号强国"［N］. 经济参考报，2007 - 03 - 27（3）.

例如，德国杜塞尔多夫的国际船艇及水上运动展览，就是欧洲最大的船艇展，其不仅是专业性展览会，更是一个水上运动产品的整合大会，是水上运动用品在信息交流、产品展示及贸易合作的专业舞台。展会不仅仅展示了涵盖各类型船艇和各类水上运动设施，包括豪华游艇、海事救援设备、水上娱乐设施、海事艺术以及相关水上旅游开发等产品，同时也吸引了水上运动用品产业链上下游企业纷纷来此洽谈业务。慕尼黑展览公司所推崇的房地产展览会，则围绕着房地产的行业特点开发了从规划咨询、融资设计建造、销售及后期物业管理等一系列的产业链配套服务，使得房地产整个价值链条上所有相关者都能够融入交流，相互合作，共同推动整个房地产业的健康发展。可以看出，德国会展产业链条构建基本进入到相对成熟的运营阶段。相比之下，当前我国会展产业链的建设依然处于初级阶段，与其他行业之间尚未形成规范、协调、紧密的产业合作关系，各行业之间只是简单的衔接，缺乏生态价值与经济价值的耦合，产业链稳定性较差，缺乏竞争力。但从发展的角度看，我国会展业则具有更大的提升空间。德国会展业往往是依据展览题材定调，而后按产业链区分进行对外招商，基本可以做到"从提供生产设备、原材料物流配送、技术指导、企业员工培训"等一套完整的会展产业服务系统。而我国的会展策划则是根据招商情况来设定展览会主题内容。这就造成各行业之间存在着重复建设和资源浪费现象，进而导致效益低下。[1] 这显然跟我们今天所倡导的节约型、环保型的生态文明是相违背的，因此有必要对会展产业链进行生态化规划，提高资源利用率。首先，基于生态产业链完整性及循环性，对于会展产业链上游环节的产业内链可考虑建立一个会展服务商业带。在此商业带内确定产业共生方向，依据共同需求原则确定合作企业，从而消除产业链中无效或效率低下的环节，并且降低交易成本进而提升已有产业活动的价值，最终提升整个会展产业链的价值。为此，会展产业链的上游环节产业内链中的各行业就有必要形成规范、协调、紧密的产业合作关系。以会展展馆为核心，根据展馆规模的大小及使用率情况尽快在其周边形成相应规模的服

---

① 王兆华. 生态工业园工业共生网络研究［D］. 大连：大连理工大学，2002.

务商业带，使产业内链的企业与展馆形成地理意义上的依附性，尤其是酒店住宿业与餐饮业。当然需要指出来的是在此会展服务带内，产业内链的各个企业应在规模、技术水平及类别等方面能够相互匹配，相互协调。只有这样才能使区域内各产业横向共生，纵向耦合，从而实现整个产业链条的资源综合利用进而循环到一个良好状态。如果一个行业出现问题，那么整个链条就会受到影响，其他行业就必须付出相应成本去弥补。其次，基于生态产业链的开放性及灵活性，对于会展产业链上游环节的产业外链可依据每次展会规模及服务规格，通过成本收益分析来确定配套产业范围。从理论上分析产业外链配套产业的选择范围可由会展举办地延伸到全国甚至是全球。在更大范围内选择配套产业的供应商可以更好地整合市场资源，提高会展服务质量和效率。当然需要说明的是对于会展组织者来说，并不是选择范围空间越大越好，因为扩大配套产业选择范围虽然可提高服务质量，但也需要相应的成本。对于一些品牌性会展产品，其要求规格相对于其他展览比较高，那么展览组织就有必要尽可能从大的范围内来整合市场资源，尤其是类似会展策划、娱乐供应商、特技效果供应商等这些高端服务的采购。最后，基于生态产业链的社会性及辐射性，会展产业链的生态化应是与会展相关各项产业的生态化。生态产业链所倡导的商业秩序是以社会长期需要为主体的秩序与环境，既要使产业链内各个企业获取利益，而且也要与自然生态系统保持着长期的协调，具有较强的可持续发展能力。因此作为带动性很强的行业，会展产业的生态化应是会展产业集群的生态化，其带动的相关产业包括旅游业、咨询信息业、文化娱乐业、交通运输业、餐饮业、酒店住宿业、基础设施建设等行业也应实现生态化，也应符合保护生态环境和人的健康的要求。

三、中德会展经营管理的生态化规划比较①

随着我国贸易服务业全面放开，在当前全球普及可持续发展理念和追求节约型经济的背景下，借鉴德国等发达国家展览业的发展经验，改变目

---

① 方忠，张华荣. 会展产业的生态化解读 [J]. 西南民族大学学报（人文社科版），2009（4）：223 - 226.

前我国由于会展经济无节制的发展而导致环境破坏的局面，实现我国会展经济的生态平衡，那么就有必要对会展管理进行生态化规划。

首先，会展营销管理的生态化规划。据有关调查数据，90%的美国人在消费时更愿意购买绿色产品，66%的美国人甚至愿意支付更高的价格购买绿色产品。[①] 而在欧洲青少年消费群中，也有大多数的消费者更倾向于具有"绿色形象"企业的产品。德国参展品早在2008年就已流行绿色生态风，生态产品的销售额一直呈上升趋势。可见当今社会上，绿色消费已成为主流。因此，当前更多企业通过对社会大众进行自身形象宣传，特别是在消费者心里树立起企业环保理念，以此来提升企业品牌的声誉度。近年来德国的展会大多以节能和环保产品为主，强调节约能源和可持续发展。这就要求会展组织者特别是会展城市应迎合社会大众和参展单位的环保需求心理，在进行对外整体促销时应追求经济效益、社会效益和生态效益的统一，应注重宣传自身具有生态特色和绿色形象的特点。会展组织者在甄选会展项目时，以满足市场需求和环保为目标，通过对产业性质、该行业绿色动态信息进行调研分析，选取既有利于满足参展企业要求也有利于社会环保要求的展览项目。对于参展企业的选择，除了确定参展商是否在展览商品标准的范围内，更应关注参展企业是否符合国际环境质量标准ISO14000。在会展经营活动中，会展组织者更应向参展商提供科学的、无污染的和保持生态平衡的会展项目服务。总体而言，德国会展业之所以能够做到"政府、行业协会、会展企业"各行其是和"健康环保与经济效益并重，减少资源浪费"的生态化办展，实现经营管理生态化，关键在于德国会展业经营者根深蒂固的会展生态化理念。德国社会各界对于能源与环境的生态平衡始终保持着敬畏的心态，展馆的生态化以及参展产品的环保化早就已经成为各参展者的共识。比如在节能建筑方面，德国就通过积极开发保温节能技术，积极采用可再生的建筑材料，促进资源的循环利用。相比之下，近几年来，我国会展业发展迅速，规模也不断扩大，场馆建设面积也在不断扩大，但会展产业的"生态化理念"却相对滞后，未能实现

---

① 凯西·布莱顿. 国际展览业现状及发展趋势 中外会展论述 [M]. 上海：上海人民出版社，2006.

资源的有效整合，如部分场馆搭建商为追求高额利润，而不惜采用低价且污染性较为严重的材料，未能从生态环境保护的角度严格把握产品的环保关。从资源规划方面，我国大多数城市会展场馆建设有些未能统一规划建设，从而引发很多重复办展和知识产权问题。

其次，会展经营环境生态化规划。德国除了在场馆规划设计方面利用各种先进环保技术（类似污水废物回收利用技术等）进行生态化处理之外，对各种参展商及场馆搭建商有着严格的限制和规定。与国外同行相比，德国展馆搭建商职业素养都比较高，大多会自觉运用环保材料，甚至还会积极使用一些知名博览会所推广的环保材料，例如，亚洲清洁能源展览会和国际再循环利用展览会等等。此外，德国会展业从业者不仅始终坚守环保理念，同时也注重开发生态化技术，例如，在噪音控制、垃圾分类处理、光线污染等方面都拥有着先进的科技水平。总体而言，德国会展业依托高超的生态科技水平和绿色环保的职业操守，整个会展业始终处于良好的生态化氛围之下，参展材料的环保性也处于良好的理想状态。因此，我国会展组织者应注重节约能源和三废处理，在布展用品上应使用可循环利用和高效节约化的材料，应降低包装，减少废弃物；在场馆内应提倡使用具有环保性能的交通工具，避免场馆内环境污染；在场馆内摆放不同颜色的垃圾筒，分别收集不同垃圾物，以便进行循环利用；在场馆内通过植入绿色植被和观赏性花卉来营造怡人的绿色环境。会展组织者应积极配合参展企业进行环保宣传，注重引导参展商使用可再生资源，树立绿色营销理念。同时对于参展观众，会展组织者同样应进行绿色教育，引导他们环保参观。

最后，展览结束后，会展环境的恢复和展览中的废弃物处理及再利用对于会展管理生态化规划同样是不可缺少的。应该说，近几年国内会展经济给所在地城市带来了可观的经济效益，具有明显的拉动效应，但同时其所引发的严重污染问题及资源消耗问题也日益严重。有关部门曾统计过，一次中国进出口商品交易会的结束，也就意味着高达 4 万吨垃圾的产生。可见，会展后期维护问题同样值得我们关注。面对当前我国经济发展中"资源瓶颈"问题越来越严重，有学者提出办展应符合 3R（Reduce，Reuse，Recycle，即减少、再利用、废物利用）标准。[①] 因此，展会结束后应全方位地恢复会展环境，修复展会中被践踏的植被，保持场馆内空气新鲜。对于一些可以再利用的废弃物，可交由专业部门处理，并把处理过的资源作为以后展览搭建展台的资源，以此来减少废弃物对环境的污染。

第五节　德国会展产业的经验借鉴

随着人类社会由工业文明进入生态文明，步入后工业化时代，在未来很长一段时期内，一国经济可持续发展能力即对自然生态资源的消耗量仍将被看作是该国经济发展潜力的重要指标。针对我国近几年来经济增长所出现的"资源瓶颈"问题，显然要求我国经济发展方式实现生态化，即以可持续的方式去实现发展，过去那种以 GDP 增长作为衡量经济增长的标准显然不是正确的经济发展观，因为任何一个产业要追求持续、快速健康的发展，都必须追求经济效益、社会效益和生态效益的统一，特别是生态化发展趋势应是各行业未来发展的必然趋势。[②] 因此，发展会展经济显然成为我国经济结构转型的一大选择。当前，我国会展产业呈现出蓬勃发展的良好势头，经济拉动效应成效明显，但会展业是一个庞大的系统工程，与历经几百年仍方兴未艾的德国会展业相比，中国会展业显然还有很长的路要走，德国的会展发展经验是值得我们深入借鉴的。

一、注重会展产业的绿色可持续发展

绿色可持续发展是当今各国经济发展中不可回避的话题，追求绿色低碳的生活方式已然成为全社会的共识。任何一个产业要实现可持续、健康地发展，就应注重产业发展中实现经济利益、社会利益和生态效益的有机统一。同样，生态化、绿色化、可持续化也是会展业发展的必然趋势，尤

---

① 丁冬. 辽宁："3 + 1"循环经济模式 [J]. 环境经济杂志，2005（1）.
② 方忠，张华荣. 会展产业的生态化解读 [J]. 西南民族大学学报（人文社科版），2009（4）：223 - 226.

其是在推行"节约能源、节约型社会"的今天，发展会展业，更是应注重"绿色环保"。如上所述，德国会展业之所以能够维持几百年的高速发展，就在于其十分注重会展业的发展规律，无论从会展业的整个产业链还是相关配套行业要求方面，无不渗透着其深刻的生态可持续发展理念，"绿色会展"全新理念深入到会展从业者之中。因此，我国会展业的发展应注重推进会展业的生态化发展，会展从业者应深刻理解绿色会展的发展理念，应不断加强会展产业链条中每个环节的"绿色环保"理念，坚持绿色营销、展馆生态化设计、轻量化及资源再循环利用原则，夯实会展的生态化发展，尽力避免会展产业"凭直觉"或者"凭运气"式发展，要科学规范地有序发展。

二、注重会展业科学规范管理机制和市场化经营

会展业是一个前期投入大且收益周期较长的产业，需要政府部门或者大型企业的长期支持。德国会展业的持续性发展与德国政府全方位支持是分不开的，但德国会展业并不是完全依赖于政府的管理，政府的管理方式也不是直接干预，而是注重培育和引导，各类展会经营以市场化为主导方式，充分体现了市场化和社会化运营特点。如前文所述，在德国会展业发展演变历程中，政府部门、行业协会和会展从业者各司其职，各自做好自己的角色。政府做好会展经济助推者角色，积极筹措资金建设展馆，并规划建设了相关交通基础设施等配套措施，出台相关措施来扶持会展业的发展，但不直接干涉会展经营活动，也不直接参与利润分红，而是通过税收的方式参与收益，并再用于会展投资。行业协会则起到桥梁疏通作用，会展展馆则通过委托租赁方式交由大型会展公司自主经营、自负盈亏。可以说，科学规范的会展管理体制和灵活多样的经营机制，是德国会展业迅速发展的前提。

在行业协会管理方面，国外会展业发达地区一般都有一个统一的、权威的会展业协会，比如德国的 AUMA 和 FKM 在行业发展数据统计、标准规范化、信息传递等方面均发挥着引领作用。近些年，国内一些大都市比如上海、北京等都成立了会展行业协会，也开展了一些相关性业务，但更

多是一种学术研讨之类的活动，对办展的引导未能起到实际作用，所提供的信息也比较滞后，在会展宣传方面也比较被动。至于全国性的行业协会，看似有中国国际贸易促进会（以下简称"贸促会"）来兼任，然而贸促会的主要任务毕竟只是国际贸易的促进和交流，未能在会展这个专业领域发挥其指导和监管作用，基本上缺乏权威认可，这就造成整个行业管理相对处于杂乱无章的状态，宣传或者数据也缺乏统一发布，造成数据"相互打架"现象频出。因此，当前中国急需成立一个类似德国 AUMA 的全国性行业协会，充当政府和会展从业者的中间纽带和桥梁，不仅统计相关数据、发布行业信息和提供政策咨询，更要通过制定行业规范标准、设立展览门槛，实施行业评估机制，甚至制定行业法律规范，培养会展人才，做好会展业的带头作用。总体而言，当前我国应借鉴德国科学规划的管理体制，重新理顺会展业的运行机制，转变政府职能，自上而下地设立各层次的行业协会并界定清楚各协会职责，从而提高会展从业者的经营能力，建立生态化的管理模式，提升整个会展业的国际竞争力。

三、注重培育一批具有国际竞争力的品牌展会和会展公司，实行经营方式的国际化

虽然近年来以美国为首的一些国家极力倡导贸易保护主义，实行逆全球化的政策，但总体上经济全球化的趋势是不可逆转的，大多数国家仍然极力参与到产业的全球化热潮当中。会展业的发展趋势同样应是走向全球化的道路。会展业的国际化主要体现在两个方面：一是参展技术标准的国际化，二是国外展商及国外参展观众占总数的比例超过国内所占比例，且不断扩大，以及举办地域的国际化趋势日益明显。所以各个国家都极力重视本国会展的国际参与程度，不仅想方设法地吸引国外参展商来本国参展或者吸引国外民众来本国观看展会，而且致力于把本国的会展转移出去，推动本国展览公司走向国际市场。德国会展国际化水平一直位居世界前列主要原因就是其一直坚守"走出去"和"引进来"相互协调运行的战略，而政府则扮演着引导疏通的关键角色。一方面，德国政府一直鼓励本国会展公司国际化运作管理和多元化业务经营，以便提升企业国际竞争力。一

般德国会展公司的功能多元化情况较多，除了组织办展、参展等，这些"主业"之外，其还注意充分利用一定场所、环境资源及人才，经常举办各类型综艺比赛、节假日庆典活动以及体育比赛等社会活动，虽然有部分活动是公益性质，但这些活动的举办带动了相关产业的发展，丰富了城市功能体系，建立了多头并进、相互促进和发展的良好格局。例如，慕尼黑展览公司就经常依托展览中心举行各种类型的体育比赛，包括一些著名的网球比赛或者明星演唱会，不仅充分利用了展览中心，盘活了相关资源，同时也提高了展览中心的知名度，提升了经济效益，为展览中心更新设备、维修提供了充足的资金。另一方面，德国政府在不断扩展本国会展企业的规模之外，也通过积极宣传和国际招商，吸引众多有竞争力的国际会展公司来德国国内来展示现代科技展品，鼓励本国会展公司勇于"走出去"，积极参与国际交流合作，有的甚至直接到国外去办展或者派驻常设机构入驻国外，从而提升整体会展业国际化水平。

与德国会展业的高度国际化相比，我国会展业国际化水平仍处在起步阶段，仍应坚持"走出去"与"引进来"相结合的战略。一是加强政府、企业与行业协会的协调合作，注重对外宣传，提升知名度。依托政府部门的有效支持，提升展会宣传的权威性和认可度，降低国外参展商及参展观众的警惕感。政府部门也应给予组织办展的企业一定优惠政策，鼓励其积极开拓海外营销渠道，充分利用行业协会的作用进行更为广阔的营销活动，借助网络营销，突破时间和空间的限制，有效推广展会品牌，加强会展效果，从而提升国际知名度。二是加快"走出去"步伐，提升办展能力。《国务院关于进一步促进展览业改革发展的若干意见》明确提出"加快走出去步伐，大幅提升境外组展办展能力"的意见。当前，我国会展业应抓住"一带一路"倡议所创造的有利条件和发展空间，积极"走出去"办展。尤其是面对一些新兴经济体，国内众多高科技公司，依托科技展览会等平台，积极展示自身技术，实现众多科技产品销往国外。总体而言，即使当前国际环境发生了部分变化，但我国会展业唯有继续坚持"走出去"与"引进来"相结合战略，继续加强国际会展合作交流，坚持引进国际会展与国内办展相结合，才能提升我国会展业的国际化水平。

四、注重构建会展专业人才培养体系

德国会展业快速发展离不开其科学而又完整的会展专业人才队伍建设，德国独有的人才培养体系为德国会展业发展持续输送了所需的专业人才，保证了德国会展业持续稳定发展。德国除了拥有众多专门培养会展专业人才的高等院校之外，还在于德国建立了独特的产学研互动机制。德国的职业教育历来重视技能培训，实行典型的双元制教育，即校企合作共建的培训办学体系，而且其职业大学实行免收学费制度。会展职业教育是注重学生的技能训练，强调学以致用，即入读职业学校的学生先与企业签订合同，再进入学校学习相关专业知识，而后再进入会展公司接受业务培训，学习和实训轮流启动，以便让学生在掌握了知识的同时进行技能的训练，保证了人才的培养质量。此外，展览协会组织会展职业资格证书考试，学生从学校毕业出来后必须参加相关职业资格考试，获得证书才能正式成为会展公司的员工。在人才培养目标方面，德国高等学校与职业院校的目标取向是有区别的，高等学校的会展人才培养重在理论素养塑造方面，主要是面对那些已拥有丰富的会展实践经验的会展公司高级经理或者会展研究人员，而职业院校的会展则专门是培养一线会展实践或操作人员，旨在面对会展项目经理或者会展具体项目策划人员。在课程设置方面，德国的会展教育实行模块化教学，共有五大模块，即展览会管理、大型会展会议管理、专属活动管理、工商管理以及场馆设计。模块教学注重知识的实用性，打破传统的教学体系，一般一个模块可以由多个老师来讲授。在具体教学方法中，学生则是围绕具体的会展项目展开学习，根据会展业务的具体流程进行策划、组织和实施项目管理，从而有效提升了学生的操作能力，为高水平的会展专业人才奠定了基础。

相比之下，我国会展专业人才无论是数量上还是质量方面均存在较大的差距。我国会展业虽然起步较晚，但发展迅速，规模也在不断扩大，大大小小的会展公司不断创建出来，会展业的从业人士接近一千多万，但会展的准入门槛很低，从业人员基本上都是未受过专业训练或者半路转行过来的从业人员。据有关部门统计，当前我国具备会展管理或者运营能力的专业人才还不到 500 人，某些会展专业人才的岗位空缺高达 10∶1。在高校人才培养方面，虽然每年我国会展专业招生规模已然超过 5 000 人，分布也较多集中于上海、北京等 8 所高校，在教育部备案的有 14 所高校本科开设了会展专业。但这些学校的培养模式大多集中于理论学习，缺乏深入会展企业的实践锻炼，会展专业知识较为缺乏，对行业标准的认知也较为模糊，与会展市场所需要的人才有一定的差距。因此，人才短缺问题已然成为制约我国会展业发展的一大瓶颈，我国迫切需要培养会展专业人才，建立一支高质量的专业会展人才队伍。一方面，改进高校会展专业培养模式，应根据会展业的未来发展趋势和人才所需特点，设置本土化的教材及培养模式，采取校企合作培养方式，建立会展专业人才培养基地，交替进行会展企业实践和课堂教学培训方式，提升学生的实践技能。同时加大会展师资力量建设，培育高水平、专业化及国际化的会展师资培训队伍，甚至可以引进国际或者国内成熟的会展企业人次来担任会展课程讲师，以此让学员们切身体验和学习先进的管理技术和经验。在高校培养方面，应注重跨区域之间的校际联合交流，提升整体会展专业教学水平；另一方面，加强会展教育的国际交流，积极把人才派往国外会展发达地区（如德国）进行学习培训，拓展国际资源。同时，也可依托相关行业协会进行短期业务培训，培养出会展业所需要的专门人才。

五、注重会展产业的生态化发展

会展业虽然具有明显的产业拉动效应，但如果忽视会展业的生态发展特点，那么会展业反而会产生出巨大的浪费。因此，发展会展业应注重其可持续发展，避免陷入一次性消费误区，要注意会展业自身发展的生态规律。产业发展和区域经济结构特点是会展产业发展的基础，脱离了所在区域经济特点和产业基础，那么发展会展业则往往是昙花一现，不可能产生应有的经济拉动效应，更不会带来长期繁荣的经济景象。因此，结合德国会展业的生态化管理经验，我国会展业要实现可持续发展，首先应注重展馆设计的生态化和城市的区域分布。只有做到科学合理地规划会展场馆建设和场馆的生态化设计，才能改变当前我国"无序竞争"的会展发展格局，避免产生"过多的资源浪费"和"重复建设"、环境污染等问题，进而实现会展业的良性竞争。另外，结合绿色发展和生态文明的时代特点，注重会展场馆的生态化管理。基于德国的绿色办展理念，我们可以知道绿色环保是会展业未来发展的一大趋势。不具有绿色环保特点的展品必然被社会大众所唾弃，不具有环保性质的场馆搭建材料必然被会展整个行业所淘汰，必然会受到更大范围地限制。尽管当前我国会展展品的环保性能有待于进一步提升，使用环保性能高的展馆搭建材料的比例仍有待于进一步提高，但会展业的环保趋势是不可逆转的，未来"健康""生态""绿色"以及"节能"等这些词都会成为会展业深度发展的关键词。例如，2014年在南昌召开的"第三届世界低碳生态经济博览会"，其主题就是围绕低碳生态问题而展开，包括生态产业、绿色食品展览等等。同年举办的"第十届环境与发展论坛及中国国际生态环境技术与装备博览会（简称EETECH2014）"，就着重探讨了生态环境修复、水环境处理以及空气净化等问题。可以说，对于展览场馆搭建材料的生态化要求会不断提高，会务组织的生态化管理要求也是与日俱增的。最后，应结合会展业的产业链分布特点，提升会展业的整体生态水平，而这就需要从系统和整体行业来落实会展业的生态发展要求。如上所述，会展的生态化经营也包括其产业链的生态化。会展的生态化不是局部拓展或部分的生态化，如果不具有全局的或者全过程的理念，那么这也不是我们所追求的生态化趋势。会展业是一个系统集成体，要充分集聚其功能和拉动效应，就应想方设法地促使组织方与各相关群体积极讨论。从行业上中下游来看，围绕主题展会内容积极调动各类相关者的积极性，从而促使各方共享会展成效，着力打造会展品牌，推动会展经济的深入发展。因此，发展会展业，应具有全过程思维，如果只关注会展产业链条上的某个环节的经营管理收益的话，那么信息流、资金流、物流的优化整合程度就会受到较大影响，就无法实现上中下游产业的协同发展，会展业的生态化发展也就无从谈起。

六、注重会展业的法制化建设

德国政府不仅为发展会展业提供了良好的硬件环境，还为其发展设计了良好的软件环境，以保证会展业的发展处在健康的环境之中，尤其要注重对会展业的知识产权维护问题。因此，德国政府有着一整套有关会展业的法律规范。当前，我国会展业法律法规还不是很完善，更多是以行业管理的规范性文件来进行管理，而且大多是发布于20世纪末期。这就造成我国会展业品牌侵权情况频繁发生，会展污染、浪费问题也层出不穷，再加上多头办展、竞争无序等一些老问题，严重影响了我国会展业的发展。比如重复办展现象在我国看似很正常，其实质是一种严重侵犯知识产权的问题。一些反响较好的展览办完后，大部分小型展览公司就开始竞相模仿办展，造成展览客源严重流失，最终只会使得已树立的良好形象受到很大冲击。

虽然我国于2006年颁布实施了《展会知识产权保护办法》，但效果欠佳，至今已有十多年时间，但重复办展现象仍然十分普遍，这说明相关法律法规还存在需要改善的地方。因此，进一步完善我国会展法律体系，推进会展业的法制化建设显得尤为关键，必须制止市场中出现的混乱情况和不公平竞争，建立起适合会展业发展的良好市场环境。此外，对于展会所造成的污染问题，当前我国仍需制定相应的制约机制。我国众多参展企业往往喜欢参展时印刷大量宣传册，分发手册时又非常随意，从而产生大量垃圾，而且在展厅搭建方面，众多参展商搭建时用了大量材料，而展后就直接拆除扔掉，没有进行回收再利用，造成大量的资源和资金浪费。对此，我国于2015年颁布实施了《会展业节能降耗工作规范》，在一定程度上填补了会展业在节能降耗方面的空白，有效制止了相关资源浪费，因此，只有不断普及法律知识，才能推动会展市场的健康发展。

总体而言，近些年我国会展业发展取得了良好的成效，但会展业是一个庞大的系统发展工程，与历经数百年仍长盛不衰的德国会展业相比，我国会展业仍有很长一段路要走，可持续发展情况仍不够乐观，仍需树立起科学规范的生态化发展理念，以进一步提升我国会展行业的竞争力。

第十章

探索与改革：文化产业发展的中国道路

《中共中央关于制定国民经济和社会发展第十三个五年规划的建议》中明确指出："深化文化体制改革，实施重大文化工程，完善公共文化服务体系、文化产业体系、文化市场体系。推动文化产业结构优化升级，发展骨干文化企业和创意文化产业，培育新型文化业态，扩大和引导文化消费。"① 党的十九大报告进一步提出要健全现代文化产业体系和市场体系，培育新型文化业态。这为我们在新常态下借鉴国际文化产业发展经验，深化文化体制改革，培育文化市场，扩大文化消费，推进文化产业结构调整与优化升级，提升文化产业竞争力指明了方向。

第一节　我国文化产业发展的背景及其意义

文化产业是基于人类的创造力（Creativity）而形成的产业，原创性、文化价值和体验效用等是其基本特征。在 21 世纪，发展文化产业已成为世界各国追求产业结构调整和优化升级的主基调，并成为政界、学术界和产业界高度关注的话题。一般认为，就文化产业的发展渊源而言，文化产业在 20 世纪中期已初见端倪，由法兰克福学派霍克海默等学者对文化工业的批判，引起了学界和社会的广泛关注，并引发了学者们对文化产业发展问

① 《中共中央关于制定国民经济和社会发展第十三个五年规划的建议》，人民出版社 2015 年 11 月出版，第 21 页。

题的持久探讨。1997 年英国为了振兴经济，决定以发展知识经济为目的，并于当年 7 月成立了文化媒体体育部。1998 年文化媒体体育部成立创意产业特别工作组，并首次在《英国创意产业路径文件》中正式提出创意产业的定义："源自个人创造力与技能及才华，通过知识产权的开发和运用，具有创造财富并增加就业潜力的产业"。根据这一定义，英国学者界定了休闲游戏软件、电视与广播、出版、表演艺术、音乐、电影与录音带、时尚设计、工艺、广告、建筑、时装设计、软件、古董等 13 个行业为创意产业。虽然在该名词的界定上，各国和地区在认识上不尽相同，如英国使用创意产业，美国使用版权产业，韩国使用内容产业，芬兰使用文化产业，我国台湾地区则使用文化创意产业。但基本包括了国内被广泛提及的文化产业，加上各类设计业、广告业、咨询策划业和软件业。文化创意产业的基本特征就是具有很强的渗透性和高增值性，并且集文化和经济为一体；它是以人才集聚引导产业积聚，产业组织呈现小型化、集群化；产业技术呈数字化、知识化、可视化、柔性化发展趋势；创意产品呈现精神化、个性化、艺术化等特点。它能通过应用技术的嫁接和各行各业相融合，为产品和服务提供新的价值元素，实现从产品创新向价值创新的转变。它不仅有益于开发人类的创造力，解放文化生产力；而且还可以增加人们的精神文化消费，为传统产品增加新的价值元素。从创意产业的特征和功能出发，我们可以将其分为两类：一类是为企业生产性服务，如设计、研究开发、软件、咨询、会展策划、印刷包装等；另一类是为大众消费服务，如信息、文化艺术、视觉艺术、时尚消费等。

文化产业的概念一经提出，便迅速在一些发达国家和地区被广泛采用。但毕竟文化创意产业也是一个新概念，自我国首次提出文化创意产业这一概念至今也就是近 20 年的时间，无论从理论建设还是实践应用上都还处于起步阶段，这主要表现在文化产业的发展首先源于实践，并且是以一国政策性的文件正式提出，学理性研究远远落后于实践应用。当前国外学术界对文化产业的研究主要集中在创意产业的内涵和外延、文化产业特点、文化产业集群以及文化产业发展水平评估等方面，研究视角主要集中在文化、经济和区域（城市）三个方面。其中以文化艺术的研究成果最为丰富，如佛罗里达的代表作《创意新贵：新的全球人才竞争》①，约翰·M. 埃格教授的《创意社群》等；在经济学方面，国外比较有代表性的是约翰·霍金斯的《创意经济：人们如何从思想中创造金钱》② 和里查德·E. 盖佛的《创意产业经济学：艺术的商业之道》；在区域经济研究方面，国外的代表作是查尔斯·兰德里的《创意城市》。此外，国外文化创意产业的实证研究主要是基于发达国家和地区的发展实践，对发展中国家没有给予足够的重视。我国对文化产业的研究肇始于 20 世纪六七十年代的中国香港和台湾地区，随后迅速传播到上海、北京、广州、深圳、杭州等地。党的十六届五中全会第一次将自主创新提升到国家战略的角度。在党的十七大报告中，胡锦涛进一步强调提高自主创新能力，建设创新型国家。我国自主创新战略的出台，为我国文化产业的发展提供了战略机遇。特别是近年来，国内一些发达地区的地方政府积极倡导与企业界的合作，共同推动着文化产业的快速增长，北京、上海、深圳、长沙、西安、杭州等城市正在建设一批文化产业基地。

作为一种高附加值产业，党和政府都高度重视文化产业发展，国家财政对文化产业的投入力度也在逐年增加，社会投资也紧跟潮流。特别是党的十八大以来，文化产业投入力度更是在不断加大。2012 ~ 2016 年，我国文化产业基金个数和募集规模不断上涨，文化产业投资基金总规模已破千亿元。2012 年有文化产业基金 102 只，募集资金 23.41 亿美元，到 2016 年有基金 241 只，募集资金达 38.38 亿美元。随着文化产业投资基金的不断成熟，多元化的投资主体将被吸引到文化产业投资当中，文化产业的融资通道将更加宽广通畅。从国家层面的政策扶植力度来看，自 2003 年文化部制定下发《关于支持和促进文化产业发展的若干意见》以来，国家对文化产业的支持力度不断增强。到目前为止，国家已经发布了大量不同类型的支持文化产业发展的政策。2009 年 9 月，国务院颁布了《文化产业振兴规

---

① Richard Florida the Flight of the Creative Class the New Global Competition For Talent. Harper Collins Publishers，2007.

② John Howkins The Creative Economy How People Make Money from Ideas. Published By Penguin Press，2007.

划》，全面深刻地阐述了加快文化产业振兴的重要性紧迫性，进一步明确了发展文化产业的指导思想、基本原则和规划目标；提出了发展文化产业的重点任务；制定了推进文化产业发展的相关政策措施和保障条件。2011年，党的十七届六中全会通过了《中共中央关于深化文化体制改革推动社会主义文化大发展大繁荣若干重大问题的决定》，这是党的历次文献中首次专门就文化体制改革及文化产业发展等内容颁布决定。2012年国家统计局颁布《文化及其相关产业分类（2012）》。2012年的《"十二五"时期文化产业倍增计划》、2014年的《关于推动特色文化产业发展的指导意见》和《国务院关于推进文化创意和设计服务与相关产业融合发展的若干意见》等。2015年党的十八届五中全会和党的十九大报告持续关注文化产业的发展，一系列政策文件确立了文化产业的重要地位。因此，大力发展文化产业已成为国家重要的发展战略，通过文化产业发展来促进我国产业结构的优化升级，实现经济发展方式的转变和高质量的经济发展已成为共识。我们要认真贯彻落实党的十九大报告中关于健全现代文化产业体系和市场体系的精神，进一步挖掘我国丰富的历史、人文和智力资源，提升我国文化资源转化为社会财富的能力，增强我国文化软实力，提升我国文化产业的凝聚力、辐射力和整体竞争力。

不断扩大的国际文化市场为中国创意产业国际化发展提供了广阔空间。经济全球化和区域经济一体化的迅猛发展，尤其是"一带一路"倡议取得的良好效果，也为我国更好地融入世界文化市场、积极参与国际文化产业竞争、提升文化产业国际竞争力提供了难得的历史机遇。在当今世界经济进入深度调整的背景下，文化产业与一般产业相比具有反向调节的功能，作为一种新兴的、高附加值产业，其具有逆势而上的特点，这为我国加快文化产业发展，创新文化体制机制，建立健全现代文化产业体系，做大做强文化产业带来了良好的契机。我们应抓住机遇，大力发展文化产业，为积极适应和引领经济新常态，深化供给侧结构性改革，推进"一带一路"倡议作出贡献。

第二节　我国文化产业的发展现状分析

一、我国文化产业发展总体概况

我国文化产业的发展相对于发达国家或地区而言起步较晚，但目前的发展势头良好。文化产业增加值达到较高水平，以京、沪、粤、浙、苏、湘为代表的部分省市文化产业增加值占 GDP 的比重已超过 5%，逐步成为区域经济的战略性支柱产业，并成为新的经济增长点。我国文化产品和服务贸易快速增长，国际文化市场份额显著提高，我国文化软实力明显提升。而且随着我国经济发展进入新阶段，我国文化产业发展也同样面临着难得的发展机遇。一是产业发展基础更为扎实。近年来，我国文化产业市场规模实力不断壮大，文化产业发展呈成倍增长态势，2016 年文化产业实现增加值 3.03 万亿元，文化产业占 GDP 比重从 2004 年的 2.15% 增加到 2016 年的 4.07%，而到了 2018 年全国文化及相关产业增加值已达 4 万多亿元，占国内生产总值达 4.48%，而且文化产业法人单位已超过 210 万家，上市企业也达到 210 家。虽然这些文化企业在规模、质量、结构或者效益等方面仍存在着一些短板，但已然显现出其发展潜力。可见文化产业对经济增长的贡献显著提升，在国民经济发展中的地位已日趋重要。二是当前我国经济发展已转向高质量发展阶段，迫切需要整个社会经济结构建立起现代化经济体系，形成新的发展格局，而这无疑也更容易彰显出文化产业的独特优势。与传统行业相比，文化产业的产业融合性更强，带动性及绿色转型方面优势更为突出，在经济发展方式转型方面、结构优化方面以及扩大消费和就业方面具有特殊作用，而这必将更容易推动经济的高质量发展，更能有效融合到整个国民经济体系中去，从而获得更大的发展空间。三是国内文化消费需求持续旺盛。当前我国人均国内生产总值已突破 1 万美元，中等收入群体也超过 4 亿人。可以说，当前我国居民消费结构已然发生变化，不断升级，文化消费需求所占比重不断增大，从而也推动了文化市场规模的快速扩大，促使文化产业迅速发展。四是产业科技支撑更为显著，文化产业发展后劲更为强势。随着 5G 技术、大数据、区块链、人工智能等为代表的新一批信息技术不断渗透各个行业中，尤其是与文化产业实现有机融合后，必然会催生出新的产业业态，拓展了文化产业链条，同时也吸引了更多优秀人才投入文化产业中，而这也促进了文化产业的转型升级，提升了竞争力。总体而言，文化产业凭借着其独特的产业价值链、强劲的发展态势及广泛的影响力和辐射力，成为我国经济与现代产业发展的新亮点、转型发展的新方向，为文化强国建设和实现全面建成社会主义现代化强国目标提供了有力支撑。

当然，我们也应正视在发展中存在的问题，在文化产业产值不断提升的同时，文化产业的发展规模不大，创新能力还不强，文化业态仍然较为单一，发展还很不平衡，经济贡献率不高，文化产业与其他领域的互动有待加强。文化产业是需要创新和创造力的行业，但是我国的创新能力还较为不足。根据波士顿咨询公司的研究报告，中国的创新能力居全球第 27位，虽然排位还可以，但是仍然落后于新加坡（第 1 位）、韩国（第 2位）、美国（第 8 位）、日本（第 9 位）等国家，还有很大的上升空间。这些问题突出表现在：我国文化产品的科技含量较低，附加值不高，产品复制能力强大，原创能力不高，能够影响世界的文化产品稀缺；高端尤其是大师级文化创意人才严重匮乏，制约着中国文化原创能力的提升；文化业态创新不足，文化业态创新尤其是新兴文化业态主要成形于国外。我国在选择创意产业突破口方面明显缺乏"创意"，按照文化产业统计新标准，截至 2017 年底，沪深股市共有文化上市公司 192 家，占沪深股市上市公司总数的 5.5%，总市值 23 675.96 亿元，占总市值的 4.1%。[①] 2014 年评选的全国文化企业 30 强中，营业收入超百亿的企业凤毛麟角。文化产业基地和园区在建设中也存在空间布局不合理，资源浪费较为严重，经济效益较为低下，商业模式不成熟、赢利模式单一，低水平重复建设等问题。国民

① 2017 文化产业最新"成绩单"：增速保持两位数增长 ［N］. 光明日报，2018 年 5 月 30 日.

文化消费还未得到充分激活。2008 年我国人均 GDP 突破 3 000 美元，根据国际经验估算，我国文化消费支出总量应该在 4 万亿元以上，而实际上只有 7 000 亿元左右。

文化产业作为一种无污染、低能耗、高附加值的行业，被国际社会公认为是 21 世纪最具发展前景、最具增长潜力的朝阳产业。文化产业是在传统文化的基础上，结合现代科技手段，运用市场经济的运作方式，实现传统文化与现代文明的高度统一，具有广阔的发展前景和巨大的发展潜力，作为当今世界新的经济增长点和改变传统经济结构发展瓶颈的产业，世界各国都在积极探索和发展。

二、我国文化产业与旅游产业融合现状分析①

（一）文化产业与旅游产业耦合发展的内在机理

耦合现象主要是指两个或多个系统通过相互作用而彼此影响的现象，虽然其是从物理学当中衍生出来的概念，但产业生态系统本身就是由具有类似于生命机体组织属性的企业组织系统和周边产业环境系统组成的，因此近些年来耦合系统原理也被广泛用于社会科学领域，尤其是经济学研究领域。产业耦合系统是指两个产业之间通过相互影响，进行信息、技术及人力资源等各方面的交换、渗透与循环，并在整个产业业态进程当中进行竞合和联动，从而形成良性的共振关系。在整个产业耦合系统运转当中，产业关联是产业耦合的技术支撑，而产业耦合发展到高级形态也就形成了一个新的产业业态，即产业融合为一体。

文化产业与旅游产业之间相通的内在属性决定了两者具有天然的耦合性，是紧密联系在一起的复合有机体，具有极强的产业关联性，这主要体现在两者产业要素流动、产业政策互动支撑及产业布局等方面。首先，文化是旅游产业发展的支撑和根源，而旅游产业可带动文化资源价值的增值和延伸创新。一方面，文化产业可以丰富旅游产业的内涵及外延，提升其经济效益，因为通过开发文化旅游资源可挖掘出新的文化产业主体，赋予

---

① 方忠，张华荣. 福建省文化产业与旅游产业耦合实证研究 [J]. 福建师范大学学报（人文社科版），2018：1.

原有旅游产品深刻的文化内涵，形成新的旅游产品。例如，当前类似主题公园、创意园区及影视基地等新型的文化元素注入旅游产业中，从而产生出新的文化产品，增强了游客的旅游体验，满足了游客的多元化需求。另一方面，旅游产业的快速发展，也为文化资源的跨区域传播提供了一个交流平台，为文化产业的发展注入了新资本，拓宽了文化资源开发的新渠道，进一步壮大文化市场规模。特别是随着国内民众旅游消费理念的转变，旅游产业的发展为文化的发展提供了市场基础，增加了民众的文化消费需求。例如，会展旅游及文化展览会的举办，本身也有效提高了文化产品品牌的知名度，提升了旅游消费者对文化的认同感，促进相关文化资源价值增值。其次，在旅游产业的发展进程中汇集了众多人力、资本要素，在各个区域形成了优势领域，可为文化产业的发展提供基础支撑，而文化产业则对旅游产业的发展进行了相关优化。因此，旅游产业与文化产业的空间交叉布局，形成了相互承接的耦合关系，促使了技术、劳动力及资金等产业要素的动态调整，从而催生了一系列新产品和服务，带动了两者相关边缘产业的优化，两者的耦合关联性，见图 10 - 1。

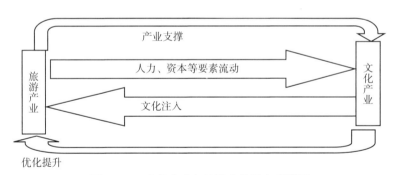

图 10 - 1　文化产业与旅游产业耦合关联图

（二）文化产业与旅游产业耦合模型构建

本部分以福建省为例，进行文化产业与旅游产业之间耦合评价的主要目的在于更好地促进文化产业和旅游产业的协调发展，因此对于福建省文化产业和旅游产业的耦合评价主要是从耦合度和耦合协调度两方面来进行测评的。

1. 文化产业与旅游产业的耦合关联度模型构建

首先，设 A 为文化产业的序参量，A_{ij} 表示为文化产业各评价指标的贡献值，即第 i 个指标的第 j 个变量参数，其中 $i = 1，2，\cdots，n，j = 1，2，\cdots，m$。$B$ 为旅游产业的序参量，B_{ij} 表示为旅游产业各评价指标的贡献值，同样为第 i 个指标的第 j 个变量参数，其中 $i = 1，2，\cdots，n，j = 1，2，\cdots，m$。此外，文化产业与旅游产业的序参量上限 α_{ij}、μ_{ij} 和序参量下限 β_{ij}、θ_{ij} 分别依据当前基准年、参照年、历史对比数据比值和理想值来确定。在此基础上，设定 x_{ij} 和 y_{ij} 为两类产业子系统的序参量的第 i 个指标的第 j 个变量参数，然后设立两类产业的子系统的评价模型：首先，确定功效函数，即文化产业子系统各相关指标的贡献值：$A_{ij} = (x_{ij} - \beta_{ij})/(\alpha_{ij} - \beta_{ij})$（10.1），其中 $i = 1，2，\cdots，n，j = 1，2，\cdots，m$。同样，旅游产业子系统的相关指标的贡献值为 $B_{ij} = (y_{ij} - \theta_{ij})/(\alpha_{ij} - \mu_{ij})$（10.2），其中 $i = 1，2，\cdots，n，j = 1，2，\cdots，m$。$A_{ij}$ 和 B_{ij} 的取值范围在 0 和 1 之间，取值越接近于 1，说明 x_{ij} 和 y_{ij} 对其子系统的贡献指数越大。

其次，确定各序参量的贡献值，由于文化产业与旅游产业分别处于两个不同但又相互作用的子系统，那么要考察其子系统当中各次相关指标的各个序参量的总贡献指数，就可通过集成的方法来进行确定，即文化产业贡献指标的模型为：$A_i = \sum \lambda_{ij} \times A_{ij}$（10.3），其中 $i = 1，2，\cdots，n，j = 1，2，\cdots，m，\sum \lambda_{ij} = 1$。旅游产业贡献指标的模型为：$B_i = \sum \overline{\omega}_{ij} \times B_{ij}$（10.4），其中 $i = 1，2，\cdots，n，j = 1，2，\cdots，m，\sum \overline{\omega}_{ij} = 1$。公式中 $\lambda_{ij}\omega_{ij}$ 表示为文化产业与旅游产业各子系统所占的权重。

最后，耦合度计算：设定 C 为文化产业与旅游产业的耦合关联度，当只有两个系统相互作用的时候，耦合关联度公式可表现为：$C = \{(A \times B)/[(A+B)(A+B)]\}^{1/2}$（10.5）。基于此关联度公式可知，$C$ 的取值空间在 0 与 1 之间，其意义可表示为：当 $C = 0$ 时，表明文化产业与旅游产业之间的耦合度极小，两者之间的关系处于无关联状态，两者产业系统之间或系统内部各要素之间基本没有任何关联，系统也将向无序发展。当 $C = 1$ 的时候，则表示两者之间的耦合关联度最大，关系处于最和谐的程度，两者产业系统包括产业内部各相关指标之间处于良性的共振耦合状态，系统也将走向有序发展。当 $0 < C \leqslant 0.3$ 的时候，表明两个产业处于较低水平的耦合阶段，意味着文化产业发展状态还处于初级发展阶段，若 $0.3 < C \leqslant 0.7$，则表明两个产业处于中度耦合阶段，意味着文化产业与旅游产业都得到了较大程度的发展，标志着系统进入高速发展阶段。当 $0.7 < C < 1$ 的时候，则表明两个产业处于高度耦合阶段，两者之间的发展水平处于相得益彰、相互促进阶段，各系统之间的统一功能体系基本形成。

2. 文化产业与旅游产业耦合协调度模型构建

以上所表述的产业耦合关联度虽然能反映出文化产业与旅游产业之间的关联程度，对区分两者相互间耦合作用的强度及作用的时序区间具有重要意义，但却很难反映出两类产业的发展水平，也就是说有可能出现两个产业发展水平都处于低水平阶段，而耦合度表现却很高，有可能造成较大误差，因此就有必要建立耦合协调度模型来加以分析。

耦合协调度模型可表示为：$D = (C \times T)^{1/2}$（10.6），$T = a \times A + b \times B$。其中 D 为耦合协调度，C 为耦合关联度，T 为文化产业与旅游产业综合协调指数，反映出文化产业与旅游产业的整体协同效应，a 与 b 为代表文化产业与旅游产业的贡献系数，可根据各产业的发展实际来进行调整。一般而言，当 $0 < D \leqslant 0.4$ 的时候，其意味着为文化产业与旅游产业处于低度协调的耦合，表明了两类产业间的整体协同效应或者贡献率低，这主要是基于两个因素，要么是文化产业与旅游产业的发展水平都很低，要么是两个产业发展水平不均衡，一个发展水平高而另一个却极低。当 $0.4 < D \leqslant 0.8$ 的时候，则意味着文化产业与旅游产业处于中高度的协调耦合，表明了两类产业的整体协同效应及贡献率达到较高程度。当 $0.8 < D \leqslant 1$ 的时候，则意味着文化产业与旅游产业处于极度的协调耦合状态，表明了两类产业的整体协同效应及贡献率达到极高状态，两类产业的发展水平都很高，已然能够实现相互促进、协调共生发展。

（三）我国文化产业与旅游产业的耦合度测算

1. 指标体系的构建

文化产业与旅游产业虽然分属于两个不同的产业系统，但两者之间所涉及的经济活动都呈现出复杂性与多样性的特点，而且两个产业间产业边界都比较模糊，形成相互促进且互为因果的网络化耦合关系。因此，构建一个合理且完整的指标体系是测评福建省文化产业与旅游产业耦合度的基础。一方面，所选取的指标应充分考虑到当前福建省文化产业与旅游产业的发展水平和演化规律，能够充分反映出两者之间的耦合规律。另一方面，指标的设立应秉承科学性原则和突出重点，尽可能以精简的指标体系反映出两者之间的耦合关系，同时也应考虑指标数据的可获取性和核算的可操作性。为此，本章在指标选择上借鉴了频度统计法、理论分析法、德尔菲法对相关指标进行设置和筛选。首先，通过频度分析法，依据文化产业和旅游产业发展研究的相关文献指标体系，初步选择出相关的指标。其次，通过理论分析，结合福建的区域特点，初步筛选出相关的指标。本书选择了 8 项具有代表性指标，其中涉及文化产业的有文化产业主营业收入、文化产业增加值、博物馆参观人数和文化产业投资额四个指标，涉及旅游产业的有旅游收入、国内游客人数、住宿餐饮业收入和旅游企业资产负债率四个指标，这里面既包含效益型的正向指标，也包含成本型的负向指标。根据已经构建的指标体系，查阅相关的统计资料，对指标进行测算，而后将指标发送给相关专家咨询，总结出可以量化的指标体系，见图 10 - 2。借助德尔菲法和层次分析法来确定各指标的比重，即在构建比较矩阵的基础上，通过各专家各自独立打分来评判各指标的相对重要性，而后再综合所有专家意见的平均值，最终确定各指标的相对权重（见图 10 - 2 中各指标的数值）。各指标体系中，各具体指标序参量的取值空间以各年度福建省统计年鉴和各年度的福建省国民经济发展报告为范围，以指标在某年份的最大值为上限，最小值为下限。

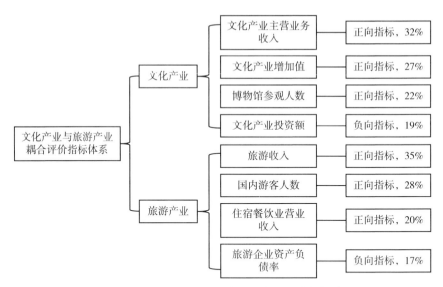

图 10 - 2　文化产业与旅游产业耦合度评价指标体系

2. 文化产业与旅游产业的耦合实证分析

鉴于数据获取的可取性和可比性，本章选取的指标时间跨度自 2013 ~ 2018 年，见表 10 - 1。

表 10 - 1　　　文化产业与旅游产业耦合评价指标的原始数据

项目	2013 年	2014 年	2015 年	2016 年	2017 年	2018 年
旅游收入（亿元）	30 311	34 195	39 390	45 660	51 278	56 973
接待游客人数（亿人次）	33.5	36.1	40	44.4	50.1	55.4
住宿餐饮业营业收入（亿元）	7 986	8 151	8 512	8 938	9 277	9 683
旅游企业资产负债率（%）	56.32	53.26	50.46	49.65	46.32	42.36
文化产业主营业务收入（亿元）	6 937.1	7 267.2	7 836.5	8 214.9	8 536.7	86 624
文化产业增加值（亿元）	3 247.6	3 697.3	4 237.2	5 637.6	5 786.3	6 086.4
博物馆参观人数（万人次）	69 872	75 354	78 935	85 061	97 172	104 401
文化产业投资额（亿元）	7 527	7 693	7 830	7 935	8 131	8 367

资料来源：作者根据相关资料整理。

（四）文化产业与旅游产业及各指标的贡献值分析

依据公式（10.1）~公式（10.4）来测算各指标的贡献值，以 2013 年为下限，2018 年为上限，具体见表 10－2。

表 10－2　　　　　　文化产业与旅游产业及各指标的贡献值

序号	指标名称	2014 年	2015 年	2016 年	2017 年
1	文化产业序参量	0.1296	0.2637	0.510307	0.7368
1.1	文化产业主营业务收入	0.1536	0.3897	0.7938	0.9569
1.2	文化产业增加值	0.1067	0.3891	0.9309	0.8671
1.3	博物馆参观人数	0.0937	0.2846	0.5971	0.7931
1.4	文化产业投资额	0.2903	0.7798	0.4963	0.6307
2	旅游产业序参量	0.1357	0.2539	0.4104	0.4937
2.1	旅游收入	0.1637	0.3967	0.5019	0.7543
2.2	接待游客人数	0.1691	0.3791	0.4629	0.5937
2.3	住宿餐饮业营业收入	0.3067	0.5319	0.8076	0.9371
2.4	旅游企业资产负债率	0.2039	0.3097	0.4617	0.7397

从表 10－2 可以看出，近几年来中国文化产业序参量和旅游产业序参量贡献值随着时间的推移呈现出不断增强的趋势，其中文化产业序参量贡献值由 2014 年的 0.1296 增加到 2017 年 0.7368，增长了约 6 倍，旅游产业序参量贡献值由 2014 年 0.1357 增长到 0.4937，增长了 3.68 倍。但总体而言，两者贡献值仍维持在较低水平，都未超过 0.8 水平。从文化产业系统内部来看，四个指标的贡献值整体上也呈现出上涨趋势，尤其是从 2016 年开始上涨幅度较大，但总体而言几年来的发展步伐是不一致的，对系统的贡献率也存在着较大差异。其中，文化产业主营业务收入序参量呈现出比较平稳的上涨趋势，文化产业增加值序参量从 2014 年的 0.1067 直接上涨到 2017 年的 0.8671，上涨幅度较大，而 2017 年则呈现出下降趋势。文化产业投资额序参量变化幅度则相对比较大，2015 年的序参量是 0.7798，而到了 2016 年则降到 0.49631，这反映了我国近些年文化产业投资存在着不

均衡现象，缺乏对文化产业持之有效的投资。从旅游产业序参量的内部结构来看，各个子系统指标序参量大致上都呈上升趋势，其中正向指标旅游收入、住宿餐饮等指标序参量上涨幅度较大，在 2016 年都达到了一个相对高峰值，而负向指标旅游企业资产负债率序参量则由 2014 年 0.2039 上涨到 2017 年的 0.7397，这说明了当我国旅游产业在整体规模不断地得到提升的同时，企业的负担成本也在不断地上升，从而也影响到我国旅游产业的经济效益。

（五）我国文化产业与旅游产业耦合关联度和耦合协调度分析

根据上述耦合关联度与耦合协调度公式模型，分别测算出中国文化产业与旅游产业耦合关联度和耦合协调度，见表 10-3。

表 10-3　　　　　　我国文化产业与旅游产业耦合关联度与协调度

耦合关联度和协调度	2014 年	2015 年	2016 年	2017 年
文化产业与旅游产业耦合关联度	0.1287	0.2087	0.2934	0.4032
文化产业与旅游产业耦合协调度	0.1391	0.3029	0.3523	0.3968

由表 10-3 可以看出，文化产业系统参量与旅游产业系统参量之间的耦合发展已达到相对联动耦合发展阶段，但仍有较大的提升空间。无论是文化产业与旅游产业的耦合关联度，还是文化产业与旅游产业耦合协调度数值都不甚理想，即使到了 2017 年，仍未突破 0.5。具体来说，2014~2015 年的耦合关联度都小于 0.3，这说明我国文化产业与旅游产业耦合关联度处于低水平的耦合阶段，这就意味着我国文化产业虽然经过多年的发展，但仍处于发展初期，即使到了 2017 年，耦合度虽然突破了 0.3，但仍未高于 0.5，这说明文化产业仍未形成规模效应，也未形成福建省文化产业既有的核心竞争力，产业链还比较薄弱，市场有待进一步开发。因此，如何合理统筹文化产业与旅游产业，促进两大产业的耦合发展是福建省未来经济发展规划的重点。从耦合发展协调度来看，两大产业之间的协调度数值仍较低，这说明两大产业仍处于低度协调的耦合，反映了两大产业整体协调效应较低，互动联系有待进一步加强。因此，当前我国应重在结合

两者之间的耦合规律，着力发展类似文化产业与文化旅游产业等这些能够发挥产业耦合优势的新兴产业，发挥我国既有的资源优势和产业比较优势，从而促进我国经济的快速健康发展。

（六）我国文化产业与旅游耦合协同发展的困境

1. 文化产业与旅游产业融合度相对较低

要实现文化产业与旅游产业的深度融合，并非简单地把两个各产业进行简单叠加发展，而是一个长期的系统化工程，是两者深入互动运作。现阶段，我国文化产业与旅游产业的融合度普遍较差，融合进程较为缓慢，成效不足。一方面体现在相关资源开发使用率较低。文化产业与旅游产业本身是有着共同的作用基础，有着天然的合作资源。但当面我国多数区域文化与旅游的融合缺乏一个系统化思想支撑发展，大部分文化资源或者旅游资源是相对独立的，只是简单化地展出，并未达到彰显其资源效应的目的，因此如何依托文化和旅游资源进行有效整合，合理开发资源进而提升使用效率，成为当前工作的重中之重。另一方面，文旅产业融合结构不均衡。虽然我国各地大多拥有较为丰富的旅游资源或者文化元素，但缺乏整合系统管理思维，未能形成具备轰动效应的"拳头"产品来带动市场辐射力，提升产品知名度。在此背景下，即使文化和旅游产业进行了简单融合之后，也未能形成规模效应，产业的整体性及系统性效应也未能充分发挥出来。比如现在全国各级地方政府大多会通过举办各类型文旅融合为主体的节庆活动，虽然有一定的宣传作用，但仍然是一种典型的"人、地、钱"的运作模式，短时间会产生一定集聚效果，但长期来看仍未树立起自身的特色品牌，未能形成叠加品牌效应。

2. 文旅融合渠道相对匮乏

文化产业与旅游产业能否实现深度融合，关键在于要充分挖掘出两个产业的价值，打造出以文化元素为底蕴，依托旅游资源打造出一套文旅观光服务体系。这就需要各级政府或者企业能否进行持续有效的投资及有效规划。一方面，文旅产业的融合发展并不是天然形成的，需要依托各地资源进行再次塑造，而这需要大量资金的投入，来进行完善基础设施设备建设及更新，但目前由于各个地区不同的经济发展水平，财政投入也会有所不同，导致文旅产业发展缺乏稳定的资金支持。另一方面，自然资源开发进程中，也会引发资源失衡情况。一些地方政府在开发生态环境具体过程中，仍处在粗放型开发模式，而这种开发模式对当地环境造成了恶劣影响，进行妨碍了文化与旅游产业的健康良性发展，不仅未能打造出区域特色的文旅产品，更别说打造区域特色的产业品牌形象。

3. 文旅融合机制缺乏稳定性

产业的融合发展需要一定的制度保障和规制约束，而当前我国文化产业和旅游产业的融合进程相对随意，并未构建相应的制度保障和政策体系，相关的规章制度也相对不完善，从而导致文化产业与旅游产业的融合发展面临着无序管理的状态，限制了产业融合进一步深入推进。比如当前众多文旅融合项目的背后更多是政府推动的元素，部分项目在推动进程中存在着简单粗暴的情况，导致文旅融合进程中出现众多不和谐的情况，导致众多文旅项目在刚起步就面临失败的风险，由此也引发众多资本不敢介入类似文旅项目。在管理层面上，对于文化产业与旅游产业的管理机构往往是众多部门共同介入的情况，而也就导致部门管理职责不明确，从而带来了文旅产业的协调性问题。

4. 文旅融合发展人才难以满足新需求

文化产业与旅游产业的融合发展，往往会催生出众多新兴业态，促使相关市场和产品日益精细化，这就要求从业人士更为专业化、精细化及多元化，对文旅融合发展人才提出越来越高的要求。但是，现有的从业人士显然是未能有效满足文旅融合发展的新需求，已然成为制约产业发展的瓶颈。一是人才总量不足，与文旅融合发展要求有着很大差距，缺乏、既懂互联网又懂文化和旅游的复合型专业人才；二是现有人才存量质量不高，高层次、专业化、国际化的人才匮乏；三是从业人士的职业化素养不高，也缺乏职业化的文旅人力资源管理平台，现有在职人员在处理旅游事件尤其是投诉类事件时的职业能力不足。

第三节　发达国家或地区发展文化产业的经验借鉴[①]

自 1998 年以来，以英国为代表的西方发达国家，普遍将创意产业作为一种国家战略产业，创意产业便开始在发达国家和地区迅速发展，并在全球形成了蓬勃发展的态势。美国、欧盟各国以及日本、韩国、澳大利亚、加拿大、新加坡等国，都把发展文化产业作为调整国家产业结构的重大战略，并通过全球化的渗透掀起了创意产业国际化发展的高潮，极大地丰富了文化产业发展的内容，加快了发达国家和地区产业结构调整和产业层次的提升。在实际的政策运用或政府的产业统计中，由于各个国家和地区的经济社会发展阶段以及文化背景的差异，创意产业内涵与外延也存在一定的差异。概而言之，大致有三种类型：一是以英国和美国为代表的欧美型，其创意产业以文化产业为主体，较多地涵盖精神产品层面；二是以日本、韩国为代表的亚太型，其创意产业以文化产业和产业服务为主体，兼顾了精神产品和物质产品两个层面；三是以中国为代表的本土型，其文化产业以产业服务为主体，更为突出物质产品层面。

就以英国而言，该国是首个出台政策来发展创意产业的国家，并且成为世界上创意产业发展的"领头羊"，形成了极具特色和活力的新兴产业部门，对英国经济发展做出了巨大的贡献。1997 年以来，英国创意产业产值年均增长 6%，大大超过传统工业 2.8% 的增长率，其中艺术类产业平均每年增长 9%，软件业增长 11%。2008 年，英国文化创意产业占 GDP 的比重已经达到 17%。创意企业数量从 1997 年的 11 万多个，发展到 2008 年的 15 万多个。目前英国创意产业相关从业人员超过 200 万人，在伦敦就集中了 50 万创意相关产业链的从业人员。创意产业已成为英国政府推动经济增长和降低失业率的支柱产业。英国成为世界创意中心，其专业设计和设计人才吸引了不少知名企业前来建立设计和研发中心，许多享誉国际的外国

---

① 张华荣. 关于海峡西岸经济区创意产业竞争力的理论与现实思考［J］. 综合竞争力，2011（1）.

品牌产品如苹果的 IPOD、宝马的 MINI 汽车的创意灵感都来自英国设计师，英国已逐渐成为世界创意之都。创意产业在英国的迅速发展离不开一系列特有政策和推进措施，主要集中在支持创意产业从业人员技能培训、企业财政扶持、知识产权保护、文化出口扶持等方面。英国发展创意产业的主要经验是：一是加强创意产业的基础研究。这为英国政府制定创意产业政策提供了完整的信息支持，从而保证了政府产业政策的有效性、连贯性、一致性；二是注重对知识产权的保护，确保知识收入最大化；三是重视数字化对创意产业的影响；四是积极探索国际合作与交流；五是为创意企业筹措资金。六是培养公民创意生活与创意环境。英国政府出资支持一些专业机构和协会，借此对大众进行专业化教育的普及，使创意理念得以挖掘和强化。近年来，伦敦创意产业每年的产值均超过 210 亿英镑，2012 年奥运会时，伦敦的创意产业产值超过 300 亿英镑，赶超金融业成为英国第一产业。

而美国的文化产业被界定为以创意为中心的版权产业和以艺术为中心的创意产业。因此，美国创意产业发展以版权业和艺术业最为突出。一是在版权产业的发展方面：重视保护，政府机构中设置版权办公室、美国贸易代表署、商务部国际贸易局和科技局、版权税审查庭、海关等相关的行政部门。除此之外，随着版权产业发展的需要，美国政府还成立了一些直属政府部门的工作小组，加强版权的监督与保护。加强版权立法，美国近年来不断修改版权法，推出了包括数据库保护在内的众多立法议案，不断完善版权保护制度，为版权产业的繁荣提供法律保障。实施数字化版权保护战略，为了适应数字化时代对美国版权产业发展的要求，美国积极实施数字化版权保护战略，并于 1998 年 10 月通过了《跨世纪数字版权法》（*Digital Millennium Copyright Art*）。该法针对数字技术和网络环境的特点，对美国版权法做了重要的补充和修订，为大众和版权产业界提供了数字化版权保护。推动版权保护国际合作，在美国版权产业界的积极推动下，美国开始积极加入国际版权保护体系，不断推动国际版权保护并加强合作，为美国版权产品和版权产业在海外提供了更好的保护。从 1996 年开始，美国版权产品的出口首次超过汽车、农业与航天业等其他传统产业，成为美国最大宗的出口产品。二是在艺术产业方面：美国的电影市场年销售额高达 170 亿美元，占全球 85％ 的份额，美国传媒业控制世界 75％ 的电视节目和 66％ 的广播节目的生产和制作，据美国统计机构"Dun & Bradstreet"公司的最新数据显示，创意经济在美国已发展成重要的支柱产业和最大的出口产业。单以艺术为核心的创意经济公司，美国目前约有 54 万多家，占公司总数的 4.2％，而雇员达 270 万人，是美国整体就业人数的 2.7％。早在 2008 年，美国文化创意产业占 GDP 的比重就已达到 25％。为了更好地促进文化创意产业的发展，美国创建了文化创意产业园区，并成功地实现了创业者和风险投资的联合，形成介于政府、市场与企业之间的新型企业发展平台，同时吸引了大批优秀的管理人才加盟。迪斯尼王国、好莱坞影视、百老汇戏剧产业园、硅谷科技创业园等就是由创意产业园区催生而成的世界著名的创意产业集群。

自 20 世纪 90 年代以来，日本政府把文化和经济结合起来，着力发展文化产业。日本是成熟的市场经济国家，主要依靠市场机制发展文化产业，但政府主导的特点也很明显。大力支持和发展文化产业，为文化产业提供方便，并制定了相关鼓励政策，是日本创意文化产业得以迅速发展的一个根本原因。一是政府积极推动并倾力支持。如日本政府通过设立战略会议、恳谈会、幕僚会议、审议会等形式，研究商讨具体对策，推动文化产业发展。二是建立和完善文化产业的法律法规。为促进文化产业发展，日本不仅在政策上予以鼓励，而且还制定了健全的法律、法规。近年来，根据文化产业发展的新形势，日本又制定了多部新的法律，如 IT 基本法、知识产权基本法、文化艺术振兴基本法等。三是文化和市场深入结合。日本的文化产业不是由政府"包办"的，文化产业项目都进入市场操作，即使是个性化的文化活动，日本也依靠市场化运作。日本的电影与音乐创收分别列世界第二位，电子游戏软件的产值居世界第一。2003 年，销往美国的日本动漫片以及相关产品的总收入为 43.59 亿美元，是日本出口到美国的钢铁总收入的 4 倍，日本的动漫产业以年营业额 230 亿日元成为日本第二大支柱产业。

此外，荷兰、新加坡、奥地利等国文化产业的发展也颇具规模和成效。荷兰是全球文化产业员工增长最快的国家之一，2007 年专职从事文化产业工作的从业者已经达到近 50 万人，占全荷兰就业人口的 4.7％ 左右，

2006 年荷兰创意和设计产业出口营业额约占 GDP 的 7%，目前仍以 2% 左右的速度增长。新加坡早在 1998 年就将创意产业定为 21 世纪的战略产业，并着力打造"新亚洲创意中心"，1995～2005 年 10 年间，其创意产业产值年均增长率超过 8%，大大高于 5% 的年均经济增长率，2005 年，创意产业产值达到 26 亿新元，目前，新加坡从事创意产业的公司有 8 000 多家，就业人员超过 10 万人，并计划在 2012 年之前将该产业在国内生产总值所占比例翻一番，从过去的 3% 左右增加到 6%。奥地利创意产业的经济效益已经超过旅游等传统产业，2004 年创造经济效益达 183 亿欧元，约占国内经济总产值的 4%，从事"创意产业"的企业有 2.9 万家，拥有 10 万多名雇员。文化产业还对其他产业部门产生极强的辐射效应，几乎 2/3 的奥地利企业从事的经济活动涉及创意服务，特别是在工业领域对创新服务的需求越来越强。[①]

在大力发展文化产业的过程中，发达国家或地区发展文化产业的政策与经验值得借鉴。其中包括：文化市场的基础性决定作用与政府的调控引导应该要相得益彰；文化产业发展注重结合传统文化，同时也要加强与科技的融合，在彰显各自鲜明特色的同时凸显科技含量；文化产业发展要注重人才培养；文化产业要发挥辐射带动作用，与其他产业业态有机融合等。

第四节　我国发达地区的文化产业发展经验借鉴

一、兼收并蓄——香港"文创之都"发展历程

半个世纪以来，"香港文化"深深影响着周边地区，粤语歌曲、港味电影、武侠小说代表了一代人的青春，香港文化产业也是振兴香港本地经济发展的主要动力之一。20 世纪 70～90 年代的香港，被称为"亚洲四小龙"之一，除了拥有自身经济强劲的硬实力之外，香港的软实力也不可小

---

① 根据《中国文化产业发展年报告 2019》整理所得。

觑。香港文化创意产业（以下简称"文创产业"）在早年发展非常可观，特别是在回归后的那几年。香港不仅拥有中西合璧的文化特色，还拥有国际大都市的优势，其文化产业的发展步伐相当迅猛。1999 年，香港特区政府在《施政报告》中就提出欲将西九龙填海区发展成集文化、娱乐及艺术于一身的文化创意基地。随着全球对文创产品需求的加大，文创产业拥有不可忽视的潜力，于是香港特区政府开始对文创产业进行规范定义并展开调研。2003 年香港大学文化政策研究中心撰写的《香港创意产业基线研究》报告中，将香港文化产业，称为"创意产业"，包括了电影、音乐、动画制作、表演艺术等多种产业。将其定义为："一个经济活动群组开拓和利用创意、技术及知识产权，以生产并分配具有社会及文化意义的产品与服务，更可望成为一个创造财富和就业的生产系统。"2005 年香港创意工业被正式改称为"文化及创意产业"。

随后，经过全球金融危机的洗礼，香港更加意识到文化及创意产业的重要性，无论是传统行业或是非传统行业都可以对经济起到重要推动作用，"文化及创意产业"理所应当地出现在了 2009 ~ 2010 年《施政报告》中，其中就提到了"在香港享有明显优势且具有潜力作为进一步发展的产业之一，并迎来属于它的发展机遇"。例如，香港特区政府于 2009 年推出"创意香港"计划，十年累计投资约 20 亿港元，从多方面推动香港创意产业建设与发展。有了政府的大力支持，香港各界也都将文创产业视为发展重点，由此推动着香港多元化与可持续性发展。香港是重要的文化艺术枢纽，也是亚洲极具活力的文化之都，东西方创作人才荟萃之地。被称为"创意之都"，文创产业包罗万象，兼收并蓄，涵盖范围极广。根据香港大学《香港创意产业基线研究》的报告内容，香港文化及创意产业被分为 11个界别，分别为：艺术品、古董及工艺品；文化教育及图书馆、档案保存和博物馆服务、表演艺术、电影及录像和音乐、电视及电台、出版、软件、电脑游戏及互动媒体、设计、建筑、广告和娱乐服务。

（一）香港文化产业发展现状

1. 香港文化产业经营状况

香港文化产业在多年的发展下已经形成了较大的规模，并带动着相对产业的产值增加、为香港经济发展做出巨大贡献，促进整体经济向知识型经济迈进。

根据香港特区政府统计处公布的最新数据显示（见表 10－4），2013～2018 年香港文化及创意产业增加值逐年上涨，2018 年净产值达到 117 769 百万港元，较 2013 年增加了 11%，和 2008 年相比翻了一倍，并且增加值占本地生产总值 4.4%。文创产业 11 个界别中，软件、电脑游戏及互动媒体对文创产业的贡献度最大，2018 年净产值为 53 079 百万港元，接近文创产业总体净产值的一半，达到 45.07%。这很大程度上归因于现代互联网产业的飞速发展为文创产业助力增持。电视及电台 2018 年的净产值较 2013 年下降了 17.86%，这可能与大众对文化的接收媒介转变有关。

表 10－4　　　　　　　　　香港文化及创意产业增加值

项目	2013 年	2014 年	2015 年	2016 年	2017 年	2018 年
文化及创意产业增加值（百万港元）	106 050	109 680	108 920	109 607	111 766	117 769
艺术品、古董及工艺品（百万港元）	13 633	12 199	10 157	8 020	8 871	9 526
文化教育及图书馆、档案保存和博物馆服务（百万港元）	1 246	1 465	1 289	1 414	1 479	1 580
表演艺术（百万港元）	876	954	1 196	1 263	1 382	1 415
电影及录像和音乐（百万港元）	3 524	3 106	3 469	3 713	3 930	3 348
电视及电台（百万港元）	7 986	6 431	7 174	6 501	6 396	6 560
出版（百万港元）	14 112	13 894	12 602	12 474	12 929	13 412
软件、电脑游戏及互动媒体（百万港元）	40 265	44 387	46 141	48 343	49 850	53 079
设计（百万港元）	3 711	4 080	4 146	4 247	4 306	4 523
建筑（百万港元）	9 762	11 058	10 724	11 783	10 799	11 675
广告（百万港元）	8 682	9 254	9 182	9 187	9 138	9 777
娱乐服务（百万港元）	2 253	2 852	2 840	2 662	2 686	2 874
文化及创意产业增加值占本地生产总值百分比（%）	5.1	5.0	4.7	4.5	4.4	4.4

资料来源：根据香港特区政府统计处公布的最新数据整理而得。

文创产业的发展带动着就业人数增加，近年来文创产业就业人数整体上保持稳定在 200 万人以上，占总体就业人数的比重也保持在 5.6 左右。软件、电脑游戏及互动媒体界分别在文创产业中占据着重要位置，2018 年其就业人数占文创产业整体就业人数 28%，见表 10-5。

表 10-5 　　　　　　香港文化及创业产业就业人数

项目	2014 年	2015 年	2016 年	2017 年	2018 年
艺术品、古董及工艺品（人）	19 240	18 810	18 120	17 660	17 740
文化教育及图书馆、档案保存和博物馆服务（人）	10 430	10 800	11 870	12 270	12 270
表演艺术（人）	4 800	5 110	5 390	5 380	5 440
电影及录像和音乐（人）	14 960	15 050	14 840	14 970	15 200
电视及电台（人）	6 740	6 960	6 860	6 430	6 230
出版（人）	42 660	40 810	39 090	37 730	36 830
软件、计算机游戏及互动媒体（人）	55 520	56 730	57 550	59 240	61 220
设计（人）	15 820	16 220	16 350	16 700	17 590
建筑（人）	15 640	15 830	15 940	16 130	16 130
广告（人）	18 650	18 740	18 480	18 550	19 370
娱乐服务（人）	8 600	8 810	8 320	8 330	9 260
文化及创意产业（人）	213 060	213 880	212 820	213 400	217 280
占总就业人数的百分比（%）	5.7	5.7	5.6	5.6	5.6

资料来源：根据香港特区政府统计处公布的最新数据整理而得。

表 10-6 和表 10-7 为香港文创产业 2013～2018 年进出口情况，以及服务输入与输出情况。2018 年文化及创业产业产品出口 618 006 百万港元，占整体出口的 14.9%；进口 668 814 百万港元，占比 14.2%。文化创意服务的输出额为 26 916 百万港元，占服务输出总额 3%，输入额 27 189 百万港元，占服务输入总额 4.2%。

表 10 – 6 香港文化及创意产品进出口情况

项目	2013 年	2014 年	2015 年	2016 年	2017 年	2018 年
文化及创意产品的出口（百万港元）	507 105	505 067	487 946	452 741	520 761	618 006
古董及工艺品产品（百万港元）	11 505	11 956	11 980	11 649	12 066	11 899
视觉艺术及设计产品（百万港元）	66 430	70 876	63 428	56 964	58 427	72 470
视听及互动媒体产品（百万港元）	364 993	363 525	352 662	324 894	379 791	441 617
表演艺术及节庆产品（百万港元）	52 204	47 004	48 517	48 189	60 560	82 221
出版产品（书籍及报刊）（百万港元）	11 973	11 706	11 359	11 046	9 918	9 799
占整体出口的百分比（%）	14.2	13.8	13.5	12.6	13.4	14.9
文化及创意产品的进口（百万港元）	596 230	577 487	534 330	499 242	561 635	668 814
古董及工艺品产品（百万港元）	14 005	13 718	12 134	14 028	12 659	12 115
视觉艺术及设计产品（百万港元）	110 480	127 796	112 383	111 420	122 954	130 305
视听及互动媒体产品（百万港元）	399 201	368 887	347 570	313 503	358 932	434 645
表演艺术及节庆产品（百万港元）	64 222	58 880	53 798	52 173	59 586	83 753
出版产品（书籍及报刊）（百万港元）	8 322	8 206	8 445	8 119	7 505	7 996
占整体进口的百分比（%）	14.7	13.7	13.2	12.5	12.9	14.2

资料来源：香港特别行政区政府统计处：2020 年香港统计月刊（2020 年 6 月）：https://www.censtatd.gov.hk/hkstat/sub/sp80_tc.jsp? productCode = FA100120。

表 10 – 7 香港文化及创意服务输出和输入情况

项目	2013 年	2014 年	2015 年	2016 年	2017 年	2018 年
文化及创意服务的输出（百万港元）	25 065	25 515	24 768	24 485	25 668	26 916

续表

项目	2013 年	2014 年	2015 年	2016 年	2017 年	2018 年
广告、市场研究及公众意见调查服务（百万港元）	6 451	5 961	5 347	5 161	5 253	5 341
建筑、工程、科学及其他技术服务（百万港元）	3 815	4 107	4 302	3 972	4 262	4 571
电脑服务（百万港元）	7 293	7 380	7 156	7 132	7 328	7 471
资讯服务（百万港元）	760	726	701	719	723	838
视听及有关服务（百万港元）	732	675	576	658	620	570
其他个人、文化及康乐服务（百万港元）	1 087	1 328	1 423	1 670	1 877	2 141
研究及发展服务（百万港元）	903	1 209	1 024	805	931	1 194
特许经营权及商标以外的知识产权使用费（百万港元）	4 024	4 129	4 239	4 368	4 674	4 790
占服务输出总额的百分比（%）	3.1	3.1	3.1	3.2	3.2	3
文化及创意服务的输入（百万港元）	25 189	25 416	25 402	25 352	25 707	27 189
广告、市场研究及公众意见调查服务（百万港元）	4 386	4 069	4 189	4 109	4 244	4 283
建筑、工程、科学及其他技术服务（百万港元）	2 593	2 837	2 923	2 699	2 521	2 531
电脑服务（百万港元）	4 260	5 087	4 998	5 065	5 081	5 143
资讯服务（百万港元）	1 127	1 022	1 135	1 085	1 108	1 215
视听及有关服务（百万港元）	464	389	416	403	365	406
其他个人、文化及康乐服务（百万港元）	289	387	430	581	609	720
研究及发展服务（百万港元）	1 069	1 250	1 089	1 164	1 220	2 253
特许经营权及商标以外的知识产权使用费（百万港元）	11 001	10 375	10 222	10 246	10 559	10 638
占服务输入总额的百分比（%）	4.3	4.4	4.4	4.4	4.2	4.2

资料来源：香港特别行政区政府统计处：2020 年香港统计月刊（2020 年 6 月）：https：//www.censtatd.gov.hk/hkstat/sub/sp80_tc.jsp？productCode = FA100120。

无论是香港文创产业进口、出口，抑或是文创服务的输入、输出都表明香港特区政府重视文化的培养、传播与发展，文创产业已成为香港迈向高增值和多元化经济体的新动力，并不断巩固着香港创意之都的地位。

2. 香港文化事务现状①

香港文化中心作为香港的首要艺术表演场地，设施包括设有 2 019 个座位的音乐厅、1 734 个座位的大剧院，以及可容纳 496 名观众的剧场，适合举办不同的演艺节目。许多大型文化活动在香港文化中心举办，如香港艺术节、香港国际电影节、法国五月艺术节、国际综艺合家欢、中国戏曲节、世界文化艺术节等，还包括俄罗斯国家乐团、马勒室乐团、上海越剧院等许多国际知名艺团在此演出。2015 ~ 2016 年度，在文化中心举行的表演共 713 场表演，入场观众逾 616 000 人次。2016 ~ 2017 年度，举办表演共 673 场，入场观众逾 627 000 人次，观众人数比上一年增加了 1.7%。

根据香港康乐及文化事务署年报显示，2016 ~ 2017 年度，"国际综艺合家欢"共举办 306 项表演节目和活动，观众及活动参加者逾 94 000 人次。售票节目共 148 场，平均入座率达 90%，其中舞台表演共 83 场，包括海外、内地和本地节目。为期一个月的第七届"世界文化艺术节"合共为观众呈献 109 项活动，包括 33 场舞台演出，也举办展览、工作坊、讲座、艺人谈、示范、学校巡演等多项延伸活动。此次艺术节共吸引了超过七万人次入场欣赏，各项售票节目平均入座率为 66%。2018 年，第 46 届"香港艺术节"售票节目共 130 个，观众超过 113 000 人次。比 2016 年增长了约 3.6%。香港文化中心的露天广场前邻景色优美的维多利亚港，是观赏"新春国际汇演之夜"、元宵彩灯会和烟花汇演等大型庆典活动的热门地点。同时周末还会举办"伙伴创意市集"等活动，让本地青年人发挥创意。另外，香港大会堂也在推动本港文化艺术发展方面担当先驱的角色。在 2015 ~ 2016 年期间，香港大会堂举行了 639 场节目，观众约有 373 000 人次。2017 ~ 2018 年度，举行 608 场节目，观众约有 362 000 人次。

---

① 香港康乐及文化事务署 2015 ~ 2016 年报：https：//www.lcsd.gov.hk/dept/annualrpt/2015 - 16/sc/cultural/cultural - services/index.html 2017 - 2018 年报：https：//www.lcsd.gov.hk/dept/annualrpt/2017 - 18/sc/cultural/.

目前，在康文署管辖下较大型的演艺场地包括沙田大会堂、荃湾大会堂、屯门大会堂、葵青剧院、元朗剧院和高山剧场；较小型的场地则有西湾河文娱中心、上环文娱中心、牛池湾文娱中心、大埔文娱中心和北区大会堂。除康文署主办的节目外，年内也有多个文化团体租用设施，举办艺术活动。2015～2016 年以上场地举行了 6 449 场节目，观众约有 2 150 000 人次。当地艺术团可免费试用设施，供居民举办文化活动，期间共 94 个社区艺术团体受惠于场地赞助计划共举办 695 项活动，并吸引约有 109 000 人次参与。2016～2017 年度共举办 6 384 场节目，观众约有 2 109 000 人次，期间共 98 个社区艺术团体举办 620 项活动，共吸引约 10 600 人次参与。

为全面鼓励社会各界参与艺术活动，2016～2017 年度，康文署共举办了 634 个嘉年华、特备节目和免费文娱节目，吸引约 102 万人次参与，较上一年度增加 5%。香港康乐署还发起了"场地伙伴计划"，三年为一期，第三期已于 2018 年 3 月结束，在 2017～2018 年期间，20 个场地伙伴合共举办了 654 场表演，并参与了 1 011 项观众拓展活动，共吸引约 69 万人次参与。香港每年还会举办"粤剧日""舞蹈日"，以此推广粤剧发展，弘扬文化传承精神。

在音乐方面，音乐事务处通过举办"器乐训练计划"、音乐会等相关音乐活动，2017 年共吸引了约 167 577 人参加。著名的香港体育馆 2016 年全年共举行了 41 项活动，吸引观众达 1 172 800 人次。2017 年共举行了 42 项活动，吸引观众达 125 万人次同比增长 6.58%。伊利沙伯体育馆 2016 年共举办了 115 项活动，吸引观众达 329 600 人次。2017 年共举办了 117 项活动，吸引观众达 333 000 人次，同比增长 1.03%。

城市售票网是香港主要的票务系统，为节目主办机构和市民提供方便可靠的订票服务。2015～2016 年期间城市售票网合共为超过 8 100 场表演节目印发门票 397 万张，总值达 8.51 亿元。而 2017～2018 年内，城市售票网合共为约 8 000 场表演节目售出门票逾 380 万张，录得总售票额逾 10.40 亿元，较上年增长了 22.2%。香港博物馆包括了香港艺术馆、香港科学馆、香港文化博物馆、香港历史博物馆、岖港海防博物馆、茶具文物馆、香港铁路博物馆、孙中山纪念馆等共 15 个，在 2017～2018 年度，博物馆录得逾 670 万参观人次，较上一年度的 450 万人次大幅增加。香港电影资料馆收集和保存香港电影及有关资料，进行编目和存档的工作，并举办电影回顾、专题展览、电影研讨会和座谈会等活动，至今收集了 13 830 套电影物料和 123 万项电影相关资料。

3. 香港文化对外合作交流

文化及创意产业不仅是促进地区经济的协调发展、丰富市民精神生活，提高如科技、农业、服务业等行业的水平、改善基础设施和生态环境，更重要的是文化是一种软实力。党的十九大报告提出，要让文化产业成为国民经济支柱性产业。香港的文化及创意产业拥有其独特的优势，内地和香港的合作，可以凭借优越的历史传承和地理位置，不断扩大影响力，成为文化及创意产业的"领头羊"。

早在 2013 年，粤港就《粤港合作框架协议》展开了一系列文创产业的合作，促进着两地创意产业合作发展。同时深港也在多元发展，共建文化创意中心方面达成了共识，2013 年，香港特别行政区政务司司长林郑月娥、深圳市市长许勤共同主持深港会议，并签署 4 份合作协议，共同推进文化及创意产业发展。此外，香港还与台湾、澳门展开多项合作，如"港澳合作产业园"项目、"港台文化合作论坛"，等等。

2019 年 2 月 18 日《粤港澳大湾区发展规划纲要》正式发布，这份粤港澳大湾区发展基础性文件中提出，要深化粤港澳文化创意产业合作。香港特区政府自 2018～2019 年度起，已拨备额外资源，支援香港艺术家及艺术团体在大湾区演出或进行其他合适的文化交流活动。目的是要展示香港文化艺术，同时为香港艺术家提供新机遇，以及培育未来的行政人员和节目承办人。伴随着国际一流大湾区雏形的日益显现，香港的文化创意产业部分业态向内地转移也将充分发挥其区位、人才、资源等优势，在与内地的深入交流中继续发挥优势、发展壮大。

（二）香港文化产业发展的特点

近代以来，东西方文化在香港不断碰撞、渗透、交融。如今的香港文化已是传统与现代文化有机融合的多元复合体，既形成了与经济发展相辅相成的文化产业体系，又散发着独具特色的"港味"气息，这种东西交融的独特文化不断增进香港特区在亚洲乃至全球文化市场的竞争力。香港文化产业之所以发展得如此成功，也正是依托于这片多元富饶的文化土壤。作为香港最具经济活力的一环，文化产业发展拥有明显的比较优势，香港高度发达的资本市场和优质的营商环境，促使着香港各项经济活动都能有效开展，这为其文化产业发展提供了先驱条件。随着经济社会步入数字时代，香港文化产业的发展更是开创了新的局面。借助数字时代的风帆，本土文化产品不仅得到了及时快捷的多渠道传播，而且新媒体与本土文化的有机融合更使得香港文化产品在全球市场中的份额进一步扩大，其中不乏舞狮纸雕、武侠港漫、港味美食、星光大道以及元创方等大众耳熟能详的文化名片。还有香港的文娱和艺术活动，终年不断。从西方古典艺术到现代流行文化，从文物展览至当代艺术，为不同口味的观众提供多样化的选择。香港凭借着自身特有的优势，充分发挥大都市独特的底蕴，形成相当规模的文化产业，推动文化产业的快速发展，并享有"东方之珠"等美誉。此外，在电影、动漫、建筑设计等方面，香港特区在亚洲仍然占据重要位置，具有广泛的影响力。

目前香港文化产业可分为两个部分，即载体与思想，这两种文化产业类型相互交融、密不可分，逐步形成了香港文化产业的主题。以电影、广告、工艺品等形式作为载体的文化产业，形成了文化产业的业态；以文化意识形态为主体，逐步形成香港文化产业的精髓。其中，文化产业载体的形成融合了时间和空间异质性的特点，而文化产业思想特有的可传承的再生性，逐步形成延续经典，超越当前所属阶段的能力。香港传媒人梁文道曾说，"再也没有一统天下的东西了，香港变得更加多元化，也比以前更加细致"。香港的文化思想保留了以主张中庸的儒、释、道以人文思想为核心。以电影为例，随着数字电影的诞生，胶片电影渐渐淡出人们的视线。一切文化产业都是如此，不管是胶片电影还是数字电影，里面所传达出的主题和文化思想则是能使电影成为经典流传的灵魂。离开了电影所传达的思想，也就没有了电影和电影产业。各产业的发展都离不开制造业智能化、科技创新化与传播手段的现代化，但是由于文化产业的特殊性，文化脱离了思想、单一的科技化就只会成为没有思想的电视机。

1. 优良的文化产业发展环境

文化产业的孕育离不开包括社会历史环境、经济环境、自然环境、法律环境以及在内的基础环境。这里的基础环境主要指与文化产业密切相关的环境因素。如果将文化产业比作植物，那么与文化产业密切相关的环境因素就是土壤，土壤的优良直接影响着文化产业是否能勃勃生长。

由于历史渊源与地理条件的特殊性，香港一直以来都是东西方文化环境交会的舞台。香港特区政府法律体制完善，根据不同产业的需求，承担着不同角色。政府为实现文化产品的生产和自由流通提供了必不可少的法治保障，为欣欣向荣的商业环境提供支持。香港的文化产业与国际接轨，其发展成熟，资源丰富，产业链完善均离不开香港特有多元文化的独特环境。香港完善的法援制度和独立的司法制度，为文化产业的发展提供了优渥的土壤，如香港国际仲裁中心，能够提供各行各业其丰富的专家资源，据 2015 年伦敦玛丽皇后大学和怀特和凯斯（White and Case）进行的国际仲裁调查，香港是全球排名第三的最优先选择的仲裁地，也是欧洲以外最受欢迎的仲裁地。香港的音乐、电影等文化创意产业的发展，正是有了与之适应的清晰而全面的法规与政策、全面的法律体系、严格的执法措施、普及的公众教育与宣传提供给知识产权有效的保护，才能有自主创新的动力和融入国际文创产业的竞争力。

除上述香港在知识产权保护上严格执法外，香港文化产业也十分注重对外宣传、对内教育。在对市民大众的知识产权教育上，香港力求以最高国际标准对知识产权实施有效的保护，致力于对公众的知识产权的重要性，多次举办知识产权教育活动，其目的是使大众了解知识产权、关注知识产权、共同维护良好的文化产业创作环境。在对外宣传上，近年来香港推出了一系列针对大众的宣传推广活动，比如香港知识产权公开展览会、香港设计展览、香港动漫节及电玩展、香港电脑通讯节、亚洲游戏展、香港书展等一系列国际大型文化盛事，逐渐形成了保护知识产权、推进文化产业发展的浓烈氛围，规范了包括文化产业在内的创作风气。经过近二十多年的发展，文化产业已经成为香港的一张城市名片，代表着香港的勃勃生机，是香港文化产业蓬勃发展的缩影。

此外，香港特区政府在文化及创意产业发展过程中，更多的是充当着引导和规制的作用，其主要职能体现在：规范市场的公平合理竞争制度，为企业提供必要的公共服务和培育发展环境与氛围。香港康乐及文化事务署（以下简称"康文署"）及创意香港专责办公室是香港统领文化创意产业发展的政府管理部门。两个部门共同围绕建设"亚洲盛世之都"的目标，协同制定法规条例，出台管理引导文化产业的相关政策，实施帮助文化产业发展专项计划。创意香港专责办公室成立于2009年，是专职推动创意产业发展的机构。创意香港将战略方向定为制定策略、资助发展、培养人才、优化结构等7个方面，然后据此把机构也相应划分为电影服务统筹科、设计科、数码娱乐科、业界支援科、规划及发展科与特别职务组，进而制订实施了"电影发展基金""实创创业培育计划""设计创业培育计划"等，以专项政策助力产业发展。针对电影产业，创意香港还设有电影发展基金与电影贷款保证基金，用于实施电影制作融资计划、电影制作资助计划等，为有利于香港电影业长远发展的项目提供财政资助。另一个机构康文署隶属于香港民政事务局，负责统筹音乐、影视、演出、体育、康乐、古迹和图书馆、博物馆等文化事业的管理。此外，香港的行业自律组织也充当了十分重要的管理角色，如香港文化产业联合总会、香港唱片商会、香港广告商会、香港时装设计师协会、香港建筑师学会、香港影业协会、香港文学艺术界联合会、香港出版总会等。这些民间自律组织为协助会员争取业界的利益，协调会员之间的各种关系，充分调用了从业个体的积极性进行自我管理，共同维护行业秩序。

截至2016年，香港文创产业从业人员数量达21.28万人，占总就业人数的5.6%，人的创意决定了文化创意产业的商业价值，因此人力资本是整个文化产业价值创造的核心。从人力视角来看，过去香港电影产业的繁荣，一定程度上取决于创造那个黄金时代的专业人才。早期诸如邵氏电影公司等香港电视业采取专业化演员培训模式，为香港电影业输送了大量专业的影视人才。周润发、周星驰、吴镇宇、林正英、吴君如、梁朝伟等一大批香港电影主力军从小银幕走向大银幕，起点都是创办于 1971 年的"无线电视艺员训练班"这座造星梦工厂。现在，政府大量投入致力于培育文化产业相关专业人才，本地八大联盟高校均开设文化、艺术专业相关的学士、研究生课程。无论是康文署还是创意香港专责办公室，都对专业人才特别是青少年创意人才的培养赋予了高度重视。比如，近年来，创意香港专责办公室就通过整合协会、团体和企业等各界社会力量，以市场需求为导向，以选拔新秀、提供在职培训等各种组织形式，实施了文化人才专项培养计划，以项目化的形式对青年创意人才和团队进行发掘与培养。该计划涵盖了广告、设计、电影、数码娱乐、建筑、印刷出版等诸多领域，为文化及创意产业发展输送了大量人才资源。不仅仅是培育本土人才，香港还设置了富有吸引力的引进机制，开展"输入内地人才计划"等项目。香港根据产业变化趋势，这些内地人才必须拥有香港缺乏或无法实时提供的专业知识和技能，对于重点扶持的项目，其优秀的从业人才自由申请工作签证或以其他身份来港发展及定居。秉承着自由开放的态度，香港成功吸纳了各地优秀人才资源。

2. 品牌建设和市场开拓成效显著

正如每个人独特的基因造就了不同的面庞。不同城市历史发展形成了不同的文化底蕴。城市形象就成了人们对这座城市文化底蕴内在与外在的综合感知，并逐步形成了人们对城市品牌的心理认知。此时，城市文化底蕴便成为注入品牌建设的灵魂。品牌建设在一定程度上就是知名度的建设，有了知名度就具有凝聚力及传播力。文化品牌建设中无形地在产品上赋予良好的附加价值，而是企业得到一定的经济收益，同时消费者得到良好的使用体验，获得消费者的情感认同。人们在有形和无形中感受和认知着品牌文化，随着全球经济一体化，产业间经济愈发激烈在产业品牌的导向下，为加强文化产业的稳定性、可识别性、可传承性便显得至关重要。

如果提到香港文化品牌建设，最具代表性的文化支柱产业莫过于其电影产业，在香港电影的黄金时代，即 20 世纪七八十年代，影片年产量高达两百到三百部之多，是全球范围内最大的电影出口市场。香港电影凭借着其日臻成熟的电影制作模式及完备的电影产业体系，不仅产生了以武侠片、喜剧片、犯罪片等为代表的各类影片，也打造了诸如周润发、李小龙等享誉世界的众多明星，很长一段时间里，一度成为香港甚至亚洲享誉全球的文化名片。其代表性特色在于：首先，在历史长河中，东西方文化在这里不断碰撞与融合，也形成了香港电影独树一帜的风格，由此形成的文化的多样性为香港电影增添了浓墨重彩的一笔，各种各样的文化类型以及文化元素，包括殖民时期的文化、岭南文化、中国传统文化、快餐文化一起形成了独一无二的香港电影文化。香港人的"本土意识"也在其中展现得淋漓尽致，表现在各式各样的电影主题中，从喜剧片中体现出的香港中小资产阶级的挣扎、犯罪片中"黑帮"斗争中的火拼，到花样繁多的功夫片，香港电影在一定程度上记录了香港文化的历史变迁，体现了香港人内心的自我审视，代表着香港社会复杂多样的文化，是香港生活的缩影和社会现实的映射。香港影评人列孚曾总结香港能成为"东方好莱坞"，是因为娱乐性、文明感、城市感三个关键因素。对自身的文化自信，是香港电影的文化输出达到如此庞大影响力的重要原因，而香港电影产业的繁荣，也是基于这种价值认同与大众通俗的文化产品的转化，通过对各种社会资源的有效地整合，以商业利润带动文化品牌创造，创立了市场化程度发达的文化艺术价值链。

香港整合自身的资源禀赋，筹办了一系列的文化交流活动，为塑造并宣传香港以亚洲国际大都会的形象搭建了平台，让本地文化产业的影响力在对外交流活动中不断延展。香港文化产业不断进行着多边合作交流，而文化产业也在香港经济结构转型中发挥着巨大的催化作用。此外，大量节庆活动让产业的附加值与竞争力不断提升，不仅带动了香港的知名度和品牌形象，还充分发挥了文化产业的融合渗透作用，通过客源聚集效应，带动了如零售、餐饮等相关产业的发展。

香港和内地于2003年6月签署了《关于建立更紧密经贸关系的安排》（CEPA），此后三年又分别签署了四个补充协议，内地向香港开放了如广告、视听、文化娱乐等属于文化创意产业范畴内的多项行业。依据协议，香港影视制作等行业也可以进入内地进行合法投资和文化市场开发，这一举措大大推动了香港相关产业的发展。另一个重要的平台就是粤港澳文化合作论坛，三地在演艺、文博、非物质文化遗产、人才交流和节目合作、资讯交流、文创发展领域建立了文化合作框架，其中，在非物质文化遗产方面，借助粤港澳三地共同的努力，2009 年，粤剧成功被联合国教科文组织列入《人类非物质文化遗产代表作名录》。国际交流上，除了利用一些传统的中西方节日举办活动，还通过香港国际电影节、香港动漫节打造了一系列获得普遍认可的商业性文化交流活动。在 2019 年，香港国际影视展组织了电影、电视、数码娱乐以及纪录片等主题丰富的各种活动，已经几乎不存在单一香港电影市场的概念，与会的有来自超过 34 个国家及地区的公司，参观展览会的游客也超过 7 100 名，一方面，这个平台将国外的优秀作品筛选和引入进来，为本地的电影产业发展提供学习和借鉴的创新的艺术形态及高新的制作技术，另外，作为重要的跨国电影传播平台，香港国际电影节也成功向国际市场推广了高品质的亚洲电影，本着"相互学习，兼容并蓄"的态度不断拓宽香港电影市场的覆盖面，亚洲文化也得以在世界舞台上大放异彩。备受关注的香港动漫节，1999 年开始举办之时还是香港漫画节，随着活动的影响的不断扩大，漫画业的不断成熟，其参展商由早年的漫画出版社，扩展到小说、漫画、游戏等多个行业，因此自 2006 年开始也更名为"香港动漫节及电玩展"。每年有 30 万 ~ 40 万人参加，形成资金庞大的游戏漫画市场，是整个香港文化产业繁荣的缩影。

3. 产业发展路径依然不够明晰，受外部环境影响较大

文化产业相对于一般的产业来说，肩负的是双重属性：一方面其文化属性起到了传播文化价值观的功能，另一方面兼具普通产业的盈利属性，决定了发展走向要根据利润增长方向而作出调整。以香港电影产业为例，电影产业就需要在其商业性和艺术性之间作出平衡，这对整个产业的发展至关重要。过去，香港电影的繁荣依托的是广阔的海外市场，而不是依靠本地资源，在香港电影最具影响力的时代，东南亚地区很多国家的电影工业还比较落后，香港凭借地缘优势发展成的产业经济和广阔的海外市场却形成了地区性的霸主地位，电影产业自然得以壮大了。

　　然而，21 世纪以来，其他发达经济体的文化产业崛起挤压了香港电影的境外生存空间，而香港本土电影发行市场的空间十分有限，在追求行业利益最大化，以及拓展海外电影市场的双重压力之下，香港电影从文化输出方逐渐演变为需求迎合方，为了满足海外市场对于特定类型影片的需求，对老片进行大量翻拍，沿用热片知名度进行续拍等再加工行为。这就导致了 20 世纪 90 年代生产的香港影片内容类似，题材单一，自身特色与创新能力也逐渐暗淡。自 CEPA 签署以来，香港电影开始开拓内地市场，拥有了与内地合拍与放映合作机会，然而合拍片在多年的发展中，并没有恢复港片往日的辉煌，近几年市场情况有所好转，但依然面临重重挑战。在内地影视业逐渐成熟，海外电影产业自成一格的新局面下，以香港电影产业为代表的香港文创产业的强大竞争力正面临被削弱的态势，如何在外部市场的变化落差中明晰自身的发展路径，是香港文化产业亟需突破的瓶颈。

　　2017 年香港文化及创意产业就业人数占比为 5.2%，相比 2007 年增长了 0.4 个百分点，增幅不大。与之相应的是 2017 香港文化及创意服务输出占整体输出从 2007 年的 14.4 下降至 2017 年的 12.9%，这意味着业界人才的流失更为严重。

　　香港文化及创意产业从辉煌到如今的逐步萧条，究其原因是资本市场局限了文化产业跟随时代的脚步，相比 2017 年文化产业占服务性出口的12.9%，旅游及金融服务分别占服务性出口的 31.96%、19.52%。相比之下文化产业成本高但回报率低、回报周期较长，文化产业作为一个需要长期投入的产业，在香港快节奏环境中吸引不了资本投入，使得香港市场的份额逐步地被旅游业、金融业等产业占据。

　　得益于信息化高速发展的今天，文化可以通过网络更快地传播，文化产业本应该是蓬勃发展、欣欣向荣的局面，曾经的辉煌也进一步对比出香港文化产业的逐渐衰落。如今放在新一代香港文化产业人面前的问题是：如何挽回文化产业走向落寞的局面？是继续延续曾经的情怀，凝固时间打造经典，还是在更广阔的空间将文化产业打造成文化创意产业？如今的社会更迭、技术更新瞬息万变，各行业的市场潜力被不断开发。

（三）香港文化产业的发展经验

当前全球文化产业处于不均衡的发展状态，文化软实力作为一国对外宣传的名片，往往与国家的综合实力挂钩，面对国际文化市场竞争力的不断加剧，中国已经无法置身局外。随着全球文化产业的浪潮涌动和我国综合国力不断增强，中国越来越需要突出自己的文化价值，打造国际文化名片，以强大的文化体系来支撑中国未来的发展。在经过了改革开放、人口红利以及资源付出后，中国利用短短三十多年便实现成为世界第二大经济体，在以西方语境占主导的全球文化与国际秩序中，我国的文化崛起面临着比经济发展更为艰巨的挑战。现如今，中国正处于实现中华民族伟大复兴的关键时期，建设在全球具有重要文化影响力和巨大文化利益的文化强国，极有可能是中国在 21 世纪面临的最大挑战。这种挑战不仅来自外部的竞争和压力，还来自中国自身。从国内的视角来看，党的十九大报告首次将我国社会的基本矛盾表述为"人民对美好生活的向往与不平衡不充分发展之间的矛盾"，这一总结是站在人类发展史的高度，首次宣布中国正在完成小康进程，向着更高层次的目标迈进。

香港特区作为中国文化传播的重要窗口，其文化极具影响力和辐射力。香港文化产业经过多年发展，已经取得了瞩目成就，一跃成为全球知名的"创意之都"。长期以来，香港一直是亚洲的文化创意中心，数码娱乐、设计、漫画、电影等文化产业在业内均久负盛名，不仅为香港经济繁荣贡献了活力，同时也提高了香港特区的软实力。从社会形态来看，由于香港文化的多元性，通过融入独特的文化内涵，香港文化产业如万花筒般以炫彩夺目的姿态呈现。经过中西文化的百年交融和积淀，香港人对文化的理解更加深厚，也更加学会欣赏和尊重不同的文化。香港人在传统文化的源头活水中注入无限创意，使极具香港特色的文创产业再现芳华。世界各地通过亮丽缤纷的文化产业，体会香港过人魅力。同时产业环境、管理体系、人才培养以及品牌建设等方面，形成了许多有益经验，值得借鉴。从经济形态上来看，香港已进入创新驱动经济增长阶段，具有知识型、创意型及服务型特点的文化创意产业已成为经济增长新的亮点。相比于内地文化市场，虽然起步较晚，但发展潜力巨大。香港文化产业的发展经验，对于内地积极探索在社会主义市场经济条件下，大力发展文化产业和文化经济，实现经济增长方式的根本转变，具有十分重要的启示作用。

1. 引导资本市场为中小型文化企业纾困

现有数据表明，2018 年文化产业增长值占当年 GDP 比重的 4.3%，但是文化金融市场规模在整个金融市场中仅占 1%。2018 年文化产业企业共发行债券 49 支，发行支数占全年债券发行数量的 0.13%；发行金额 272.2 亿元，占全年债券发行总额的 0.08%。多数文化产业的企业主要依靠自有资金和社会资金投入，通过银行借贷融资的仅占 10%，直接和间接融资仅占 22%，金融服务文化产业的力度有限。[①] 可以看出，在文化产业的发展中，缺乏资金的长期有效的支撑是其面临的主要瓶颈，究其原因，还是资本市场与文化产业市场的基本商业逻辑存在差异，由于文化产业经济效益的不确定性，价值变现周期较长，而金融业往往要求其贷款方具有可抵押性资产。受限于风险投资程度和水平，文创产业目前难以跳出过多仰仗政府财力、借助银行贷款的思维桎梏，社会资本介入的比例仍然相对较少，来自风险投资机构的资本更少。但是光凭借银行等金融机构的贷款难以解决文创企业"融资难、融资贵"等问题。文创企业要想得到发展，亟须更加丰富的资金供给渠道和融资方式。此外，我国总体上金融服务水平不高，金融机构缺乏对文化产业专业知识和运营模式的了解，对产业风险一知半解，这就导致资本市场和文化产业很难保持长久有效的合作。

在对文化产业投融资方面，香港政府主要通过成立文化产业发展基金，对富于创新发展潜力的小微型企业提供资金支持。此外，工业贸易署和科技创新基金共同设立项目资助计划，以项目运作为抓手，为人才培养、企业培育以及市场推广提供启动资金。早在 2004 年，香港政府就专门成立基金，推出"设计智优计划"，扶持新兴的设计企业。同时政府还提供信用保证，以保障借贷的体制形式，解决融资问题。主要有香港信用保

---

① 根据《中国文化产业及相关产业统计年鉴 2020》整理所得。

险局提供的出口信用保险、影视贷款保证金提供的信贷保证等。

内地文化企业在解决融资问题时可以借鉴香港的做法，成立不同性质的发展基金，资助鼓励有发展潜力的专业人员创业，资助优秀创意产业化。对中小企业提供风险融资的信用保证，从银行或其他财务机构获得贷款提供贷款保证计划等，保证文化企业在发展过程中不受制于资金。逐步完善社会与政府投入相结合、内资外资相结合、多渠道多元化的投融资机制。降低门槛，放宽市场准入政策，把文化产业的市场逐步向民营资本开放。鼓励和允许外资、国内资本进入文化领域，特别是民营资本以独资、合资、合作、联营、参股等方式进入文化市场。在完善大的文化产业集团的同时，应积极培育中小文化企业。中小企业有着大企业所不具有的优势，如创立和管理成本低，对市场变化的适应速度快。在文化产业内部，保持一定数量的中小企业，使不同规模的企业并存，有利于增强文化产业组织内部的竞争力。同时，制定并颁布扶持中小文化企业发展的有关法规条例，建立新型的中小文化企业管理体制，积极引导、促进中小文化企业加强协调联合，加强和完善对中小文化企业的财政、税收、金融支持，鼓励成立各种所有制形式的咨询、策划、设计、创作、产品制作或开发等中小型文化企业或中介服务机构，以便覆盖更广阔的文化企业，这对我国文化产业的发展有着举足轻重的作用。此外，还应不断丰富与文化产业配套的金融产品与服务。根据市场和企业发展的具体情况，因地制宜、积极探索产品配制方案，综合运用流动资金贷款、固定资产贷款、项目融资、循环额度贷款、订单融资、国际贸易融资等信贷产品组合，满足文化企业精细化的融资需求。针对文化产业链条中小微企业多的特征，加大信贷产品支持力度，构建文化金融特色产品体系，如创业贷、文创普惠贷、文创信保贷等多种创新型文化金融产品。依据存量优质小微企业及企业法定代表人的资产及交易情况，结合内外部数据辅助分析决策，通过建立授信决策模型替代人工审批，实现贷款产品在线申请、自动审批、线上签约、循环复用，灵活满足文化产业资金需求。深入研究客户用信需求，扩大业务合作范围。政策性银行充分发挥着政策性金融的扶持作用，依托 PPP 项目形式，以文化产业项目 PPP 合同项下的建设运营补贴为还款来源，以 PPP 合同项下的全部权益和收益作为质押担保，实现对大型文化产业项目的融资支持。

2. 立足民族文化，实现文化产业跨越式发展

香港特区的文化氛围具有相当的包容性，不仅吸收外来文化，更注重本土文化的弘扬，将属于本地特有的中西结合文化融入文化产品与服务的贸易中。例如，香港漫画和香港电影就非常善于在其产品中运用非常多的地域特色元素，以香港本土文化为故事背景，加入传奇的英雄人物为主角，配上极具"港味"乐曲为背景音乐，深受海内外消费者的青睐。首先，香港传承了中国2 000多年的优秀文化，而中国也加大力度在世界范围内宣传中国文化，现今中国文化已经远闻世界，受到了海外友人的欢迎。其次，香港在被英国统治的时期受到英国文化的影响，加上"一国两制"使得香港保存了相当一部分的英国文化。香港的文化创意产业应该结合本土特色，使得自身文化创意产业更具不可替代性，再利用粤港澳大湾区发展的区域协同效应，加强自身文化创意产业的对外开放。

内地文化植根于传统的中华文明，且呈现多民族特色，丰富的文化资源是我国提升文化竞争力的源泉。因此，我们在提升文化产业竞争力中更应注重本土化发展，做好文化产品特质的深挖。具体来说，需要能够对文化的本土化进行把握，对文化内在基因进行深入地挖掘，做好历史脉络把握，做好文化社会记忆的收集，以此实现文化识别度的提升。可以说，文化能够为人审美的意义、体验带来好的感受，要想对文化的意义、审美进行有效激发，即需要能够创新媒介文化传播，使人们在文化当中具有更强沉浸性、参与性的情况下，实现对人们感官的调动，使人们能够切实深入到文化体验当中。民族文化是一个地方群体在长期的历史发展过程中积淀下来的生产生活方式、行为方式和思想、信仰、价值等观念的集合，其显著的特点是差异性、独特性。特色文化产业主要是以区域性特色文化为资源基础，或者通过对文化内涵注入传统生产生活方式，实现传统产业升级换代而形成的一类产业形态。特色文化产业的发展建立在地方性文化资源的基础上，必须符合一个区域社会、经济和文化发展的基本规律和具体需

要。发展特色文化产业也为地方性文化在现代以市场为导向的经济环境、复杂分层的社会环境和多元对话的文化格局中找到可持续发展的机制和发展路径。

一般来说，发展民族文化产业的主要方式有以下几种：一是运用主动式文化营销模式。需建立民族文化创意产业营销的桥头堡（即"前店"），通过设计战略构建"民族文化体验式综合体"，它以最新体验式营销理念为核心对民族文化及民族文化衍生产品进行包装、宣传、推广，同时具有展示、体验、营销的功能，最终起到民族文化宣传的桥头堡作用。它既是民族文化创意产业新的盈利模式，也是民族文化的新型展示窗口。二是探索民族文化衍生产品的可持续性研发模式。"民族文化体验式综合体"，主要功能是对民族文化及其衍生产品进行包装、宣传、推广等。然而，对于民族文化及其衍生产品的研发、生产及供应等，则须建立民族文化创意产业的研发基地（即"后厂"），它主要针对民族文化进行资源整合、产品研发、产品供应。设计战略构建的"新型产业模式"中的"后厂"部分包括：第一，"民族文化旅游商业体验式综合体"，是以民族文化为核心所研发的体验式民族文化衍生旅游产品。第二，"历史文化遗址及古村镇保护性开发"，是对民族历史文化最直接有效的继承和发展。第三，"民族文化创意产业园区"，是民族文化系列衍生产品研发和生产的孵化器。三是将文化进行现代化转化，使其能够以此具有新的内涵。在实现路径方面，则具有文化的集群化、产品化、市场化以及符号化这几种路径，该情况的存在，需要在发展中做好文化内在规律的遵循，深度挖掘文化价值，在进行文化定位的情况下，对文化的多样性、民族性与统一性关系进行科学的处理。当然，在上述操作当中，其中的重要基础即是保持文化的特色，对于不同文化来说，都需要具有属于自身特定的存在方式以及生命基因。在实际文化创新发展中，需要充分体现出文化的独特性以及民族性，寻找科学的产业发展道路。

从历史上来看，虽然我国内地文化的产业化过程较短，但随着原有的文化生产和再生产活动按照产业化的规律进行组织和推广，文化产品的传播路径逐步产业化，使得传统产业被赋予了更多的精神色彩和文化色彩。

传统产业逐步文化化，我们今天看到的日用品，无不带有设计感和美学符号。从这些产品外观形式，我们可以看出它背后承载的文化背景、民族宗教特点以及不同年龄层的精神需求，这使得产品的价格构成发生了变化。同时，由于技术进步带来的可能性，尤其是今天"5G 工程"的启动、VR以及人工智能等新兴技术的实施，尽管受到新冠肺炎疫情的影响，人们的消费过程会更多地考量健康风险，不仅进一步强化了数字消费和无接触式消费，更促进了文化产品消费新模式，扩宽了文化产业链布局，为今后我国社会主义文化强国奠定了坚实基础。

二、后来居上—澳门文化产业的形象重塑与转型

（一）多元共生——澳门文化产业的发展现状

澳门地处区域极为特殊，有着历史悠久的文化积淀和特殊的地理位置，是一个多元文化融合的港湾，海洋文化、多元文化以及休闲娱乐文化是澳门文化的三大元素。可以说，澳门的多元文化是其文化产业发展的先天优势，虽然澳门文化有着多元融合交流的特点，但其仍保留着很强的文化主体精神，契合了澳门产业结构适度多元化的特点。

1. 澳门文化产业现状分析

进入 21 世纪以来，澳门的产业结构单一、"博彩业一家独大"问题就不断显现出来。澳门素有"东方蒙地卡罗"之称，博彩业一直是其主导产业。2017 年澳门人均 GDP 为 79 563.56 美元，位居全球第三。但在经过多年的博彩业单一动力的经济发展模式后，澳门经济结构单一问题开始慢慢呈现出来，尤其是近年来随着全球经济增长势头下降之后，澳门博彩业同样陷入低迷状态，从而影响到澳门经济的发展势头，连续多年呈现出 GDP 负增长的情况，2016 年甚至达到 15.9% 的负增长。而长期以来，澳门的众多产业都是依托博彩业来进行规划发展的，而随着博彩业的发展出现问题之后，随之所带来的连带效应问题也凸显出来。其中旅游产业过度依赖博彩业的问题尤其突出，导致澳门众多历史文化资源以及人文景观缺乏深度开发，众多景点也缺乏创意思维包装，久而久之就导致澳门旅游产业呈现出颓废之势。为此澳门特区政府基于澳门地

少、本地市场规模狭小的现实情况，积极推动澳门经济多元发展的道路，适度推动类似文创产业、会展产业、金融业以及中医药产业的发展，从而丰富澳门的产业体系。至 2018 年底，这些新兴产业的增加值总额已达到 356 亿澳门元左右，占所有行业增加值总额的 8% 左右。相比于 2015 年，新兴产业的增加值总额上升了接近两倍左右，占所有行业增加值总额的比重增加了 1 个百分点。①

在众多新兴产业中，文化产业由于其产业带动效应明显和辐射面广的特点，成为澳门特区政府主要打造的产业。近年来，澳门特区政府不断加大对文化产业的扶持力度，制定出台了《澳门文化产业发展政策框架》，对澳门文化产业的范畴进行了区域特色界定，并明确了澳门文化产业的发展方向、具体举措以及实施措施，并设立了一系列的"文化产业发展基金"或者"文化创意系列补助计划"等政策持续给予澳门文化产业资金支持。据相关数据统计，澳门特区政府通过各类专项资助支援计划支持各种私人或者团体的文化活动项目就达 2 000 多个，资助金额达 1 亿多澳门元。在 2018 年，扶持澳门文化产业措施所涉及的金额就达到 9 000 多万澳门元。② 应该说，文化产业虽然在澳门仍处于发展的起步阶段，但在政府部门鼎力支持下，澳门文创产业发展迅速，已然成为澳门经济适度多元发展的一个重要环节。

文化产业行业范畴涵盖范围广，具有区域特点。澳门文化产业基金委员会在《文化产业发展政策框架》报告里，对澳门文化产业的行业范畴进行了界定。其将澳门文化产业内涵界定为"源自文化积累，运用创意及知识产权，生产具有文化含量的商品并提供有关服务和体验，创造财富及就业机会，促进整体生活环境提升的经济活动。"文化产业的行业范畴可分为 4 个核心范畴，具体包括创意设计、会展展演、艺术收藏以及数字媒体等，具体行业类别见表 10 - 8。

①② 澳门特别行政区政府统计暨普查局：http：//www.desc，gov.mo/default.aspx。

表 10 – 8   澳门文化产业的行业细分

行业范畴	创意设计	会展展演	艺术收藏	数字媒体
细分行业	文化创意产品设计、时装设计、平面设计、广告设计、室内装潢设计、品牌策划设计、会展展览设计、工业设计等	休闲活动的策划及服务、文化艺术活动、演出展演、会展活动、文化商务服务等	摄影、雕塑、园艺、美术、书法、销售拍卖等相关行业	动漫设计、软件开发、游戏产品研发、软件设计维护、创意设计市场化、网络信息科技载体等内容服务

自 2007 年，澳门特区政府将文化产业作为澳门经济转型的重要环节，就通过设立"文化产业促进委员会"和"文化创意产业促进厅"，着力推动文化产业活动的市场化以及产业化，并取得了良好的成效，见表 10 – 9。

表 10 – 9   澳门文化产业各行业发展现状（2016 ~ 2017 年）

年份	输出图书	输出图书版权总数	软件	电影
2013	7	7	0	0
2014	8	8	0	0
2015	1	1	0	0
2016	1	1	0	0
2017	9	9	0	1

资料来源：澳门特别行政区政府统计暨普查局：http：//www. desc, gov. mo/default. aspx。

由表 10 – 9 可以看出，澳门文化产业总体上呈现出上涨势头，各个相关子行业的产业总额都呈增长状态，当然各个行业增长的情况有所不同，其中会展展演等行业增长较为显著，创意设计行业发展情况也较为良好。一方面，在行业收益值，艺术收藏的收益增长率最高，增长幅度达 26% 左右。此外，创意设计行业、会展展演行业以及数字媒体行业的固定资本形成额均出现了下降的趋势，但相反的是，虽然固定资本形成额下降了，但各类的增加值却呈现出上涨势头，这就反映出澳门的文化产业的发展基本上不是依靠传统的固定资产投资来拉动的，这也体现出文化产业的既有特性。另一方面，以上各个行业的员工支出均有一定程度的上涨，这说明澳门的文化产业发展也是依托从业者的发展，离不开从业者的创意和创新。

澳门特区政府在注重发展文化产业体系的同时，也注重文化产业的输出，尤其是近年来随着内地与澳门之间民间交流活动日益频繁，其文化产品也开始不断输入内地，见表 10 - 10。

表 10 - 10　　　　　　　　　澳门文化产品输出情况

年份	输出图书	输出图书版权总数	软件	电影
2013	7	7	0	0
2014	8	8	0	0
2015	1	1	0	0
2016	1	1	0	0
2017	9	9	0	1

资料来源：澳门特别行政区政府统计暨普查局：http：//www. desc，gov. mo/default. aspx。

从表 10 - 10 可以看出，近几年来澳门与内地之间文化交流主要还是集中在传统文化产业领域，即图书版权方面，而类似软件、影视等新兴文化产业基本没有，而且增长幅度基本是在 2013 年和 2014 年，而后出现了衰落趋势。这主要是因为随着内地从事文化产业的企业不断出现后，澳门文化产业竞争力不足的情况开始呈现出来。

从文化资源来看，澳门经历了 400 多年的中西文化融汇交流后，形成了多种文化汇集的场所。当前澳门拥有一百多处历史文化遗迹及建筑，其中有 30 多处于 2005 年成功列入世界遗产。这些景点都蕴含着中西方文化交融的特点，形成"澳门历史城区"风格，是澳门旅游产业与文化产业融合的基础，也是澳门旅游产业永不枯竭的源泉。在众多澳门文化遗迹及建筑中，澳门特区政府实行不同的管理模式。澳门艺术博物馆、澳门文化中心、澳门公共图书馆、澳门博物馆、塔石艺文馆、郑家大屋、卢家大屋、旧法院大楼、岗顶剧院、大炮台回廊等 33 个建筑由特区政府统一管理并由澳门基金会资助的免费开放的文化场所。此外，澳门特区政府还会借助各类场所举办各类展览演出、讲座及各种文化艺术节等各种特色的文化活动。随着国家"十二五"规划中明确提出了澳门应加快发展文化产业等内容之后，文化产业的发展就日益受到澳门特区政府重视。对于文化产业的管理，澳门特区政府从2003年就已着手成立澳门创意产业中心（CCI）和澳门创意空间来规划澳门现有创意工作室的发展，并引进一些来自欧洲、美国等一些文化产业发达的国家的专家来澳门辅导相关从业人员，以便提升澳门本地从业者的信心和能力。而到了2010年，澳门特区政府依托刚成立的文化产业委员会，制定适合澳门经济特色的文化产业发展规划，并设立文化创意产业促进厅，推动文化创意产业在设计、影视、图书出版、服装、音乐以及动漫产业等几个方向的发展规划。近年来，澳门特区政府开始有所侧重地挖掘本土一些文化资源，类似大三巴的"黄屋仔"和塔石广场的"玻璃屋"，还有位于澳门旧城区的"望德堂区"已经成为澳门当地大型的文化创意产业集聚。

2. 澳门文化产业的多元性

自20世纪90年代以来，以IT信息技术为标志的现代科技革命带动了新兴产业的迅猛发展，形成许多新的产业群，并改变了传统文化生产方式和消费方式。文化产业和科学技术日益交融，仅有科技含量缺乏文化底蕴的产业必然失去效益倍增的机遇，反之仅有文化内涵而没有科技支持的文化产业必然后继乏力，因而科技与文化产业的结合必然是社会发展的趋势。在此背景下，文化创意产业的概念应运而生。伴随着社会消费结构的转型和产业融合趋势不断加剧，文化创意产业一跃成为全球财富的重要源泉，其所引起的社会效应也引起各领域相关学者的关注，也成为各级政府部门后工业时代的产业优先选择。从区域位置来看，澳门地处珠江三角洲的西侧，处于岭南文化的核心区域，有着深厚的岭南文化底蕴。同时，澳门又经历了数百年的外来文化的影响，塑造了一批具有葡萄牙式南欧风格的建筑群。可以说，澳门不仅具有传统的中华文化，同时也具有现代欧式文化风格，这种中西文化高度融合的文化底蕴，发展文化创意产业对于澳门来说是再也适合不过了。因此，进入21世纪后，澳门特区政府就开始着手深度挖掘文化资源，转化为文化产品，同时依托自身中西文化高度融合的优势扩大自身作为一个文化交流中心的重要作用，并扩大文化活动范围，从而进一步提升澳门在文化产业领域的影响范围，进而衍生出更多的文化资源，实现澳门文化产业的可持续发展。

文化产业本身是一个十分倚重相关产业发展的产业，其更多是起到引领作用，带动相关产业的持续发展。博彩业是澳门的传统特色，长期以来也是澳门的"龙头产业"，但博彩业与文化产业的互动发展并不冲突，反而是能够有效兼容。以博彩业为特色、以旅游业为支撑，形成了澳门文化产业的发展方向，也是澳门"世界旅游休闲中心"的城市定位，同时促使了从博彩业中衍生出来的众多产业成为未来澳门经济发展突破口。当前澳门形成了澳博、银河、永利三足鼎立的博彩业格局，其中葡京娱乐场是澳博的代表、银河娱乐场是银河的代表、金沙娱乐场是永利的代表，各个赌场虽然经营着博彩业，但却蕴含着丰富多彩的文化元素。

（二）澳门文化产业的发展基础及资源优势

1. 丰富多彩的文化资源

长期以来，澳门给予世人的印象是"赌城"的形象，对于澳门众多文化建筑知之甚少，甚至对于澳门历史城区被纳入"世界历史文化遗产"也基本不知道。其实与其他地区相比，澳门发展文化产业有着其自身独特的优势，尤其是文化旅游休闲游更是具备得天独厚的历史文化资源优势。由于受几百年的贸易往来的影响，澳门作为东西方商品和人员的中转站，长期的人员交流及共同居住形成了独特的中西文化遗产。同时来自世界各地的商人也带来了各个国家的宗教文化，并沉浸下来，形成了澳门独特宗教文化元素。如今，澳门保留了大量的中西合璧的建筑文化和南欧风情的装饰风格，尤其难得的是澳门受两次世界大战的影响较小，大多数历史遗迹保存完好。比如澳门历史街区已经成为世界文化遗产，这些对于发展休闲旅游业无疑极为有利。总体而言，澳门正凭借其鲜明的城市韵味，洋溢着南欧风情，独特的人文内涵和视觉景观，吸引着全世界各地游客前往澳门度假。

一方面，享誉世界的历史文化遗产——澳门历史城区。澳门历史城区于2005年7月15日申报《世界遗产名录》成功，成为中国第31处世界文化遗产。澳门历史城区是在《世界遗产名录》中界定为"天主圣明之城"，主要是由当年葡萄牙居民入住澳门后，将澳门半岛西南部分用城墙进行合围之后所取得的城市之名。入住城市的葡萄牙居民，在这一特殊的城堡之中建造欧式风格房子、教堂，同时也铸造类似发射炮弹的高台建筑、铺设出行的马路，等等。随着后期部分华人也纷纷入住城区，现在遗留下来的建筑既保留着欧式西方风格的建筑，同时也融合了中国传统特色的精华。遗留至今的澳门历史城区是当前中国现存历史最为久远、规模最大，且保存较为完整的以西方建筑风格为主，中西融合互相映衬的历史城区。在整个澳门历史城区中，澳门旧城区是其最为核心且富有特点的历史文化街区。这一片区主要由22座古老的建筑物以及相邻的广场、街道衔接而成，包括富有中国传统文化特色的妈祖庙、郑（观应）家大屋、亚婆井前地、关帝庙等，同时也包括众多各具特色的哥特式建筑和巴洛克式建筑，如东方第一座西式教会学校圣保禄书院遗址（俗称"大三巴"），葡萄牙风格的博物馆以及东望洋灯塔等。如今，澳门历史城区已然将这些名胜古迹、中外建筑以及大量街道特有小巷连城一片，形成一个整体，物质文化与非物质文化整体和谐共处、协调发展，观赏性十足且设计新颖。在整个澳门历史城区里，有30个景点被纳入世界遗产，比较著名的是"澳门八景"，即"镜海长虹"文化景观、"三巴圣迹"文化景观、"妈阁紫烟"文化景观、"卢园探胜"文化景观、"普济寻幽"文化景观、"龙环葡韵"文化景观、"灯塔松涛"文化景观和"黑沙踏浪"文化景观，这些景点集合了不同的种族、信仰、思想及文化生活习惯的民众共同生活在一起，深刻反映了中西文化多元共存特点，成为整个澳门文化中独具特色的文化体系，有利塑造"文化澳门"形象。

另一方面，兼容并蓄的博物馆凸显出城市风貌。如上所述，澳门是一个中西文化深度融合的现代化城市，是东西方文化在远东地区最早的交汇点之一，在此影响下，澳门博物馆也呈现出中西文化多元的特点，尤其是在其内容设计来讲，深刻反映了其多样化特征，这些博物馆各具特色，"以中为主，中葡结合"，专题化、行业化倾向日益明显，形成了澳门独特的博物馆体系。澳门博物馆建成于 1998 年，坐落于澳门著名的古迹大炮台上，位置得天独厚，是澳门本地最大型的综合性博物馆。该大炮台最早建于 1617 年，历经接近 10 年时间才竣工，随后又相继扩建神学院和教堂，现留存至今基本只剩下教堂的前壁，也就是著名的大三巴牌坊。澳门于 1995 年将其改为博物馆，并于 1998 年对外开放。澳门博物馆里展品陈列方式独特，基本呈现出澳门中西文化交汇融合的历史，文化风俗多样。同样，除澳门博物馆以外，其他澳门的博物馆大多也体现出中西合璧的特点。如 1993 年建成的澳门艺术博物馆就是如今澳门最大视觉艺术展出空间，展馆内不仅展示中国传统书法和国画作品、陶瓷、印章等，也有展出西洋绘画、现代艺术及各种摄影作品等西方珍贵艺术品及文物，是一个典型传统与现代、东方与西方高度融合的艺术馆。而修建于 1999 年的龙环葡韵住宅式博物馆，则着重向公众展示了 20 世纪初澳门本地居民与出生于澳门的葡萄牙人和谐共处的生活情况。这种高度融合的中西方文化生活深刻展示了澳门有容乃大的社会气息，既保留着东方文化的主体特点，也没有排斥西方的文化元素。在文物资料惠存方面，玫瑰圣物宝库和仁慈堂博物馆也保留着上百年历史的西方教会祭品，这些都反映了天主教在澳门乃至亚洲领进地区传播的教义或者文化。

与其他地区的博物馆相比，澳门博物馆的一大特色就是将澳门文物建筑博物馆化。澳门现有文物建筑共有一百多处。这些文化建筑既有典型中国传统园林风格的建筑，如普济禅院、莲峰庙等，也有类似三巴牌坊、玫瑰圣母堂等深受西方文化影响的建筑。而大多数澳门的博物馆并不是选择新址来建造，往往是依托这些文物建筑，选择这些富有历史文化底蕴的建筑作为馆址。比如林则徐纪念馆就位于林则徐当年接见澳葡官员，申令禁烟的莲峰庙。澳门博物馆选址于大炮台之上，仁慈堂博物馆则建立在澳门天主教第一任主教贾尼路创建的仁慈堂，而闻名于世的大三巴牌坊后面则存在着天主教艺术博物馆和墓室。在内容题材方面，澳门的博物馆几乎涉及社会生活的各个领域，题材多样，既有现代的文化主题也有历史文化展示；既有各种专题展示也有综合展馆。比如澳门博物馆就是一座综合性展馆，其他一些展馆就针对各个行业具体展示，像海事博物馆就专门展示澳门航海、渔业和葡萄牙航海历史，大赛车博物馆则专门展示各种赛车及车手，甚至还有专门葡萄酒展览馆以及展示留声机之类的传统科技产品的音响博物馆，等等。这些展馆既有定期向公众免费开放，也有收费，在行政管理方式分属于不同的管理机构，是一种典型的政府管理、民间机构运营管理以及两者结合的多元化管理格局。其中政府管理的博物馆，主要是依托文化局管辖和其他职能部门来管理，比如澳门博物馆、玫瑰堂圣物宝库就由文化局来统一管理，而葡萄酒博物馆、天主教艺术博物馆与墓室和大赛车博物馆则是依托由旅游局管辖，海事博物馆则是由港务局来管理，龙环葡韵住宅式博物馆和澳门回归贺礼陈列馆，由澳门民政总署管辖。民间机构则主要负责那些筹建资金来自民间组织或者个人的博物馆，比如在澳门莲峰庙内的林则徐纪念馆就是 1997 年由民间组织莲峰庙值理会筹资 400 多万元建成，里面收藏有虎门销烟及澳门昔日风貌等图片，以及林则徐与朝廷的通信数据。市政厅前地的仁慈堂是 1569 年由澳门天主教第一任主教贾尼路创建的澳门历史最悠久的慈善机构，该馆主要展示来自中国、日本和欧洲印有耶稣会纹章的陶瓷器，这些文物对于研究中国明清时期的外销瓷，有很高的参考价值。而留声岁月音响博物馆是一座私人性质的博物馆，由太平电器公司负责经营，重点展示留声机、音乐盒、录音机、点唱机及麦克风等两百多件私人收藏品。此外，进入 2000 年后澳门就出现了政府和民间共同经营的博物馆，如成立于 2003 年的典当业博物馆就是澳门首间由政府与民间合办的行业博物馆。典当业博物馆坐落于澳门新马路，由昔日当铺—德成按改装而成，分当楼和货楼两部分，三层楼的当楼配以葡萄牙建筑风格和中式的当铺格局设计，加上"德成按"招牌、账簿、当票、"遮羞板"及其他相关文物的保留，使观众可以身临其境地感受到昔日典当的情景。这种政府与民间合办的博物馆运营模式开创了博物馆管理模式的新空间，为博物馆未来发展提供了一个新思路。

总体而言，澳门的博物馆已然成为澳门文化旅游业发展的重要资源，同时也是澳门重点历史文化保存重点依托机构，对于增强当地居民对澳门历史文化遗存的保护意识和异地游客对澳门的认识有着重要意义，已然成为澳门文化旅游的有效载体。多年来，澳门特区政府一直致力于重塑"文化澳门",积极发展各种类型的博物馆,博物馆数量从1960年的两所增加到2012年的26所。数量众多、各具特色的博物馆已然成为澳门文化旅游业的一大特色,使得游客能够尽览各博物馆的特色,领略澳门历史文化名城的丰富底蕴。近年来,澳门特区政府组织各个博物馆,实行了"博物馆通行证"制度。即由澳门博物馆、赛车博物馆、葡萄酒博物馆、海事博物馆、林则徐纪念馆和澳门艺术博物馆六家博物馆共同组织设立,有效期为5天,比较适合于异地游客,分成人、青年与长者三种,观众可以以优惠价格购买,成人还可以在葡萄酒博物馆免费品尝葡萄酒。"博物馆通行证"的使用颇受游客欢迎,进一步提升澳门独特的博物馆文化影响力。

2. 产业支撑较为扎实

博彩业是澳门经济的基础,也是其他产业发展的重要支撑。无论从公共财政收入方面来看,还是从就业率、产业增加值等方面来分析,博彩业都是澳门当之无愧的支柱产业,具有强大的产业带动作用。自2002年起,内地访澳游客的人数及博彩业的收入呈现出大幅度上涨。据澳门统计普查局公布的数据显示,访澳游客从2003年1 188万人次上涨到2010年3 500多万人次,上涨了3.3倍左右。博彩业的收入上涨幅度更大,基本每年上涨幅度达40%左右。据澳门特区博彩监察协调局公布的资料显示,2011年澳门博彩业的收入就已经高达2 678.67亿澳门元,紧追美国拉斯维加斯的博彩收入。博彩业的发展有效地支撑了澳门特区政府的财政支出。据澳门特区政府财政局统计的数据显示,2012年澳门特区政府批给赌博专营权之直接税就高达856亿澳门元左右,远远高于同期澳门公共财政收入其他行业的支出比例,甚至超过了83%。可见,当前博彩业仍是澳门"定海神针"。而且从社会效应来看,博彩业所带动就业人数所占基数也是最大。据澳门特区政府统计普查局统计显示,博彩业直接受薪员工就接近5万人,约占澳门总就业人数的16%,而且自2011年后,澳门失业率就呈下降趋势,就业不足率甚至达到0.8%,基本达到了充分就业。尤其是近年来,随着内地开放旅游市场,推动实施了"自由行"政策,推动了澳门博彩业市场的扩大,同时自2003年后澳门"赌权"也逐步放开,引入国际资本及先进管理经验后,澳门博彩业管理模式日益更新,显著提升了博彩业竞争力。比如博彩业的营销手段不断推陈出新，日趋多元化，引进了一系列类似 NBA 季前赛或者赛车活动，显著提升了澳门知名度，从而吸引着全世界游客趋之若鹜。因此，博彩业的发展有效支撑了澳门文化产业的发展，不仅是文化产业发展的资本积累基础，同时也是文化产业发展的市场基础。当然，博彩业本身也是属于文化产业的一个范畴，尤其是属于文化旅游休闲业的特殊形式。因此，赋予博彩业更多的文化元素，将以往传统的博彩业转型为博彩休闲业或者博彩娱乐业，强调赌场中的文化艺术气息，将是澳门博彩业未来的发展方向。借助博彩业每年接近 3 000 万的游客，实行博彩业与相关产业深度融合，利用文化产业、会展业、中医药产业、金融业、城市商贸服务平台及综合环境，来衍生出文化旅游、商务旅游、养生旅游等旅游休闲业，促进澳门经济的多元发展。

3. 优越的区域优势

澳门地处亚太及珠三角发达地区的核心地域，与香港毗邻，与内地接壤，具有优越的地理位置优势，而且所在的珠三角经济圈可以为澳门文化产业发展提供源源不断的人才、创意及技术支持。澳门自 16 世纪以来就已经是世界重要的国际贸易港口之一，而澳门回归之后，与内地城市尤其是与邻近城市之间的合作更为紧密，与珠海、深圳之间经济合作日趋同城化，目前已经形成了粤港澳大湾区，而社会秩序安定的澳门成为大湾区经济发展中最为重要的地区，同时也为澳门发展文化创意衍生品提供了独特的区域条件。尤其是港珠澳大桥的建成更是为澳门文化产业的发展提供了更为良好的平台基础。因为港珠澳大桥是一座链接香港、澳门和珠海的巨大桥梁，可连接澳门、香港与邻近的内地城市，形成了一个结构紧密的经济区域，达到高度协同的经济发展一体化，相互促进，使得澳门和内地城市之间交通更为便捷，方便内地游客的往来，对于激发澳门文化休闲旅游的市场规模有着不可替代的重要作用。此外，近年来澳门城市内部本身也在逐步规划轻轨建设，提升澳门的交通运输系统运作效率，显著扩大了澳门的城市空间范围，从而为澳门文化休闲旅游业的蓬勃发展奠定了基础。

在对外关系方面，澳门具有独特自由港特点，以及较高的经济开放度和优越的国际化营商环境为澳门经济发展奠定了良好的基础，也为文化产业发展建立了良好的发展环境。由于澳门与葡萄牙语系国家之间的联系较为紧密，尤其是多年来澳门特区政府着力打造中国与葡语国家经贸合作服务平台，重点是塑造起国家与葡语国家之间沟通交流的文化平台。如今，澳门已然成为国家与世界各国经济文化交流的桥梁，尤其是在中国与葡语国家之间的经济文化交流合作中起到重要的纽带作用。这种长期稳定的对外合作关系，也在不断推动着澳门与周边国家乃至更远的国家建立起重要战略合作关系。比如澳门与美国或欧盟之间的经贸合作关系长期处于平稳状态，是美国和欧洲国家游客重点关注的休闲度假胜地。而与周边邻近国家的合作关系，如与孟加拉国、越南、马来西亚、菲律宾、泰国之间的互动领域横跨经贸、投资、文化、旅游等多个领域，已然形成坚定的战略合作关系。可以说，这种"远交近融"发展战略，为澳门创造了多维度的文化交流平台，而这也会给澳门设计及文化创意衍生品带来充分发展的机遇与潜力。在制度保障方面，"一国两制"则充分体现了澳门的制度优势。文化本身带有强烈的宣传特点，同时也有着产业化气息，可以说文化产业具有经济利益的属性特征，也有意识形态的特征。澳门回归祖国后，"澳人治澳"等一系列政治制度和行业制度的颁布为澳门文化创意产业的发展，为设计师原创设计和文化创意衍生品设计提供了法律保障，尤其是澳门长期以来的自由港特点，极力倡导自由贸易，而这无疑也会给予文化产业从业人员更多的创作空间，文化产品的形式也鼓励多样化。此外，长期以来中央政府也十分支持澳门的经济结构适度多元化的战略规划，给予澳门诸多的关照及支持，无论是"一带一路"的建设，还是"粤港澳"大湾区的规划建设，澳门始终在这些战略发展规划蓝图里占有一席之地，而这无疑是澳门文化产业发展的重要后盾。

（三）澳门文化产业的发展经验

澳门文化产业虽然起步较晚，但其是澳门经济转型的一个突破口，文化产业的发展类似澳门的博彩业一样，充分发挥了澳门"特色"，同样走了"不寻常之路"，将澳门经济与政治优势充分发挥出来。

1. 注重业态融合，催生博彩业是文化转型

从世界赌场的经营模式来看，未来赌场的发展趋势应是业务多元化，应注重发展体验文化经济。比如，拉斯维加斯就敏锐捕捉到体验经济时代的发展特点，意识到传统单一的博彩业是无法支持一个城市的持续发展，因此拉斯维加斯通过多年的战略布局，已然转型为今天集娱乐、休闲、度假为一体的旅游度假胜地，而博彩业仅仅是其整个产业链条中一环。同样，进入 21 世纪后，澳门博彩业面临着经营品种单一、垄断的情况，因此，澳门特区政府重新定位了城市，以"全球的智慧＋业态融合"重新界定城市形象，为澳门城市发展注入大量创意资源，形成"小市场大产业，小需求大供应"发展模式。

转变观念，由以往的"资源观"转变为"资产观"。资源不等同于资产，只有将资源转换为资产，那资源的价值才会得以实现。从众多世界知名创意城市的发展经验来看，文化创意产业的成功大多在于能够将潜在的创意资源转化为一种可供更多企业持续开发的商业资产。比如对澳门来说，发展澳门文化休闲业，就需要充分挖掘资源，转化资源。比如当前澳门博彩业虽然支撑着澳门经济发展，但澳门博彩业容易受外围政策、自然灾害等外部因素的影响制约，可以说博彩资源是典型的虚拟资源，尤其单一博彩业务更是很难长期支撑澳门经济的高速发展，很难将广泛的社会资源嵌入经济产业结构当中去，也就无法使得博彩业的产业链延伸到其他产业中去，实现产业链的纵深发展。因此，近几年澳门文化产业借鉴拉斯维加斯的运作经验，重新界定博彩业，实行混合经营模式，走向多元化，以此来延伸产业链，让文化创意产业更好地融合到博彩业的产业链条中去，形成一个完整的产业链条，见图 10－3。前端环节的功能重在汇集人气，扩大市场，这一环节的产业主要偏在广告创意策划、艺术建筑设计以及游戏开发软件。中端环节则是提升品质，构筑旅游体验经济产业链条，因此，这部分的产业更多集中表现为文化娱乐休闲方式，更多为街头表演艺术、各式会展活动，给予游客更多的文化体验，形成组合营销活动。后端环节，重在留住游客，因此这部分重在通过举办类似节庆活动，比如澳门国际音乐节、国际艺术节等特色活动，让游客留在澳门，而不是"走马观

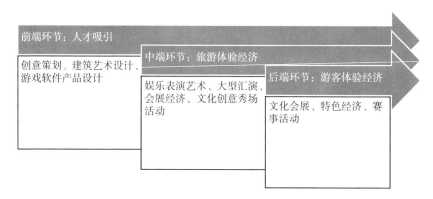

图 10 - 3　博彩业的产业链条

花"式浏览。因此，目前澳门博彩业是融入了更多文化元素，涵盖了视觉艺术、设计、影视表演艺术、服装动漫设计等，进一步提升了澳门博彩业的品质。

此外，博彩业这种多业共生、混合经营的模式也催生了众多新的发展机遇，也促使了文化产业出现更多的专业分工，除了原先的博彩项目有新的形式，也出现了更多与博彩相关的主题公园。比如，渔人码头的希腊式广场、非洲土著城堡等这些主题就可以结合博彩业相关内容进行拓展，而永利度假村则是以塑造生活型、休闲型的博彩形象为主题。除了开辟博彩主题公园之外，澳门的赌场设计也日益呈现出主题公园化，类似宫廷式、魔幻式或者动漫式的设计风格，以此来吸引不同年龄段、不同风格爱好的游客，以此借助创意手段将博彩业"人文化"或者"高贵化"，将博彩资源转化为资产，设置各种独特的博彩文化创意园区或者博彩衍生产品的设计区，也可通过设置博彩创意运营中心与博彩创意研发中心，以此来拓展博彩创意产业链条，实现博彩业集聚式发展，培养出大量的创意人才。除此之外，澳门特区政府目前也在引导各种商家主动将商业与博彩紧密结合起来，将消费者的每一项商业消费都融入了博彩特点，甚至在赌场内，让游客所能接触到，包括与吃、住、用、行、购物以及娱乐等相关的旅游体验都要与博彩业相关，甚至也可充分挖掘历史博彩、海洋博彩等资源，营造出各种体验博彩经济。

2. 着重挖掘城市娱乐思维，夯实澳门的立城之本

发展文化产业需要一个城市整体思维，是涵盖各个产业的综合体。博彩业具有明显的文化娱乐属性，不仅是人们娱乐的方式，同时也蕴含着文化素养培养特征。一个城市越开放、自由、文明，越是经济发达，创意人才汇集群体则越多，那么这个城市的娱乐精神则越浓，而博彩仅仅是娱乐的一种形式，是一种"特殊的娱乐"。因此，澳门的文化产业需要发展娱乐经济，需要着重挖掘澳门的娱乐资源，包括演艺产业、赛事、彩票等。因此，澳门特区政府着重打造"澳式"特色的快乐经济模式，在整个城市打响"快乐经济"的旗号，引领文化娱乐乃至整个相关行业娱乐化发展。一是首推"慢生活式"娱乐旅游，让游客沉醉在娱乐当中，享受慢生活所带来的的生活气息，体验澳门这种具有浓厚韵味的欧洲休闲风情文化，同时又带有浓厚的东方的闲情雅致。二是着力发展合家欢式的娱乐精神，着力打造"快乐岛"和"幸福岛"，针对不同的游客类型开发不同的娱乐项目。比如针对家庭旅游团体，着力发展"人文澳门"为主题的休闲娱乐项目，重点打造创意街区、特色美食街区，讲究动静结合、商购结合、休闲娱乐为主，让游客在慢节奏的文化生活中体验澳门的特色风光。针对中老年群体或者商务旅行群体，则主推健康养生的项目。澳门本身具有良好的养生习俗，中医产业也较为发达，因此可以打造养生概念酒店，力推各种养生娱乐体验项目，来提升感官刺激全新体验。针对更为年轻的消费群体，则着力发展"活力激情"的娱乐项目，比如将格兰披治赛车产业化运营，打造以赛车为主题的极速激情体验主题公园，并集合澳门节庆文化和街头文化，举办各种时尚派对、明星派对以及音乐颁奖等活动，突出"风情澳门"，并融入各种东方独有的历史元素，汇集起市场人气。三是依托区域优势资源，积极融入珠三角的"娱乐经济圈"。娱乐经济是一种多元经济活动，具有时间积累效应，大致可以分为三种休闲活动：第一类是小休活动，也就是周末娱乐活动；第二类是中休活动，类似黄金周旅游等短期的旅游；第三类是大休活动，类似带薪休假的长期休闲游。澳门文化娱乐市场的游客主要来自内地及香港，当然内地游客所占比例高达70%左右，而且以广东游客居多，某种意义上说粤港两地已然是澳门娱乐经济发

展的核心源泉。因此，澳门的娱乐经济基本形成的三维辐射发展趋势：以香港和广东为核心形成了澳门娱乐经济发展的特征，即小休娱乐活动；广东外围的泛珠三角则形成了中休活动；更大范围的区域则形成了大休娱乐活动。其中，小休娱乐活动，重在打造"双色"娱乐产业链，即"绿色"休闲娱乐产业，包括养生娱乐、艺术表演及户外竞技等，或这部分主要是面对香港游客；"金色"娱乐产业，则是以商贸旅游为主，主要包括世界顶级表演、高尔夫、游艇等项目。中休娱乐活动，则是依托泛珠三角，形成娱乐战略联盟，即以澳门为核心，联合开发娱乐项目，形成娱乐战略联盟，搭建起"泛珠"娱乐休闲旅游网络，构建起亚洲最具魅力的泛娱乐休闲带。大休娱乐休闲模式，则是主要以度假为主，重在给予游客一种放松的心态，体验旅游活动所带来的精神享受，强调身心的放松。与其他地方相比，澳门由于缺乏自然资源的依托，应从文化的角度出发，来设计相应的产业，开发度假娱乐，以博彩、文艺表演及体育赛事、主题公园、养生、美食等相关行业为依托，将各种历史名人、宗教和节庆等相关文化元素融入到旅游当中去，搭建起大休度假娱乐模式。

3. 注重打造城市品牌，实现城市无限生长理念

文化品牌是一座城市的面孔和形象，当今城市之间的竞争实质是文化理念和名牌城市之争，而城市品牌往往是与企业品牌或者产业品牌紧紧联系在一起。如同瑞士日内瓦是享誉全球的国际金融市场，亚特兰大则是可口可乐总部所在地，比利时的布鲁塞尔号称"欧洲首都"，多个著名国际机构坐落于此。相比较而言，澳门的城市品牌塑造则走的是不同路线。博彩业虽然有着各种娱乐项目，也有着各种创意类型项目，但不是城市的品牌精髓，无法有效支撑旅游休闲城市的特质，这就需要澳门寻找独特的城市文化路线，确定品牌发展方向。因此，澳门特区政府结合自身的旅游特点对城市的文化品牌进行界定，借鉴欧洲城市品牌价值模式及美国的产业集群式发展模式，对其文化品牌进行定位，主要从三个方面进行界定：一是在空间定位上，其立足亚洲，沿着亚洲海洋经济黄金热线，实施城市之间的品牌建设，实行跨国界大城市经济战略。由于澳门地处珠三角地带，但珠三角核心圈是以香港、广州为中心，而澳门虽然地处中间地位，但核

心作用并未凸显，因此澳门需要打响自己的区域品牌，需要跨国界发展，沿着"亚洲经济黄金热线"，将自身旅游特色、创意项目融入进去，实行并联式发展。二是在产业定位上，澳门重在发挥其城市品牌的精神。从世界范围来看，各大城市的品牌建设往往是附加在各种行业特色上，比如洛杉矶依托其各种影视颁奖活动、影视创作基地，将各种文化类型的企业、金融机构和城市规划建设融合在一起，打造一条特色的文化产业链条。相比之下，澳门则抓住其"幸福快乐"的灵魂精髓，从吃、穿、住、用、行等方面重点打造快乐之岛和幸福天堂，形成澳门独特的品牌产业。三是在品类定位方面，澳门注重转化市场资源，开发各类的文化产业项目或产品。基于文化重塑的现实诉求，近年来澳门特区政府往往需要针对游客不同需要，开辟新的旅游市场，满足游客的多样化需求，开发出不同的产业品类，进而挖掘出新的产业商机，如澳门的养生产业及中医产业等，以此充分挖掘出澳门巨大的文化市场潜力。

在品牌体系打造方面，澳门特区政府基于城市规模较小、博彩业之外产业相对分散的劣势，进行资源整合，化零为整，着重打造一批特色品牌产业，形成一条完整的"银河系"产业链条，充分发挥规模效应，共同支撑澳门的城市品牌，比如其将养生文化、婚庆文化以及创意设计文化、文化金融等方面进行一体化打造，形成文化品牌的"银河系"。而且，在城市文化品牌营销方面，近年来澳门特区政府开始积极参与各种大型的会务赛事，以此来提升澳门城市的影响力。同时借助澳门的地标式建筑，以此来吸引世界的目光，形成所谓的"毕尔巴鄂效应"，并与世界知名品牌形成战略合作关系，利用其品牌优势共同研发新项目，充分城市文化品牌的杠杆作用。

4. 注重文化遗产保护，实现文化资源再利用

自 2005 年澳门历史城区申报世界文化遗产名录成功之后，澳门就十分注重文化重塑，重塑澳门的文化灵魂，着力发展澳门旅游业，提升澳门的城市魅力，以吸引越来越多的游客去感受澳门的独特魅力，因此澳门特区政府十分注重对文化遗产资源的传承保护，以便实现文化资源的可持续利用。一是澳门特区政府针对自身区域特点，通过制定推出《文化遗产保护

法》，着力推行先进文化遗产保护理念，将文化遗产的保护范围以澳门历史城区为中心逐步扩大到世界文化遗产的周边环境，包括周边相关的一切历史、社会和精神习俗活动，也包括经济文化的活动方式，以便实现澳门城市的可持续发展；二是在文化遗产的管理方式方面，澳门特区政府借鉴日本的文物管理模式，对文化遗产采取分级管理和注册管理两者相结合的方式。首先，在文化遗产保护方面，一方面实行分级保护模式，对于一些历史老城区实行严格的保护制度，在历史城区及老街道都不允许出现新的建筑，对于这些知名的文化建筑有着严格的法律保障；另一方面，对于文化遗产合理的"活用"。文化遗产的保护应是保护和利用两者能够做到有效兼容，既能够满足当代社会的功能诉求，也能够充分体现文化遗产的功能价值及其内涵，而后在此基础上实现对文化遗产的合理利用，为文化遗产注入新功能，既能实现其经济价值，也能充分展现出其社会效益。对于一些文化遗产，实行注册登记，进行注册登记的文化遗产进行有序修复，禁止任何可能破坏、毁坏其文化价值的状况出现。在文化遗产开发方式方面，澳门特区政府一般实行的方式有两种类型：功能置换和衍生价值。功能置换，是为原本已经荒废的文化遗产重新置入新业态，产生新功能，以此让文化遗产重新焕发新生，如前所述的部分博物馆就是这种做法，澳门博物馆就是利用以往是军事炮台进行"活用"。衍生价值，实质是为文化遗产在维持原有功能基础上注入新的合适功能，以此来衍生出其文化价值。如大三巴就是一个典型的案例，其除了作为遗址被保存外，还经常会作为艺术演出的场所，如举办音乐会、视觉艺术表演、巡游演出等。当然，无论是功能置换，还是衍生价值，首先，都要保证原有的文物格局不受破坏，新功能的布局应要与原有文化遗产的个性和氛围能够有序协调。其次，衍生文化遗产的价值，着重是要让文化遗产进一步增值，发挥其更大的社会效应，而不能本末倒置，未来追求极致的经济利益，而导致文化的价值受损情况出现。

5. 注重互补式人才培养，提升创意企业竞争力

文化产业的发展更多是需要人才的有效支撑，尤其随着文化产业的多元化趋势日益明显，更需要互补式人才来支撑起持续发展。澳门文化实质

是一种融合文化，其文化人才同样也是一种人才的融合，是本地从业者与外来从业者的融合，一方面本地文化产业从业者能够很好地将澳门历史悠久的本土文化渗透到文化产业当中，另一方面外来从业者也能够将所在地文化带到澳门，并融入当地文化中去，从而形成了其独具特色的文化，因此澳门文化产业的发展更需要培养复合型的创意人才。一是需要创意人才体系的构建。要实现澳门博彩业与文化产业的有效融合，就需要一些既懂得文化产业运作规律，也熟悉博彩业特点的复合型人才来推动文化产业高速发展。因此，当前澳门特区政府专门制定"博彩＋创意"的复合型人才引进政策来吸引职业人才的到来，以此来快速弥补当前澳门人才需求结构严重失衡的情况。二是通过加大对于复合型人才培养的教育专项资金投入，尤其是博彩业及文化创意理念的投入，不仅在高校设置相应的专业培养专门人才，同时也对高校不同学科进行有效整合，以便培养出能够兼容文化创意产业与博彩业的复合型人才，而且在从业环境方面，通过专门的针对性培训来构建博彩业的创新环境，以便博彩业从业人员能够充分了解并掌握文化产业相关知识，并让部分以往没有博彩业从业经历的文化产业从业人员，能够主动融入博彩业领域中，发挥其专业素养。三是澳门特区政府还通过加强博彩业一线人员的业务培训，掌握文化产业相关专业知识，提升专业技能，确保文化产业的发展能够达到预期效果。同时澳门特区政府积极鼓励博彩业从业者赴国外进修，进行观念转型训练和创新，使得文化产业意识素养贯穿于博彩业中各个环节，从而破除传统思维习惯的束缚，使得不同文化层面资源得到合理开发，从而有效满足博彩业的多元化发展诉求。

第五节　促进我国文化产业开放发展的对策建议

2019 年 9 月，习近平在湖南考察时强调，文化产业应始终坚持以社会效益为主，大力弘扬社会主义核心价值观，牢牢把握文化产业发展正确导向，守正创新，确保文化产业可持续健康发展。可见，发展中国文化产业，要注重文化产业特性，不仅仅要看其所带来的经济效益，更应看到其是否符合高质量的发展要求，能不能提供更多符合人民群众需要的精神文化产品。因此，必须始终坚持社会主义核心价值观，更加注重提升社会效益，更好地实现社会效益与经济效益的有机统一；坚持创新驱动文化产业发展，增强文化产业的发展活力，实现文化与科技融合发展，提升文化创新能力；坚持弘扬中国传统文化的精髓，与世界各国优秀文化兼容并蓄，走有中国特色的文化产业发展道路；坚持以文化产业结构优化为主线，促进文化产业转型升级，增强文化产业的整体实力和竞争力；必须努力创新文化生产经营机制，完善文化经济政策，培育新兴文化业态和文化消费市场，构建现代文化产业体系和市场体系。

第一，在充分发挥市场机制作用的同时，加强政府的宏观管理。党的十八大报告、十九大报告都明确提出应发挥市场在资源配置中的决定性作用。文化产业的发展也应遵循这一基本原则，但文化产业具有文化属性，必须更加重视政府的宏观管理。政府有关部门应加强文化产业管理，制定科学的文化产业发展规划，并适时出台长期稳定的产业发展政策，加大政策宣传的力度，加大财政资金对文化产业的投入力度，引导扶持文化产业发展，营造文化产业发展的良好环境。衡量文化产业的质量和水平，不仅仅要看其经济效益，还要看其能不能提供更多的满足人民群众需要的文化产品，同时也能增强人民群众精神力量的文化产品。因此，政府要统筹安排，深化文化体制改革，坚持社会效益和经济效益的有机统一，加强文化市场体系建设，不断优化文化产品的优质供给和提升公共文化服务水平，从而更好地补齐文化发展的短板。近年来我国公共文化性事业取得了显著进步，一系列文化惠民工程也深入推进，公共文化服务整体水平显著提高。截至 2019 年底，我国共有博物馆达 3 400 多个，公共图书馆也有 3 189 个。近 55 万个行政村建成了综合性文化服务中心，占比达到 95.46%；广播、电视节目综合人口覆盖率更是达到了 99.1% 和 99.4%。应该说，近几年我国公共文化服务改革成效明显，但我们也应看到城乡、区域之间公共文化服务发展的差距依然很大，公共文化资源配置效率仍然很低，众多文化设施利用率很低，公共文化服务效能未能达到充分发挥。

因此，当前各级政府仍需坚持以政府为主导，积极吸收社会力量参与，共建共享，统筹推进公共文化服务"硬件"和"软件"建设，增强实效性，进而完善公共文化服务体系。①

第二，把握和引领经济新常态，以"互联网＋"为契机促进文化产业新业态的发展。应主动认识和引领经济新常态，以"互联网＋"为契机，大力发展文化产业，促进文化产业与科技创新融合发展，推动文化产业结构优化升级，加快转变经济发展方式。顺应当前数字产业化及产业数字化的发展趋势，大力推动以"互联网＋"为主的技术创新，实施文化产业数字化战略，注重依托 VR 技术，着力发展新型文化企业、文化业态和文化消费模式，将游客融入文化消费市场，满足消费者多样化的精神需求，呈现出多样化的文化旅游空间。同时积极发展移动多媒体广播电视、网络广播影视、手机广播电视等新兴文化业态，实现以科技、创意等为推手推动着产业结构优化升级，全面提升文化产业质量效益和核心竞争力，形成文化产业繁荣发展的良好局面。依托国家重大区域发展战略，有序规划各地区文化产业园区建设，充分掌握文化产业发展特点规律和发挥各区域资源禀赋要素，推动文化产业带建设，形成多点开发，各具特色，协调发展的文化产业整体格局。

第三，注重政府协同规划机制，实现文化与旅游资源优化配置。文化产业与旅游产业两者之间具有较强的关联性，文化产业需依托旅游，旅游需发挥文化元素，两者之间相互渗透和相互支撑，只有形成一种相互促进、整合提升的正关联效应，从市场需求、市场扩张、产业投入及创新环境等方面建立起耦合机制，才能充分提升文化产业竞争力。因此，各级政府应充分发挥规划协调作用，营造文化与旅游产业耦合发展环境。一方面，强化旅游产业对文化产业的带动效应，文化产业与旅游产业的有效融合，在文化旅游融合进程中加大创新力度，秉承以文塑旅、以旅彰文，在各个旅游景点建立起文化创意产业园区等相关文化旅游项目，并将旅游功能引入文化产业园区，以文化元素来丰富和发展旅游事业，建设一批富有

---

① 《中国统计年鉴 2020》，中国统计出版社。

文化底蕴的世界级旅游景区或者度假区，发展红色旅游和乡村旅游，并且借助高科技技术实现旅游价值的提升，推行"互联网＋文化旅游"模式，将文化转化旅游场景、故事或者故事线，带给消费者感官及心理上的满足感。同时，为实现两个产业间长期稳定的耦合关系，各级政府通过出台相关法律、法规对两大产业间的耦合产生规范性引导作用。此外，地方政府也应积极协调各方利益相关团体，采取各种相关行政手段来塑造文化旅游形象，从而改善了两个产业耦合发展大环境。另一方面，要构建文化产业与旅游产业的互动机制，充分优化资源配置。加强相关企业产业耦合发展理念，强化对区域文化的创新和挖掘，实现跨产业的互动合作，进而实现文化产业和旅游产业的共赢。以讲好中国故事为着力点，推进国际传播，加强各层级的文化交流，大力弘扬中华民族传统文化，扩大国际影响力。鼓励文化旅游类型企业深入挖掘文化元素，积极打造新型文化旅游产品，包括创意园区展示、动漫旅游或者影视展览等产品。同时创新文化营销模式，塑造文化旅游品牌，整合各利益相关群体实现联合促销，有效配置各类资源，统筹省内外旅游营销活动，形成一个低投入、高效能的营销模式。此外，应拓展国际文化产业交流合作，努力打造中国特色文化产业品牌。我国具有深厚的历史文化底蕴，文化资源丰富，文化遗产和非物质文化遗产众多，民间文化艺术和产品色彩纷呈。要学习和借鉴发达国家或地区文化产业发展的成功经验，加强与国际文化产业的交流与合作，打造一批具有中国特色、展现中国历史文化风貌、能够产生广泛国际影响力的文化品牌。推动文化"走出去"与经济"走出去"相互协调配套，制定文化"走出去"宏观战略，为经济"走出去"注入更多文化动能。

第四，高度重视文化产业高端人才的培育和引进，为文化产业发展提供有力的人才支撑。实现文化产业的大发展和大繁荣，必须高度重视创意产业人才的培育和引进。总体而言，我国目前的文化产业相关人才还比较匮乏，特别是领军人才严重短缺。因此，必须加大对包括文化生产者、文化经营管理者等人才的培养投入，大力发展文化产业相关专业，改革创新教育体制和模式，提升文化创意人才培养质量，破解高端创意人才匮乏的难题。鼓励文化创意人才的知识创造和创意点子，进一步解除文化创意产业从业人员的思想束缚，激发其创造活力。加大对国外文化创意人才的引进力度，学习国外人才培养的先进经验，吸引国外优秀文化创意产业从业人士前来就业，达到人才集聚效应的效果。同时，应注重文化产业跨行业耦合发展对人才的诉求，以文化产业为核心设置独具特色的专业，着力优化面向旅游产业等相关行业的产学研一体化人才培养机制，着力培养出一批产业基础扎实且业务多元化的复合型人才。

第五，加大对文化企业的金融扶持，拓展和顺畅融资渠道。资本本身是一个多元化的主体，不仅包括实体资本、金融资本，也包括文化资本。其中文化资本实质并不是一个单一的文化资源形态，由各种多媒体技术、信息或者文化符号组成的，是一个需要多种资源支持发展的资本形态。可见，文化产业的发展规律决定了其是一个需要长期资本投入的行业，如果没有一段时间的持续投入，文化产业大多会呈现出昙花一现的趋势。因此，文化产业的顺利发展离不开资本多元化的支持。只有得到较为稳定的资金扶持，文化产业才能迅速发展并有效实现国家文化利益最大化。因此，地方各级政府应加大对文化产业尤其是中小型文化企业的补贴和奖励，建立健全创意品牌，鼓励银企合作，共同开发文化产品和市场，积极引导风险投资基金、公募与私募基金投资文化产业。加大金融支持，积极拓展文化产业的融资渠道。政府还应着力构建稳定的金融支持体系，降低文化企业融资门槛，拓展资本引入途径，扩大文化产业融资规模，同时依托现代金融手段和技术规避投资风险，在保证文化产业融资机制安全的基础上积极引导民间资本投入到文化产业中，从而提升文化产业竞争活力。此外，在税收政策机制方面给予文化产业优先扶持和促进，促使税收优惠政策惠及文化创意产业领域的各个方面。一方面，进一步优化针对文化产业的增值税抵扣规则。当前针对类似文化创意产业中的服务业已不再征收营业税，应该说该项政策在极大程度上缓解了文化企业的经营压力，但在具体操作层面，因为文化创意企业的大多数资产为无形的知识产权或者人力资源资产，但增值税进项税额抵扣部分需要抵扣部分的增值税发票，而众多无形的知识资产又无法获得有效的增值税发票，使文创企业无法从该政策中受益，因此应考虑针对文化产业的特点，有针对性地扩大可抵扣范围。另一方面，在个税改革方面，对于文化产业给予一定的政策倾斜。文化产业的核心基础是从事文化创意产业的人才。文化产业从业人士所富有的灵感是其快速发展的首要动力，因此其个人所得税也应给予相应的政策倾斜，进而激发出他们的创作欲望和动力，比如，对于创意人才合理所得的版权收入，给予一定程度的税收减免优惠。也可通过从事文化产业的投资行为给予一定政策的优惠扶持。例如，个人或企业对公共文化基础设施或者一些传统文化领域的捐赠行为，相关部门对于这些捐赠支出部分在税收核算中应准予大额乃至全额扣除。此外，对于文化企业进行分类扶持，尤其是对于一些小微文化企业，考虑到其融资的难度，可针对其筹融资方面提供一定的税收减免政策及抵扣上的优惠。

第六，制定文化产业发展的相关法律法规，切实保护文化产业知识产权。完善知识产权保护体系是文化产业发展的重要保障。必须建立和完善文化产业相关法律法规体系，进一步规范市场秩序，为文化产业发展提供强有力的法律保障。实施知识产权保护战略，维护创意成果。建立知识产权协调机制，统筹协调我国文化产业知识产权管理和保护工作；加强执法力度，加大对侵犯知识产权行为的打击力度，充分发挥知识产权法律制度激励文化创意、保护文化创意的作用。当前在我国涉及文化产业领域的法律共有 5 部、22 部行政法规、500 多部地方性法规和地方政府规章。此外，即将出台的《文化产业促进法》，将为文化产业的发展奠定更为坚实的法律根基，也能进一步完善中国特色社会主义的文化法律制度。一方面，《文化产业促进法》总结了我国文化产业多年发展的理论和实践，指明了未来我国文化产业的发展方向，有助于规范国内文化产业发展市场，助推文化产业发展；另一方面，提出了我国未来文化产业国际化的发展战略，为我国文化产业走向国际保驾护航，有序推动中华民族文化走向国际。例如，在《文化产业促进法》征求意见稿中可以看出，对我国文化产业境外发展有着翔实地规划，鼓励从事文化产业的企业主体通过各种途径对外传播中华民族优秀文化，同时对文化产业的市场秩序、人才保障措施以及知识产权保护等方面制定了详细的相关规定，从法制层面有效保障了文化产业的良性发展。应该说，这标志着我国文化产业在立法层面上更进了一步，必将推动文化产业在国民经济发展进程中起到更大作用。除此之外，各地方政府及相关部门在执行《文化产业促进法》的过程中，还应通过相应的相关政策，配置与之有效衔接的司法解释或者地方性法规，以便更能有效保护文化产业从业者相关利益，提升产业运转活力。

结　　论

在经济全球化不断深入发展和信息技术广泛普及的背景下，世界经济结构和产业结构也在不断地调整和变化。20 世纪的七八十年代，制造业是世界经济和产业发展的重心，到了 90 年代，现代服务业逐步成为经济发展的主角。而进入 21 世纪，以知识产权为基础的文化产业快速发展，世界经济开始步入文化经济时代。正是在这种背景下，文化产业应运而生并取得跨越式发展，随即成为世界各国政府积极规划、深入研究和重点扶持的产业。可以说，随着经济发展和社会变革，文化产业发展获得了产业融合和消费结构转型升级两个方面的强劲动力支撑，推动了供给侧结构性改革。大力发展文化产业，已成为各国政府优化产业结构和提升居民消费层次，实现国家竞争优势的重要支撑。文化创意已成为经济发展的高级要素，文化创意与技术创新和经济增长的关系日益密切，知识和创意在财富的创造和现代化建设中的作用更加突出。文化产业尤其是创意经济的发展对于传统经济发展模式的颠覆、对经济运行系统的创新和区域综合竞争力的提升具有重要的意义。随着我国完成了从"文化事业"向"文化产业"的转变，文化产业已然成为我国经济发展的新引擎，但在日益激烈的世界文化市场竞争中，中国文化产业既迎来了良好的机遇，也面临着巨大的挑战。

文化产业的发展模式有别于传统产业。与传统产业相比，目前我国文化产业的发展空间还很大，对于文化产业演化的理论和实证研究仍有待于进一步深入，文化产业的发展还处于初步探索和实践阶段，各方面有待提升，这就要求我们应借鉴发达国家文化产业发展的成功经验，取之所长，避其之短。因此，本书从产业组织演进的视角，通过借鉴部分文化产业发达国家的先进经验，来研究中国文化产业的发展布局问题，实现其创新资源的有效整合和合理配置，形成合理的区域创新体系，进而提升总体竞争力，这是理论升华与实践发展的双重要求，也是本书研究的出发点和归宿点。

本书运用产业组织演进的相关理论，从产业组织演进的动态视角对文化产业的组织形态及产业结构特点进行了深入分析，指出现代文化产业体系是动态发展的，产业体系随着文化产业的发展而处于动态变化调整之中。科技发展使各产业间的界限越来越模糊，促进了产业融合，催生了许多新兴的文化产业业态。同时各国由于经济发展水平、科技水平、文化背景等的差异，对文化产业存在着不同理解，并且现实经济发展中各国文化及相关产品和产业的形式与业态均有所区别。因此各国的文化产业体系在具体的分类标准上，也存在明显的差别。产业体系分类呈现多样化的特点。有鉴于此，本书在研究过程中，着重分析了美国版权产业、英国创意产业、韩国文化产业、日本动漫产业及新加坡文化产业的发展演变规律，指出未来国际文化产业发展将呈现出一系列新的发展态势：（1）文化创意产业国际贸易日趋活跃，文化产品贸易结构不断优化。其中，在创意产品与服务的分类中，设计产品的份额占到50%以上，且保持相对稳定。此外，工艺品、新媒体、出版印刷，以及创意服务所涵盖的四项服务类型的份额在2010年也占到5%以上，而增长速度最快的依次为新媒体、广告、市场调研和民意调查服务，建筑、工程和其他技术服务，研发服务等；（2）文化创意产业与科技深度融合，呈现出高科技的特点。科技与文化创意产业的加速融合，诞生了许多文创产业的新的业态形式。文创产业的快速发展与科技创新密不可分。尤其是20世纪90年代以来出现了以数字技术、信息通信技术、互联网技术等为主要特征的信息技术浪潮，对世界创意产业的发展产生了深远的影响。当前，世界文化创意产业正处于信息化和数字化的巨大变革之中，世界文化创意产业将发生根本性的变革，传统的文化创意产业形态及其存在方式将在变革中转型升级；（3）文化创意产业集团化。自20世纪90年代起，世界文化创意产业的发展壁垒伴随经济全球化日益被破除。实力较强的文化创意企业纷纷进行并购重组，跨国并购、跨行业并购不断涌现。跨国与跨行业并购重组一方面有利于整合人才、资金、技术、管理等方面的优势资源；另一方面也加深了产业间的融合与渗透，互联网、出版、娱乐、传媒等行业间的并购重组尤为突出；（4）文化创意产业集群化，表现出空间（区域）发展集群化（集聚化）趋势。当前，全球产业发展的一大亮点与趋势是产业集群化，文化创意产业的发展也呈现空间聚集趋势，文化创意产业趋于集群化。文化创意产业的价值链涵盖了创意、生产、推广、传播、消费等诸多环节，且在产业融合方面具备较强融合性，因此其发展要求对多类资源进行有效整合，这便促进了其集群化的发展。文化创意产业集群的形成使得集群内部企业在资源和要素方面实现共享与互补，有助于实现规模经济，取得外部经济效益；（5）文化创意产业国际竞争非均衡化。发达国家具有雄厚的经济实力和强大的技术研发能力，同时在品牌影响力和人才吸引力方面极具优势，因此从世界范围看，发达国家在文化创意产业的国际竞争中占据主导优势，在国际文化创意市场处于主导地位或垄断地位，在产业规则制定方面拥有很强的话语权，世界范围内创意产业非均衡竞争的格局在短期内不会改变；（6）文化创意产业组织政策规范化。文化创业产业的发展需要良好完善的产业组织政策支持。世界各国对于创意经济的前景和地位已经普遍认同，各国据此进行相关的战略规划并相应进行产业组织政策调整，鼓励文化创意产品的生产开发，对其知识产权和品牌加强保护，以在文化创意国际竞争中占有一席之地。

最后，本书研究结合当前世界上部分先进国家文化产业的发展经验，提出相应的对策建议：第一，在充分发挥市场机制作用的同时，加强政府的宏观管理。政府有关部门应加强文化产业管理，制定科学的文化产业发展规划，并适时出台长期稳定的产业发展政策，加大政策宣传和财政资金对文化产业的投入的力度，引导扶持文化产业发展，营造文化产业发展的良好环境。第二，把握和引领经济新常态，以"互联网＋"为契机促进文化产业新业态的发展。应主动认识和引领经济新常态，以"互联网＋"为契机，大力发展文化产业，促进文化产业与科技创新融合发展，推动文化产业结构优化升级，加快转变经济发展方式。第三，高度重视文化产业高端人才的培育和引进，为文化产业发展提供有力的人才支撑。加快文化创意产业复合型人才队伍建设，提高行业整体劳动者素质。一方面应加强高校文化创意产业相关专业教育，培养高级专门人才，也可委托高校进行文化创意产业从业人员资格培训工作；另一方面，在条件成熟的地区，可由政府外包或委托高校成立专门的文化产业中心或研究院。第四，加大对中小文化企业的金融扶持，拓展和顺畅融资渠道。文化产业发展需要大量的资金投入，要加强文化产业的财政资金扶持，引导金融机构、社会资本等加强文化产业投入。第五，拓展国际文化产业交流合作，努力打造中国特色文化产业品牌。要学习和借鉴发达国家或地区文化产业发展的成功经验，加强与国际文化产业的交流与合作，高位嫁接世界知名文化品牌企业，打造一批具有中国特色、展现中国历史文化风貌、能够产生广泛国际影响力的文化品牌。第六，制订文化产业发展的相关法律法规，切实保护文化产业知识产权。完善知识产权保护体系是文化产业发展的重要保障。必须建立和完善文化产业相关法律法规体系，进一步规范市场秩序，为规划实施和文化产业发展提供强有力的保障。

总体而言，在当前国家大力实施"一带一路"倡议的背景下，将发达国家文化产业发展的成功经验系统总结后，融合到我国文化产业发展的实践进程中，深入探讨文化产业生态系统的演化及控制问题，有助于作为管理、监督、服务者的政府，以产业组织演变的约束条件为调控环境，明确调控手段与调控目的之间的互动关系。同样，伴随着近年来文化产业实践的不断深入，学术界也掀起了对文化产业的研究热潮，该研究也呈现出宽领域多视角的态势，已有不少学者密切关注并研究了文化产业的经济影响机制问题。应该说现有的研究成果为本书研究提供了有益的参考，但文化产业毕竟发展历程还较为短暂，对其所涉及的理论研究也是近几十年才兴起的研究热点，可以说基础理论研究尚不成熟，还存在一些不足和局限性。现有对于文化产业的经济影响机制问题的研究，虽然在内容上已逐渐形成自己的研究框架，但研究思路还处在理论导向性阶段，缺乏对文化产业实践层面的具体指导作用。对于文化产业的研究还缺乏系统性和规范性。因此，本书研究在一定意义上可以为进一步深化我国的文化产业研究，提供有益的参考和借鉴。

参 考 文 献

[1] 澳门文化产业基金（FIC）发布整理 [EB/OL]. https：//www. gov. mo/zh－hans/news/182224/澳门文化产业基金（FIC）发布整理.

[2] 白婧，王大鹏，刘澄. 促进金融与文化产业融合发展 [J]. 宏观经济管理，2011（2）.

[3] 毕佳. 英国文化产业 [M]. 北京：外语教学与研究出版社，2007.

[4] 蔡灵芝. 国外文化产业金融支持模式及启示 [J]. 合作经济与科技，2012，12.

[5] 蔡旺春，李光明. 中国制造业升级路径的新视角：文化产业与制造业融合 [J]. 商业经济与管理，2011（2）.

[6] 曹宇. 基于钻石模型的文化产业融合研究 [J]. 西南民族大学学报（人文社会科学版），2012（10）.

[7] 常莉. 基于技术创新视角的文化产业发展研究 [J]. 科学管理研究，2010（4）.

[8] 陈国权. 上海文化产业发展的几点思考 [J]. 上海商业，2012（5）：10－11.

[9] 陈少峰. "互联网＋文化产业" 的价值链思考 [J]. 北京联合大学学报（人文社会科学版），2014（4）.

[10] 陈晓清，詹正茂. 国际文化贸易影响因素的实证分析——以美国1996～2006年对外文化贸易双边数据样本为例 [J]. 南京社会科学，2008（4）.

[11] 程晓丽，祝亚雯. 安徽省旅游产业与文化产业融合发展研究

[J]. 经济地理, 2012 (9).

[12] 丛立先, 卢洋. 论我国文化产业的知识产权保护 [J]. 社会科学辑刊, 2008 (1): 56 – 59.

[13] 代杨, 刘锦宏. 文化创意产业推动英国转型 [J]. 观察家, 2007年11月: 63 – 66.

[14] 丁声一, 谢思淼, 刘晓光. 英国《数字经济战略（2015 – 2018)》述评及启示 [J]. 电子政务, 2016 (4): 91 – 97.

[15] 杜杨. 英国政府对文化创意产业集群发展支持模式研究 [J]. 企业导报, 2016 (9).

[16] 繁荣生, 王勇. 国内外发展文化创意产业的政策研究 [J]. 科技与管理, 2009年, 第8期.

[17] 范国光, 陈佳柔. 广告设计策略研究 [J]. 文化创意产业研究学报, 2012年6月, 第二卷第二期.

[18] 范宇鹏. 粤港澳地区文化创意产业现状与融合 [J]. 经营与管理, 2015 (12).

[19] 范宇鹏. 粤港澳文化创意产业融合的比较优势探析 [J]. 科技管理研究, 2014 (15).

[20] 范宇鹏. 粤港澳文化创意产业协调发展研究———基于价值链系统视角 [J]. 科技管理研究, 2016, 36 (5).

[21] 冯子标, 焦斌龙. 分工、比较优势与文化产业发展 [M]. 北京: 商务印书馆, 2005.

[22] 高红岩. 融合与共生: 电影产业的文化创意战略选择 [J]. 当代电影, 2014 (7).

[23] 高红岩. 文化创意产业的政策创新内涵研究 [J]. 科技与社会, 2010 (6).

[24] 高凌霁. 文化产业投融资模式研究 [D]. 长沙: 中南大学, 2010.

[25] 葛红兵, 高尔雅, 徐毅成. 从文化工业、文化产业到创意产业——论创意产业的本质界定 [J]. 天府新论, 2016 (3).

［26］根据香港特区政府统计数据整理 ［EB/OL］.https：//www. cen-statd. gov. hk/home. html.

［27］龚柏华. 中国（上海）自由贸易试验区外资准入"负面清单"模式法律分析 ［J］. 世界贸易组织动态与研究，2013，20（6）.

［28］顾江. 全球价值链视角下文化产业升级的路径选择 ［J］. 艺术评论，2009（9）.

［29］顾肖荣，徐澜波，张明坤. 上海文化立法规划和文化法律思想研究 ［J］. 政治与法律，2003（1）：77 – 87.

［30］管欣欣. 德国会展主办模式案例研究 ［D］. 兰州：兰州大学，2011.

［31］桂韬. 文化产业价值链成本面分析及衍生品开发 ［J］. 特区经济，2013（4）.

［32］郭新茹，顾江. 基于价值链视角的文化产业赢利模式探析 ［J］. 现代经济探讨，2009（10）.

［33］郭玉军，司文. 文化产业促进法视角下文化产业界定比较研究 ［J］. 武汉大学学报（哲学社会科学版），2015（6）.

［34］国家统计局. 文化及相关产业分类（2012）［EB/OL］. http：// www. stats. gov. cn/tjsj/tjbz/201207/t20120731_8672. html，2012 – 07 – 31.

［35］国家统计局. 文化及相关产业分类（2018）［EB/OL］. http：// www. stats. gov. cn/tjgz/tzgb/201804/t20180423_1595390. html，2018 – 04 – 23.

［36］何波. 英国新数据保护法案介绍与评析 ［J］. 中国电信业，2017（11）：74 – 75.

［37］胡珊. 国外发展创意产业的经验及启示 ［D］. 武汉：武汉理工大学，2008.

［38］胡志平. 产业融合视角下我国文化金融服务的兴起与创新 ［J］. 求索，2013（5）.

［39］花建. 文化创意产业与相关产业融合发展的四大路径 ［J］. 上海财经大学学报，2014（4）.

［40］花建. "一带一路"战略与提升中国文化产业国际竞争力研究

［J］．同济大学学报（社会科学版），2016（5）．

［41］花建．创新·融合·集聚——论文化产业、信息技术与城市空间三者间的互动趋势［J］．社会科学，2006（6）．

［42］黄晓燕．美国 FTA 战略下视听服务领域内的文化例外条款研究［J］．首都师范大学学报（社会科学版），2016（6）．

［43］焦阳，曾品固．借鉴英国经验发展我国文化创意产业的战略思考［J］．软科学，2013，第27卷（第4期，总第160期）．

［44］解学芳，盖小飞．技术创新、制度创新协同与文化产业发展：综述与研判［J］．科技管理研究，2017（4）．

［45］解学芳．论科技创新主导的文化产业演化规律［J］．上海交通大学学报（哲学社会科学版），2007（4）．

［46］开军．会展业和旅游业合作动因——基于战略联盟视角的分析［J］．旅游学刊，2011（4）．

［47］康建辉，郭雅明，宋柏慧．新兴版权产业发展中的版权保护问题研究［J］．中国软科学，2012（7）．

［48］康建辉，郭雅明．我国版权产业发展中的版权保护问题研究［J］．科技管理研究，2012（4）．

［49］寇强，夏光富，魏波．美日动漫产业链及其盈利模式研究［J］．新闻爱好者，2010（15）．

［50］兰苑，陈艳珍．文化产业与旅游产业融合的机制与路径——以山西省文化旅游业发展为例［J］．经济问题，2014（9）．

［51］雷佳．打造市场化新媒体行业的全能明星——中国配音行业借鉴日本声优行业的基本路径［J］．今传媒，2012（20）．

［52］李康化．"一带一路"战略与中国文化产业发展［J］．青海社会科学，2016（5）．

［53］李明超．创意城市与英国创意产业的兴起［J］．公共管理学报，2008（4）．

［54］李明伟．"互联网＋文化产业"融合发展的技术驱动与路径研究［J］．技术经济与管理研究，2017（9）．

[55] 李庆本，吴慧勇．欧盟各国文化产业政策咨询报告 [M]．郑州：大象出版社，2008．

[56] 李然．日本动漫产业化经营对中国动漫产业的启示 [J]．北方经贸，2010（1）．

[57] 李铁成，刘力．区域间投入产出模型（IRIO）的我国会展业经济影响分析 [J]．旅游学刊，2014（6）．

[58] 李铁成．构建现代产业体系目标下广州会展类型结构优化研究 [J]．科技管理研究，2012（1）．

[59] 李智玲．会展业的带动效应研究 [J]．经济管理，2011（6）．

[60] 厉无畏，于雪梅．关于上海文化创意产业基地发展的思考 [J]．上海经济研究，2005（8）．

[61] 林鸣远．日本动漫产业模式带给我们的启示和思考 [J]．才智，2010（21）．

[62] 刘蕾．基于博弈论视角的城市会展业发展研究——以辽宁会展业发展为例 [J]．生产力研究，2012（10）．

[63] 刘敏．基于比较优势理论的北京会展业竞争优势研究 [J]．北京工商大学学报（社会科学版），2010（3）．

[64] 刘婷，符纯洁，韩雷．中国城市会展产业发展水平影响因素的实证研究 [J]．统计与决策，2011（9）．

[65] 刘阳．英国《数字经济法（2017）》的核心内容及启示 [J]．经济法论丛，2019（1）：333-336．

[66] 刘杨，曲如晓，曾燕萍．哪些关键因素影响了文化产品贸易——来自 OECD 国家的经验证据 [J]．国际贸易问题，2013（11）．

[67] 刘志华，孙丽君．中美文化产业行业分类标准及发展优势比较 [J]．经济社会体制比较，2010（1）．

[68] 陆军荣，杨建文．中国保税港区：创新与发展 [M]．上海：上海社会科学院出版社，2008：7．

[69] 陆淑敏，饶元，金莉，等．面向科技融合的文化创意产业协同创新机制研究 [J]．西安交通大学学报（社会科学版），2013（3）．

［70］路平．基于科技创新视角的文化产业发展研究［D］．武汉：武汉大学，2014．

［71］吕方．国际产业分工与中国文化产业［J］．世界经济与政治论坛，2006（5）．

［72］毛润泽．会展业的发展与城市的能性、能级及能位［J］．城市问题，2010（4）．

［73］庞英姿．新加坡文化产业发展的经验及启示［J］．东南亚研究，2013（4）．

［74］钱晓萍．国际投资市场准入"国民待遇与负面清单"研究［J］．上海对外经贸大学学报，2015（4）．

［75］钱晓萍．"少数民族事务"市场准入国际条约"负面清单"规则研究［J］．中央民族大学学报（哲学社会科学版），2015，42（1）．

［76］曲国明．中美创意产业国际竞争力比较——基于 RCA、TC 和"钻石"模型的分析［J］．国际贸易问题，2012（3）．

［77］曲如晓，韩丽丽．中国文化商品贸易影响因素的实证研究［J］．中国软科学，2010（11）．

［78］桑彬彬．产业价值链视角下的旅游产业与文化产业融合机制研究［J］．云南开放大学学报，2018（1）．

［79］桑彬彬．从产业边界看旅游产业与文化产业的融合发展［J］．思想战线，2012（6）．

［80］上海文化活力靠什么来激发［N］．解放日报，2014 - 02 - 01（004）．

［81］尚涛，陶蕴芳．我国创意产业中的国际分工研究——基于典型发达国家和发展中国家的比较分析［J］．世界经济研究，2011（2）．

［82］沈焰．从德国会展看中国会展业的差距［J］．当代经济，2014（5）．

［83］石芳冰．中德会展业发展的社会环境比较研究［D］．长春：长春工业大学，2014．

［84］苏东水．产业经济学［M］．北京：高等教育出版社，2015．

[85] 孙洁. 创意产业空间集聚的演化：升级趋势与固化耗散 [J]. 社会科学，2014 (11).

[86] 谭必勇，邹燕琴，吴赟. 由"角川商法"论文化产业价值链的建构——以影视、档案与出版业的互动共享机制为例 [J]. 出版科学，2018 (2).

[87] 汤莉萍，殷瑜，殷俊. 世界文化产业案例选析 [M]. 成都：四川大学出版社，2006.

[88] 唐任伍. 文化产业：21 世纪的潜能产业 [M]. 贵州：贵州人民出版社.

[89] 田蕾. 价值链视角下的文化产业与科技创新融合分析 [J]. 新闻界，2013 (13).

[90] 田小军，张钦坤. 我国网络版权产业发展态势与挑战应对 [J]. 出版发行研究，2017 (11).

[91] 汪波，薛杨. 天津滨海新区会展业协同发展的分析及对策 [J]. 天津师范大学学报（社会科学版），2011 (5).

[92] 王春贺. 技术创新与文化产业的互动发展研究 [J]. 当代经济，2017 (2).

[93] 王春雷. 中国会展业发展：前沿问题与创新策略 [M]. 北京：中国旅游出版社，2015.

[94] 王晖. 北京市与纽约市文化创意产业集聚区比较研究 [J]. 北京社会科学，2010 (6).

[95] 王慧敏. 创新上海文化创意产业的发展路径 [J]. 上海经济，2014 (1)：39 - 41.

[96] 王景云. 战后美国文化产业政策维护国家安全的实践及启示 [J]. 国外社会科学，2016 (2).

[97] 王克明. 略论"互联网＋"对文化产业价值链的影响与改造 [J]. 天津经济，2017 (9).

[98] 王鹏. 澳门博彩业与文化创意产业的融合互动研究 [J]. 旅游学刊，2010 (6).

［99］王如忠．上海文化创意产业发展的战略思路与对策研究［J］．上海经济研究，2007（10）．

［100］王蔚．以经济发展为核心　以领跑全球为愿景——英国互联网发展与治理报告［J］．汕头大学学报（人文社会科学版），2017，33（7）：142－148．

［101］王晓红．国外版权产业发展概况及借鉴［J］．经济体制改革，2008（5）．

［102］王晓．基于钻石模型的义乌会展业竞争力的影响因素分析［J］．科技管理研究，2011（4）．

［103］王新平．会展业发展模式研究［D］．山东：山东大学，2008．

［104］王学文，张远满．港澳文化创意产业发展现状与对策研究［J］．西南民族大学学报：人文社会科学版，2013，34（2）．

［105］王轶，李凯琳，李晓辉，等．首都会展业与区域经济的互动关系［J］．北京社会科学，2011（5）．

［106］王振如，钱静．北京都市农业、生态旅游和文化创意产业融合模式探析［J］．农业经济问题，2009（8）．

［107］王智源．后金融危机情境下我国版权产业与金融业有机融合问题研究［J］．编辑之友，2013（3）．

［108］吴开军．会展产业链刍议［J］．科技管理研究，2011（3）．

［109］吴倩．民族地区文化产业与旅游产业的融合发展研究——以贵州省为例［J］．贵州民族研究，2012（6）．

［110］肖轶楠，张希华，李玺．珠三角城市群会展业区域合作机制研究——基于城市吸引力模型［J］．经济体制改革，2012（1）．

［111］熊澄宇，孔少华．数字内容产业的发展趋势与动力分析［J］．全球传媒学刊，2015，2（2）：39－53．

［112］熊澄宇．世界文化产业研究［M］．北京：清华大学出版社，2012．

［113］胥会云，蔡锟淏．自由贸易区之新加坡经验［N］．第一财经日报，2003－08－02．

[114] 徐仁立. 旅游产业与文化产业融合发展的思考 [J]. 宏观经济管理, 2012 (1).

[115] 徐瑞朝, 曾一昕. 英国政府数字包容战略及启示 [J]. 图书馆情报工作, 2017 (5).

[116] 徐维东. 会展业发展的核心竞争力研究——以重庆为例 [J]. 生产力研究, 2011 (8).

[117] 许玲, 邬永强. 广州市会展旅游产业集聚过程及形成机理研究 [J]. 人文地理, 2013 (2).

[118] 许玲, 邬永强. 基于 CAS 理论的旅游产业集群动力机制研究——以广州会展旅游产业集群为例 [J]. 经济地理, 2013 (8).

[119] 闫德利. 数字英国: 打造世界数字之都 [J]. 新经济导刊, 2018 (10).

[120] 曾绚琦, 汪曙华. 论版权制度对版权产业发展的经济影响 [J]. 编辑之友, 2012 (5).

[121] 张宝英. 科技创新思想在我国文化产业发展中的应用研究 [D]. 福州: 福建师范大学, 2016.

[122] 张彬, 杜晓燕. 美国文化产业国际竞争力现状及影响因素分析 [J]. 国际商务, 2012 (4).

[123] 张斌, 孔令云. "文化产业" 界定研究综述 [J]. 滨州学院学报, 2011 (4).

[124] 张波. "创意产业" 概念的界定及启示——基于政治、经济、社会、美学、艺术的梳理 [J]. 浙江工商大学学报, 2013 (3).

[125] 张昌兵. 美国版权产业的海外扩张战略 [J]. 国际经济合作, 2010 (12).

[126] 张鸿飞, 童莊装. "娱乐宝" 能走多远——用互联网思维重构我国文化产业价值链的可能性探析 [J]. 新闻与写作, 2014 (9).

[127] 张佳筎. 旅游产业与文化产业融合机制及双向发展模式探索 [J]. 商业文化, 2017 (25).

[128] 张洁. 技术创新与文化产业发展 [J]. 社会科学, 2013 (11).

[129] 张金桥，王健．论体育产业与文化产业的融合发展 [J]．上海体育学院学报，2012（5）．

[130] 张乐．京津冀一体化中廊坊市会展业竞争力及其提升策略研究 [J]．社会科学家，2012（S1）．

[131] 张俐俐，肖小玉．基于 LQ 系数的广州会展产业集群 [J]．国际经贸探讨，2009（12）．

[132] 张敏．中外会展业动态评估年度报告 [M]．北京：社会科学文献出版社，2013.

[133] 张文宇，高晶．基于聚类分析的数字文化产业价值链提升研究 [J]．系统工程，2014（3）．

[134] 张晓明，徐丽莎．论德国会展业"长盛不衰"的七大优势 [J]．未来与发展，2016（5）．

[135] 张欣怡、张学海．金融支持文化产业发展的国际经验与启示 [J]．云南社会科学，2014.2.

[136] 张旭，侯光明．中美文化产业发展驱动因素的比较研究 [J]．当代财经，2014（6）．

[137] 张亚菲．英国《数字经济法案》综述 [J]．网络法律评论，2013，16（1）：232-242.

[138] 张琰飞，朱海英．信息化视角下文化与旅游产业融合发展的机理与途径——以武陵山片区为例 [J]．江西社会科学，2013（5）．

[139] 张焱．韩国文化产业概念界定及历史渊源 [J]．今传媒，2013（1）．

[140] 赵驹，胡亚涛．基于产业关联理论的会展业效应——以重庆市为例 [J]．财经科学，2012（12）．

[141] 赵玲，胡春．新兴文化产业的发展：三网融合新产业 [J]．现代传播（中国传媒大学学报），2012（6）．

[142] 郑安琪．英国数字经济战略与产业转型 [J]．世界电信，2016（3）：40-44，49.

[143] 郑棣，冯结兰．发达国家文化金融发展路径研究 [J]．中华文

化论坛，2014（7）.

［144］郑向敏，林美珍，陈传钱.澳门"赌城"旅游形象的 SWOT 分析［J］.旅游科学，2004，18（3）.

［145］中共中央.国务院.粤港澳大湾区发展规划纲要［N］.人民出版社（单行本），2019.

［146］中国版权产业经济贡献调研书组.2011 年中国版权产业的经济贡献［J］.出版发行研究，2014（7）.

［147］周经，刘厚俊.世界文化创意产品的比较优势与产业内贸易研究［J］.软科学，2011（6）.

［148］朱江瑞.宁夏文化旅游与文化产业融合发展探析［J］.宁夏社会科学，2011（6）.

［149］朱欣悦，李士梅，张倩.文化产业价值链的构成及拓展［J］.经济纵横，2013（7）.

［150］朱喆琳.英国版权产业发展模式探析及启示［J］.科技与出版，2017（7）.

［151］卓俏青.中印文化创意产品贸易的互补性与竞争性分析［J］.现代传播，2014（7）.

［152］Allen J. Scott. Cultural – Products Industries and Urban Economic Development：Prospects for Growth and Market Contestation in Global Context ［J］. *Urban Affairs Review*，2004（4）.

［153］Andy C. Pratt. Cultural Commodity Chains，Cultural Clusters，or Cultural Production Chains? ［J］. *Growth and Change*，2008（1）.

［154］Bermejo L. R. ，Cuadrado R. J. R. Urban Hierarchies and Territorial Competition in Europe：Exploring the Role of Fairs and Exhibitions ［J］. *Urban Studies*，1995，2：379 – 400.

［155］Beyers W. B. ，2002，Cultural Services and Regional Development ［J］. *Service Industries Journal*，（22）：4 – 34.

［156］CITF（Creative Industries Task Force）. Creative Industry Mapping （Document 2001）［R］. 2001.

［157］ Colette Henry. *Entreneurship in the Creative Industries* ：*An International Perspective* ［M］. Northampton：Edward Elgar Publishing，2007.

［158］ *Copyright - based Industries in the U. S. Economy* （*The* 2003 - 2007 *Report* ［M］. International Intellectual Property Alliance （IIPA））.

［159］ Cunningham S. From Cultural to Creative Industries：Theory，Industry and Policy Implications. Creative Industries Research andApplications-Center ［EB/OL］. ［2016 - 02 - 20］ http：//eprints. qut. edu. au/archive/00000588/01/cunningham_from. pdf.

［160］ David Hesmondhalgh. *The Cultural Industries* ［M］. London：SAGE Publications Ltd，2012.

［161］ David Thorsby. *Economics and Culture* ［M］. Cambridge：Cambridge University Press，2001.

［162］ DCMS. *Creative Industries Economic Estimates* （8 December 2011） ［R］. 2011.

［163］ DCMS. *Creative Industries Economic Estimates* （9 December 2010） ［R］. 2010.

［164］ DCMS. *Creative Industries Economic Estimates Statistical Bulletin* （October 2007） ［R］. 2007.

［165］ DCMS. *Creative Industries Economic Estimates Statistical Bulletin* （January 2009） ［R］. 2009.

［166］ DCMS. Estimates of the 'Creative' and 'Tourism & Leisure' Industries （SR2004 PSA4 Progress Report：Revised Estimates for 2007）（Stastical Release 30 June 2009） ［R］. 2009.

［167］ Department of Culture，Media and Sport. Key Finding s 2015 ［EB/OL］. （2016 - 01 - 26）［2017 - 12 - 20］. https//www. gov. uk/government/publications/creative - industries - economicestimates - january - 2016.

［168］ Dwyer L. （2002）. Economic Contribution of Convention Tourism：Conceptual and Empirical Issues. In K. Weber & K. Chon （Eds. ），Convention Tourism ［M］. NewYork：The Haworth Hospitality Press.

［169］ Emilia Madudova. Sustainable Creative Industries Value Chain： Key Factor of the Regional Branding ［J］. *Marketing Identity*，2016（1）.

［170］ G. D. Ramsay. Tudor Economic Problems，London： Gollancz，1963.

［171］ Glick R. and Rose A. K. ，1998，"Contagion and Trade： Why Are Currency Crises Regional?" NBER（National Bureau of Economic Research）［R］. Working Paper，No. 6806，1 – 20.

［172］ Henneberry J. and Rowley S. Development Cultures and Urban Regeneration ［J］. *Urban Studies*，39（7）： 1181 – 1196.

［173］ Ian Miles，Lawrence Green. Hidden *Innovation in the Creative Industries* ［R］. London： NESTA，2008.

［174］ Ilaria Pappalepore. *Tourism and the Development of "Creative" Urban Areas-Evidence from Four Non-Central Areas in London* ［M］. London： the University of Westminster，2010.

［175］ International Intellectual Property Alliance. Copyright Industries in the U. S. Economy： The 2016 Report ［EB/OL］.（2016 – 11 – 18）［2017 – 12 – 10］. http： //iipawebsite. com.

［176］ Jayner M. Creative Industries： the Regional Dimensions ［J］. *Environment and Planning* 2005（23）.

［177］ John Hartley. *Communication，Cultural and Media Studies： The Key Concepts* ［M］. London & New York： Routledge，2002.

［178］ John Hartley. *Creative Industries* ［C］. Oxford： Blackwell Publishing，2005.

［179］ John Howkins. *The Creative Economy： How People Make Money from Ideas* ［M］. London： Penguin Books，2013.

［180］ John Howkins. *The Creative Economy* ［M］. London： Allen Lane，2001.

［181］ John Howksin. *The Creative Economy： How People Make Money from Ideas* ［M］. London： Penguin Global，2004.

［182］ Kay，Andrew L. K. . International Exhibition Organizations in China and Their Performance ［D］. Hong Kong：The Hong Kong Polytechnic University，2007.

［183］Kibbe B.，1982，Creative Workers，Cultural Industries and Technology in the United States ［C］. Cultural Industries ：A Challenge for the Future of Culture，Paris：UNESCO.

［184］Kong，L. Culture，Economy，Policy：Trends and Developments ［J］. *Proceeding of Geoforum*，31，385－390.

［185］Lowe E. Creating by-product Resource Exchange：Strategies for Eco-industrial Park ［J］. *Cleaner Production*，1997（5）.

［186］MCCABE. Strategies for Career Planning and Development in the Convention and Exhibition Industry in Australia ［J］. *International Journal of Hospitality Management*，2008，27：222－231.

［187］Montgomery J. Cultural Quarters as Mechanisms for Urban Regeneration－Part 2：A review of four Cultural Quarters in the UK，Ireland and Australia ［J］. *Planning，Practice & Research*，19（1）：3－31.

［188］Natalia Reshetnikova. The Internationalization of the Meetings，Incentives，Conventions and Exhibitions（MICE）Industry：Its influences on the actors in the Tourism Business Activity ［J］. *Journal of Economics and Management*，2017（1）.

［189］NESTA（Peter Higgs，Stuart Cunningham，Hasan Bakhshi）. Beyond the Creative Industries：Mapping The Creative Industries（London EC4A 1DE）［R］. 2008.

［190］Odoni A. R. The flow Management Problem in Air Traffic Control ［A］. In：Odoni A. R.，Szego G，eds. Flow Control of Congested Networks ［C］. Berlin：Springer Verlag，1987：269－298.

［191］Paul Stoneman. *Soft Innovation：Economics，Design and the Creative Industries* ［M］. Oxford：Oxford University Press，2010.

［192］Peter Tschmuck. *Creative and Innovation in the Music Industry* ［M］. Dordrecht，Netherlands：Springer，2006.

［193］Pierre – Jean Benghozi. Cultural Industries in the Digital Age：Creative or technological？［J］. *Economia della Cultura*，2016（26）.

［194］Pizey H. ，Huxham C. 1990 and Beyond Developing a Process for Group Decision Support in Large Scale Event Planning［J］. *Journal of Marketing*，1991，8：265 – 285.

［195］Ricard G. ，Wesley R. H. The Role and Determinants of Concession Sales in Movie Theaters：Evidence from the Spanish Exhibition Industry［J］. *Journal of Personal Selling and Sales Management*，2007，2：325 – 347

［196］Richard E. Caves. *Creative Industries：Contracts between Art and Commerce*［M］. Cambridge：Harvard University Press，2002.

［197］Sang – Ho Lee，Jeong – Hun Shin. Future Prediction and Development of Copyright Industry for Economic Change［J］. *Journal of the Korea Entertainment Industry Association*，2017（4）.

［198］Sasaki，M. The Role of Culture in Urban Regeneration.［EB/OL］. ［2016 – 02 – 20］http：//www. barcelona2004. org/esp/banco_delconocimiento/docs/SASAKI. pdf.

［199］Sascha Brinkhoff. Spatial Concentration of Creative Industries in Los Angeles［D］. Berlin：Humboldt – Universität zu Berlin，2006.

［200］Schechner R. *the Future of Ritual*［M］. London；Routledge，1993.

［201］Scott A. J. Cultural – products Industries and Urban Economics Development：Prospects for Growth and Market Contestation in Global Context［J］. *Urban Affairs Review*，2004，39（4）：461 – 490.

［202］Scott A. J. *The Cultural Economy of Cities：Essays on the Geography of Image – producing Industries*［M］. London：Sage，2000.

［203］Simone Manfredil，Fabio Nappol，Federica Ricci. Exploring the Economic Contribution of Copyright – Intensive Industries in Italy［J］. *Technology，Innovation and Education*，2016（1）.

［204］The Institute for Statistics of the United Nations Educational，Scientific and Cultural Organization （UIS）. The 2009 UNESCO Framework for Cultural Statistics （FCS）［R］. Montreal：UNESCO，2009.

［205］The National Security Strategy of the United States of American, September, 2002, 134.

［206］Throsby Cavid D. , Economics and Culture, UK；New York：Cambridge University Press, 2001.

［207］UNDP, UNESCO. Creative Economy Report 2013［EB/OL］. http：//uis. unesco. org/sites/default/files/documents/2013 – creative – economy – report – widening – local – development – pathways – en_1. pdf, 2013 – 11 – 17.

［208］Zhou Jing – qiong：Contemporary American Culture and Society ［M］. Shanghai Foreign University Press, I. 2003. First Edition, 80.

后　记

　　本书是我们近些年来有关文化产业研究的阶段性研究成果总结。文化产业不同于以实物资源配置为主的传统产业形态，而是一种以创意、体验经济和内容产业为主的新经济形态，其发展模式也有别于传统产业。近几年，我国文化产业发展态势良好，地方各级政府部门都相应制定了文化产业发展的中长期规划，或者文化产业振兴计划，产业规模不断增大，对国民经济的贡献率显著提高，经济增长的贡献指数也呈明显的上升趋势。但各地在建设文化创意产业园区过程中也会出现诸如有些地方以发展文化创意产业之名，行跑马圈地之实，有个别文化产业园区"有区无创意"，或者是以"旧工厂＋装潢"等形式弱化文化创意的倾向，以及各区域文化产业结构同质化问题，从而严重影响和制约着文化产业的可持续发展。因此，借鉴当今发达国家或地区文化产业发展的成功经验，并有效融入我国文化产业高质量发展中，无疑具有一定的理论研究价值和现实指导意义。党的十九届五中全会明确提出到2035年建成文化强国，确定了当前和今后一个时期我国文化建设的总目标和总任务。《中华人民共和国国民经济和社会发展第十四个五年规划和2035年远景目标纲要》在第十篇第三十六章"健全现代文化产业体系"中强调："积极发展对外文化贸易，开拓海外文化市场，鼓励优秀传统文化产品和影视剧、游戏等数字文化产品'走出去'，加强国家文化出口基地建设"。这为我国未来文化产业的可持续发展指明了方向。有鉴于此，本书围绕上述问题展开研究，并提出相应的政策建议，希望本书的出版，能够让关注文化产业发展的同仁分享我们的研究成果，并激发起深入研究的兴趣。

　　当然，我国文化产业的发展毕竟时间不长，规模还不够大，对经济发展的贡献率有待提高。此外，文化产业发展过程中还有许多方面需要继续探索，比如如何优化文化产业发展的空间布局问题，如何延伸文化创意产业价值链问题，文化产业如何有效整合当地文化资源问题，发展文化产业所需的软硬件条件，以及由此而衍生出来风险规避及监管问题等，这也是我们在今后有待于世界各国，特别是我国文化产业的发展，持续深入探讨和研究的问题，也是今后文化产业研究所需要进一步深入研究的方向。

在本书写作过程中，我们参考了国内外文化产业研究及相关领域研究的诸多学术成果，从中得到很大的启发和帮助，在此谨致谢意。

本书能够顺利出版，首先要感谢全国哲学社会科学规划工作办公室给予的肯定和支持，本书选题得益于当年立项的国家社会学科基金项目，从而也坚定了我们对产业组织演进与国际文化产业发展新趋势问题的研究。其次，我们要感谢福建师范大学经济学院陈伟雄博士，福建师范大学协和学院刘京华博士，以及集美大学财经学院的曾妮娜老师，他们参与了本书写作提纲的讨论修改，并帮助进行了该书写作的文献数据资料的收集和整理工作，付出了辛勤的劳动，在此，谨向他们表示衷心的感谢。当然，也要感谢福建师范大学协和学院诸位同仁给予的关心、支持和帮助。

处于百年大变局中的世界文化产业的发展，特别是我国文化产业的发展，如何立足新发展阶段，贯彻新发展理念，自觉融入和服务于新发展格局，从而推进高质量发展，是需要我们深入思考和探索的重大课题。由于我们的研究基础还比较薄弱，文献资料和数据的收集也受到一定的局限，诚恳希望读者对本书中的缺点和错误批评指正。

张华荣　方　忠

2021 年 7 月 29 日